2009 좋은 방송을 위한 시민의 비평상 수상집

맛있는 국수에 고명이 빠졌다

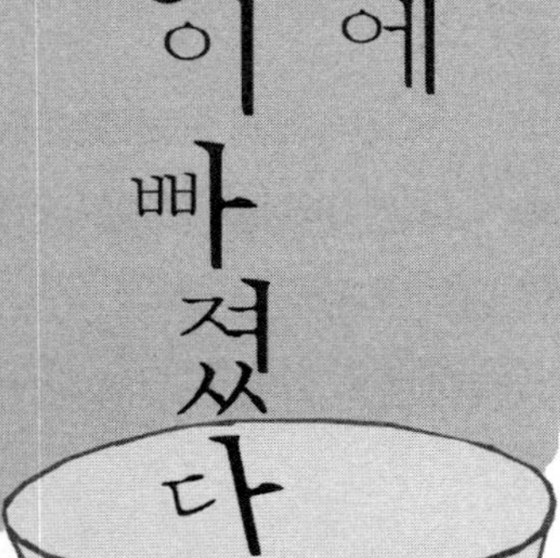

방송문화진흥회 엮음

한울

이 도서의 국립중앙도서관 출판시도서목록(CIP)은 e—CIP 홈페이지(http://www.nl.go.kr/ecip)에서 이용하실 수 있습니다. (CIP제어번호: CIP2009002115)

요즘 방송에선 '시청자 의견'을 소재로 하는 내용들이 적지 않습니다. 출연자의 부적절한 언행이나 제작진이 미처 생각하지 못했던 부분에 대한 시청자의 비판과 의견이 실시간으로 개진되는 현실을 반영한다고 하겠습니다. 또 시청자의 높아진 위상을 보여주는 것이라고 생각합니다. 결국 방송에 대한 시청자들의 안목과 언변을 인정한 것이라 할 수 있습니다.

시청자들의 생각과 제안이 그들만의 참신한 시각과 논리의 구조를 갖추게 되면 좋은 비평문이 됩니다.

이러한 비평문은 방송 제작자들에게는 자신의 프로그램을 돌아보고 더 나은 방송을 만드는 계기가 됩니다. 시청자가 프로그램의 단순한 수용자가 아니라 적극적이고 능동적인 참여자로서 '좋은 방송'을 만드는 주체로 자리매김하게 되는 것입니다.

좋은 비평문은 방송을 시청한 사람들에게 프로그램의 새로운 면을 볼 수 있게 합니다. 프로그램을 보지 못한 사람에게는 프로그램에 대한 관심을 높여줍니다. 시청자를 일방적 수용자가 아닌 창조적이고 생산적인 방송 소비자가 될 수 있게 하는 것입니다.

많은 사람들에게 방송에 대한 관심과 애정을 갖게 하는 방송비평, 많은 제작자들이 귀 기울이게 되는 건전한 프로그램 비평, 그래서 방송의 제작과 시청에 이르는 좋은 방송의 여러 과정을 완성하는 시민의 비평, 이것이 <좋은 방송을 위한 시민의 비평상>이 추구하는 목표입니다.

이번 비평집에 수록된 글들은 방송문화진흥회의 비평상 공모취지에 호응한 많은 글들 중 일부입니다. 참신한 시각과 논리적인 글쓰기로 방송비평의 좋은 사례가 될 수 있다고 생각합니다. 방송 제작자, 비평을 공부하는 분들 그리고 능동적으로 프로그램을 시청하고자 하는 시청자 여러분께 도움이 될 수 있기를 바랍니다.

12회를 맞은 <좋은 방송을 위한 시민의 비평상>에 참여해주시고 관심을 가져주신 모든 분들께 감사의 말씀을 드립니다. 수상하신 여러분께는 축하의 인사를 드립니다. 그리고 응모된 많은 글을 애정과 관심을 가지고 꼼꼼히 읽어주신 심사위원님들과 짧은 시간 본 비평집 발간에 도움을 주신 도서출판 한울의 관계자 여러분께도 깊은 감사를 드립니다.

2009년 7월

방송문화진흥회 이사장 이옥경

　방송비평은 어려울 것이라고 생각하는 분들이 많습니다. 누구나 방송을 보면서 떠오르는 생각이 있을 것입니다. 그리고 이를 표현하는 것도 어렵지 않을 것입니다. 그러나 그것을 논리적으로 구성하고 글로 표현하는 일련의 과정에는 부담이 따릅니다. 그렇기 때문에 방송비평을 어렵게 생각하는 것이 아닌가 합니다.

　올해 응모된 총 285편의 방송비평문들을 심사하면서 가장 먼저 떠오른 것은 '더 이상 방송비평이 전문가나 방송 관련 종사자들의 분야가 아닌 시청자들의 영역이 되고 있다'는 것입니다. 대부분의 비평문들이 오랜 시간 프로그램에 대해 고민하고 정리해온 스스로의 생각들을 자연스럽게 서술하고 있다는 점이 바로 그 증거라고 생각합니다.

　아울러 더욱 고무적인 것은 시청자들의 방송비평 수준이 전반적으로 향상되고 있다는 점입니다. 프로그램의 내러티브와 캐릭터를 면밀하게 분석하고, 상이한 장르의 프로그램들을 비교하여 논지를 이끌어내는 모습에서 전문가에 버금가는 비평 능력을 보았습니다. 이는 시청자들의 능동적이고 발전지향적인 방송비평을 독려하기 위해 실시해온 <좋은 방송을 위한 시민의 비평상>의 성과라고 말할 수 있을 것입니다.

그러나 만족만으로는 더욱 큰 발전을 기대할 수 없기에 몇 가지 아쉬웠던 점을 말씀드리고자 합니다.

우선, 방송비평과 시청소감과는 다르다는 것을 인식하는 것이 필요합니다. 비평의 대상이 되는 프로그램의 이야기 속에 자신의 의견이 흡수되면 비평의 역할을 할 수 없습니다. 대상을 심도 있게 분석하고 넓은 시야로 평가·해석하는 것이 필요합니다. 적지 않은 비평문들이 시청후기 수준을 벗어나지 못했으며, 내용의 요약이나 장·단점을 나열하는 수준에 그쳐버린 것은 '분석과 시야의 확대'가 병행되지 못했기 때문으로 여겨집니다.

다음으로 비평문에 자신의 목소리를 담는 것이 필요합니다. 자신만의 독특한 관점보다는 사회 일반의 시각이나 잣대를 손쉽게 차용하거나, 객관적인 시각임을 강조하다보니 자신의 세운 논지를 유지하지 못하고 글의 일관성을 무너뜨리는 사례를 적지 않게 발견했습니다. 방송비평에서 객관적인 시각, 출처가 분명한 자료 제공 등이 필요한 것은 사실입니다. 하지만 글쓴이의 생각과 취지를 표현하지 못한다면 순간적으로 인터넷상에 떠돌다 사라지는 수많은 글 중 하나가 될 수밖에 없을 것입니다.

마지막으로 방송비평을 위해서 매체에 대한 이해가 필요합니다. 프로그램의 스토리와 구조를 비평하기에 앞서 TV, 라디오, 케이블TV 등 방송매체가 지니고 있는 사회적 기대역할, 제작체계, 보편적인 정서를 이해하는 것이 필요합니다. 드라마의 선정성, 다큐멘터리의 감동, 시사 프로그램의 시의성 등이 방송비평의 내용이 될 수 있습니다. 하지만 매체의 특성에서 기인하는 프로그램의 사회적 기능과 제작진의 의도를 바탕으로 비평을 전개한다면 더욱 훌륭한 방송비평이 될 것이라는 생각입니다.

심사를 하면서 다소 아쉬웠던 부분들을 몇 가지 지적했습니다. 하지만 대부분의 비평문들이 기본적인 원칙에 충실하면서도 자신들의 생각을 충분히 표현하고 있는 수작들이었습니다. 이러한 비평문들이 앞으로 우리의 방송 프로그램들을 더욱 풍성하게 하는 역할을 할 것이며, 사회 전반에 방송비평이 필요하다는 공감대를 확산시킬 수 있는 촉매로 작용할 것이라 기대합니다. 감사합니다.

2009년 7월
심사위원 일동

차례 ···

• 학생부문

가작

• 일반부문

• 학생부문

여우들의 하얀 거탑

MBC <내조의 여왕>과 KBS <개그콘서트> 중 '분장실의 강 선생님'

정미지

화장실과 분장실이 보여주는 뒤편의 사회

드라마 <내조의 여왕>에서 연봉이 높기로 유명하다는 퀸즈푸드에 들어
간 온달수(오지호)가 한준혁(최철호)과 가장 적나라하게 충돌하는 공간은?
바로 화장실이다. 이곳에서 온달수가 태어나 처음으로 입에 발린 소리로
아부를 떨고 정직원이 될 기회를 달라며 타일 위에 무릎을 꿇을 때, 한
부장은 아내를 팔아 안일하게 사는 무능력자라며 온달수를 짓밟는다. 시간
이 지날수록 이 관계는 역전되어서, 말미에는 끈 떨어진 한준혁을 온달수가
비웃는 상황이 된다. 화장실은 한 건물 속 구성원들이 계급의 높고 낮음에
상관없이 함께 쓰는 공간인 동시에, 일터라는 무대 뒤편의 공간이다.

공연장의 분장실도 마찬가지다. 무대에서는 주연과 조연이 정해진 각본
대로 움직이지만 분장실에선 (특정 배우를 위한 공간을 따로 만들지 않는 한)
선후배 할 것 없이 같은 공간을 쓰면서 그들 사이의 역학 관계를 끊임없이

재구성하는 살벌한 전쟁을 치르게 된다. 무대에서는 비중이 작은 조연이 선배에게 크게 사랑받고 있을 수도 있고, 무대의 주연배우가 모든 후배들에게 미움을 사고 있을지도 모른다. 그리고 이 관계가 다시 무대 위의 공연에 영향을 미친다는 점에서 더없는 위력을 발휘한다.

화장실과 분장실 혹은 복도나 엘리베이터와 같은, 메인 공간으로 가기 전 일종의 '준비 공간'에서 우리는 딱히 보고 싶지 않은 흉한 풍경들을 끝없이 봐야만 하고 껄끄러운 관계의 사람과도 불시에 마주쳐야 한다. 마치 김홍석(김창완) 이사의 부인인 오영숙(나영희)이 사장 부인 은수현(선우선)을 엘리베이터에서 만나 재수 없다며 치를 떠는 것처럼 말이다. 삶이라는 무대의 뒤편, 질척질척한 부대낌과 몸부림을 블랙 코미디로 담아낸 <내조의 여왕>과 <개그콘서트>의 '분장실의 강 선생님'은 절묘하게도 비슷한 시기에 등장하여 그동안 정극과 개그가 담아내지 못했던 가려운 곳을 정확하게 긁어주기 시작했다.

여기서 가장 주목해야 할 점은 퀸즈푸드의 남자 직원들의 갈등을 증폭시키는 원동력은 직원 부인들의 모임인 평강회 회원들의 '사모님' 쟁탈전이고, 강 선생의 분장실은 개그우먼들의 공간이라는 것이다. 천지애(김남주)의 "사모님, 태어나주셔서 감사해요~"와 안영미의 "선배님, 저희 땐 안 그랬잖아요 선배님~"이라는 하이톤의 목소리가 전혀 무관하게 들리지 않는 것은, 이 모두가 현대 사회의 여자들의 권력 관계를 꽤 리얼하게 그리고 있기 때문일 것이다.

'하이톤의 정치'가 TV에 안착하기까지

"니들이 수고가 많다", "우리 땐 상상을 못 했어, 이것들아" 등 수많은 유행어를 낳고 있는 '분장실의 강 선생님'은 어느 날 갑자기 등장한 대박 코너가 아니다. 그간 군대, 조직폭력배, 직장 등 남자들의 사회생활을 소재로 한 코미디는 넘쳐났던 데 비해 주로 외모 비교로만 이루어졌던 개그우먼들의 개그는 사실 생명력이 없었다. 그러나 이 코너에 대한 아이디어를 냈다는 전경미와 강 선생님 역할을 천연덕스럽게 소화하는 강유미가 2002년 KBS위성TV '한반도 유머 총집합'으로 연예계에 데뷔하면서, 공감을 얻는 여성 개그는 싹을 틔우게 되었다. 당시 그들은 매번 다른 상황, 다른 인물로 다양한 콩트를 선보이면서도 유명인을 성대모사하거나 인기 작품의 명장면을 패러디하는 일은 거의 없었다. 대신 여자들의 전화통화에서 상대에 따라 목소리가 계속 바뀌는 모습을 재연하거나, 배우의 지나치게 연기스러운 연기와 성우 더빙 특유의 억양을 흉내 내면서 사람들의 꾸며진 모습을 웃음의 소재로 삼는 데 주력했던 것이다.

이 개그 코드는 <개그콘서트>의 '예술 속으로 고고'(안영미, 강유미)와 '사랑의 카운슬링'(강유미, 유세윤)을 통해 계속 이어졌다. 특히 후자의 '항상 선배처럼 구는 여자' 편에서 강유미는 "이게 다 애정이 있어서 하는 소리야. ○○선배한테 말하면 안 된다"라며 유들유들한 선배를 연기하기도 했고 웃을 팔기 위해 온갖 감언이설을 동원하다가 손님이 사지 앉자 180도 돌변하는 매장 직원을 연기해보이기도 했다. '언니'와 '이모'라는 호칭으로 대표되는 한국 여자들만의 위계질서, 고유의 분위기를 그려내는 데 탁월한 이 개그우먼들이 그들의 주특기를 제대로 발휘한 것이 바로 '분장실의 강 선생님'이다.

한편 여성 시청자를 주 타겟으로 하는 많은 드라마에서는 여성들의 생활이 어떻게 그려져 왔을까. 캔디와 같은 씩씩하고 착한 여주인공을 악녀가 괴롭히는 구조가 수십 년간 반복되어왔음은 두말할 필요가 없을 것이다.

특히 악녀는 부유한 환경에서 자라 젊은 나이에 직장 상사인 경우가 많았고 주인공을 괴롭히는 이유도 단지 질투라는 한정된 감정에 머물렀다. 이 완고한 관습체계에도 조금씩 변화가 생겨났는데, SBS <강남엄마 따라잡기>는 자녀 교육열로 불타는 엄마들의 경쟁을 담으려 시도했으며 SBS <온에어>, KBS <그들의 사는 세상>, MBC <스포트라이트> 등과 같은 전문직을 다룬 작품들이 많아지면서 여성들의 사회생활을 드라마를 통해 좀 더 구체적으로 만나볼 수 있게 되었다. 이러한 흐름 속에서, 전업주부가 가족과 남편의 경제적 성공을 위해 하는 모든 활동을 매우 디테일하게 구현해냄으로써 따로 직업이 없더라도 결혼을 한 여성이라면 누구나 공감할 수 있는 내용의 <내조의 여왕>이 등장했다.

인생사 다홍치마? 요동치는 권력 관계

<내조의 여왕>의 천지애와 고등학교 동창들은 서로에게 이런 말을 자주 한다. "인생사 새옹지마라더니……. 네가 이렇게 될 줄 어떻게 알았겠니." 천지애가 다홍치마라고 잘못 말하기도 했지만, 정말 많은 변수가 작용하고 시시때때로 변하는 권력 관계는 극중 세계에 리얼리티와 긴장감을 부여한다. 일단 권력의 조건 자체도 일정하지 않다. 그 예로 천지애는 고등학생 때 미모와 인기를 기준으로 여왕의 권세를 누렸지만 지금은 백수인 남편 때문에 친구에게 굽신거릴 수밖에 없는 처지가 되었다. 지애의 처지는 골프장과 피부과, 비싼 미용실에서의 창피, 야유회 때 온달수의 경쟁자보다 훨씬 초라했던 도시락 준비 등과 같이 아주 구체적인 상황 속에서 처량하게 묘사된다. 그렇다고 물질만이 권력의 도구인 것은 아니다. 양봉순(이혜영)은 지애보다 훨씬 부유하지만 남편이 여전히 지애를 그리워하자 심리적인

약자가 되어 불안에 떤다. 허태준(윤상현) 사장과 아내 은수현 역시 지애와 달수를 좋아하게 되면서 상대를 위해 명예, 자존심 등 많은 것을 내던질 만큼 매달리는 입장이 된다.

그룹 퀸즈푸드 안의 관계는 더욱 심하게 요동친다. 처음에 지애는 오양숙의 마음에 들어 도움을 받지만 가짜 가방을 선물한 것이 들통 나면서 미움을 사고, 그 뒤 남편 달수와 아는 사이라는 은수현을 믿고 의지했건만 그녀는 달수를 유혹하느라 정신이 없다. 김홍석과 오양숙은 은수현과 온달수의 관계를 회장 처에게 폭로하여 온달수가 회사에서 쫓겨나도록 음모를 꾸미고, 이것이 실패로 돌아가자 돌연 오른팔이었던 한 부장에게 덮어씌워 그를 잘라내려 한다. 이후 회장이 죽고 온달수가 은수현의 지분을 양도받게 되자 그에게 성공을 보장해주겠다며 자신이 사장이 될 수 있게 밀어달라고 부탁하기까지 하는 등 일명 '라인'과 동아줄은 쉴 새 없이 끊어지고 이어지기를 반복한다.

'분장실의 강 선생님'에서도 등장인물은 겨우 개그우먼 4명뿐이지만 눈치가 없으면 살아남을 수 없다. 나를 아끼고 잘해주는 듯하다가도 선배가 오면 태도가 변해버리고, 말 한 번 잘못했다가 온 연예계에 거짓 소문이 나기도 하며 내가 짠 아이디어를 다른 사람이 가로채가기도 한다. 정신 바짝 차리고 변화에 빨리 대응하지 않으면 생존이 불가능한 곳. 그곳이 바로 악녀 1명만을 상대로 싸우는 멜로드라마가 아닌 실제 세상이다.

여우들의 거탑은 어떻게 세워지는가

2년 전, 의학 드라마가 아니라 정치 드라마라는 말이 나올 만큼 살벌한 직장세계를 그려냈던 MBC <하얀 거탑>은 <내조의 여왕>과 많은 공통

분모를 갖고 있다. 일단은 산전수전 다 겪고 회사의 막강한 실세로 자리잡은 인물로 배우 김창완이 두 드라마의 중심축에 있다는 점이 눈에 띈다. 그는 부드러운 외모와 느긋한 말투 때문에 유한 이미지가 강하지만, <하얀 거탑>에서는 필요에 따라 칼같이 사람을 쳐내는 우용길 과장 역을 통해 닳고 닳은 사회인의 모습을 실감나게 보여주었다. <내조의 여왕>의 김홍식도 비슷한 캐릭터이지만 부인의 말에 유난히 약한 남편이기 때문에 오히려 오영숙 여사가 그 역할을 톡톡히 하고 있다. 그녀 역시 부드럽고 우아한 외모와 목소리와는 상반되게 시시각각 냉정하게 돌변하며 '사모님'의 야망을 드러냈다.

자신의 직업이 아닌 남편의 자리를 이용한 야망은 지금껏 사극에서나 많이 볼 수 있었던 소재이지만, <내조의 여왕>에서는 현대 사회 속 부인들의 욕망과 내조의 형태를 다양하게 엿볼 수 있다. 오영숙처럼 내조의 능력이 뛰어나고 지위를 충분히 누리는 경우, 양봉순처럼 최선을 다해 노력하지만 정작 남편에게서 사랑받지 못하는 경우, 은수현과 천지애처럼 남편의 앞길을 막고 있다고 시집의 구박을 받는 경우, 하 대리의 부인처럼 성격이 내성적이라 잘하고 싶어도 못하는 경우 등. 이처럼 원치 않든 원하든 간에 '사모님' 판타지가 얼마나 여자들을 억압하고 있는지 잘 드러내준다.

물론 욕망을 채우기 위한 방법도 <하얀 거탑>의 그것과 많이 겹친다. 크고 작은 경조사 참여, 아부와 비위 맞추기, 술자리에서의 낯 뜨거운 재롱, 미술 작품 선물, 뒷돈과 술수 등. 특히 은수현에 이어 갤러리를 맡게 된 오영숙이 곧 죽을 화백의 그림이라 가격이 뛸 것이라며 주주 이사 부인들에게 그림을 돌리는 장면은 가히 '미술 재테크'라 할 만하다. 그러나 남자들의 방법과 다른 점이 있다면 쇼핑과 다이어트일 것이다. 부인들이 나오는 장면이 대부분 백화점과 헬스장에서 이뤄질 정도로 쇼핑 취향이 비슷한 것이 중요하고, 단지 몸매 관리를 못하는 것만으로 무시를 당하기도 한다.

'분장실의 강선생'의 선후배 관계도 만만치 않다. 이들은 <내조의 여왕>과 달리 따로 직업을 갖고 있고, 그것도 대중들 앞에서 연기하는 외향적인 직업이다. 그 무대 뒤편에서 그녀들은 엄격한 위계질서 속에 선배에게 연기도 배우고 줄이 닿으면 협찬도 받고 CF도 찍으면서 어떻게든 자기 길을 잘 닦아 나가야만 한다. 비록 분장실의 인물들이 연예인이라는 외피를 입고 있지만 나이와는 별개로 몇 기인지 기수를 따지는 문화에서 오는 갈등이나 자기 때는 훨씬 힘들었다고 부풀려서 말하는 허풍, 재밌지도 않은 말에 과장해서 웃는 모습, 선배 앞에서 울면서 피해자인 척하는 것까지 여자 선후배 사이에서 있을 수 있는 모든 진풍경을 집대성해놓은 듯하다.

<하얀 거탑>의 장준혁과 <내조의 여왕>의 한 부장이 그랬듯, 남자들이 자신을 성공의 자리에 올려주겠다는 이에게 무조건 충성하는 식의 집단 문화에 짓눌려왔다면 여자들은 또 다른 문화를 겪으며 산다. '넘버 파이브' 아니면 안 뿌리는 선배에게 알아서 맞춰주는 준비성도 필요하고, 사이가 안 좋았던 시어머니가 돌아가신 사모님에게는 슬퍼 보일 수 있도록 화장할 줄 아는 기술은 금상첨화다. 오영숙이 천지애가 남다른 센스가 있어서 좋다고 한 것처럼, 충성도라는 단어보다는 센스라는 말이 더 어울리는 게 여자들의 사회이다.

결국은 이 사회의 '사회성'에 던지는 질문

서울대 출신의 멘사 회원인 온달수가 들어간 직장마다 족족 쫓겨났던 이유는 그가 너무 바른 말만 했기 때문이었다. 상사에게 여직원 성추행하지 말라고 하고 공공 횡령하지 말라고 하는 말단 직원이니 늘 얼마 못 가

해고될 수밖에. 그는 당연히 옳다고 생각하는 행동을 고수하면 융통성 없다는 소리를 하는 사회에서 큰 상처를 받았다고 말한다. 이 땅에서 사회성 있는 사람으로 산다는 것은 얼마나 다양한 능력과 눈치, 그리고 때로는 비양심적인 행위까지 필요로 하는가. 단순히 부드러운 대인관계를 위해 필요한 적절한 요령 정도가 아니라, 온몸과 자존심을 던져야만 하는 것이 사회적인 행동이자 내조이자 개념 있는 선후배가 되는 길이라면 우리는 어떻게 해야 할까.

<내조의 여왕>에서 퀸즈푸드 건물은 항상 심한 로우 앵글로 아주 높아 보이게 카메라에 잡힌다. 이 드라마의 모든 인물이 오르고 싶어 하는 정상, 탑과 같은 존재가 바로 연봉 높은 대기업 퀸즈푸드이기 때문이다. 남자가 아닌 여우들이 속닥대는 거탑의 세계, 그들만의 센스를 경쟁하는 전쟁터는 코미디라는 장르와 썩 잘 어울려 세련된 현실 풍자를 만들어냈다. 이런 여성들의 사회 묘사가 여성뿐만이 아닌 모든 성별, 연령대를 아울러 인기를 얻는다는 것은, 어쩌면 그만큼 세상이 다양한 형태의 사회성을 요구한다는 반증일 것이다.

나 아닌 다른 사람들도 다 이렇게 힘들게 사는구나, 하는 공감대 형성을 이뤄낸 두 작품에 박수를 보내며, 다만 우리 모두 그 사회성에 너무 자신의 인격을 남김없이 희생시키지는 말기를. 처음에는 가족의 행복을 위해 돈을 원했던 천지애와 온달수가 결국 만신창이가 되어 불행해졌던 것처럼, 좀 더 잘 살아보고자 했던 행동들 때문에 삶이 불행해지지 않기를 바라본다.

맛있는 국수에 고명이 빠졌다

김보선

"얘, 국수 언제 먹여줄 거야?"

사촌 언니가 집에 오면 엄마는 가끔 이렇게 말씀하셨다. 그때마다 나는 결혼은 언제 할 거냐는 질문을 왜 국수에 빗대어 말씀하는지 참 의아하게 생각했었다. KBS1-TV에서 방영한 <누들로드(Noodle Road)>는 세계의 국수 역사를 다룬 6부작 다큐멘터리다. 이 다큐멘터리에서 말하고자 한 핵심적인 내용은 아시아에서 시작된 국수 종류의 면 식품이 지난 5,000년 동안 동서양의 문화권을 가로지르며 세계인의 입맛을 바꾸어왔다는 것이다.

비단길의 영어식 표현인 실크로드를 패러디하여 누들로드라고 제목을 붙인 것만 봐도 호기심을 불러일으키기에 충분했다. 평소에 면 종류를 좋아하며 나중에 요리사가 되고 싶은 꿈을 가진 나는 예고편을 보면서 면발처럼 길게 늘어진 누들로드를 상상했다. 하지만 시리즈로 계속된 프로그램을 모두 보고 나서는 조금 실망한 것도 사실이다. 회가 거듭될수록 흥미를 더해야 하는데 갈수록 감동하는 마음이 줄어들었기 때문이다.

특히 이해할 수 없었던 것은 한국의 국수를 소개하는 장면에서 냉면과 칼국수만 소개하는 데 그치고 있었다. 냉면만 해도 함흥냉면과 평양냉면 등 여러 가지가 있으며 칼국수도 고명을 어떻게 넣느냐에 따라 맛이 달라지고 지역에 따라서도 여러 종류가 있다. 그리고 메밀국수, 비빔국수, 콩국수 등 한국인들이 즐겨 찾는 국수 종류도 다양하다. 게다가 결혼식 때 하객들에게 대접하는 잔치국수도 있고 시골의 장터에서 먹는 장터국수도 있다. 요즘 기준에서 볼 때 그다지 고급 음식이라고 할 수는 없는 잔치국수가 왜 하객들에게 대접하는 대표 음식이 되었는지, 이런저런 유래와 문화적 의미를 설명해주고, 다른 나라에서는 국수가 관혼상제 같은 의식에 내놓는 대표 음식이 된 사례가 없는지를 비교해 설명해주었다면 더 좋았을 것이라는 아쉬움이 많았다.

프로그램의 첫 편인 '기묘한 음식'에서는 길고 가느다란 국수의 면발처럼 이 음식이 3,000년을 살아남은 음식이라고 자랑스럽게 소개했다. 방송에서는 중국 신장웨이우얼자치구 수베 시의 유적인 화염산에서 발견된 2,500년 전 미라의 머리맡에 놓인 국수 한 그릇이 국수의 기원이라고 설명했다. 이 내용은 중국 과학자들이 탄소연대 측정법을 이용하여 2,500년 전 미라의 머리맡에 엎어진 사발에 든 음식이 국수라는 것을 밝혀내 세계 유명 학술지인 ≪네이처≫에 게재된 적이 있다. 국수 하나로 몇천 년 전 인류의 생활을 유추할 수 있다는 것이 감탄스러웠고, 현재 내가 살고 있는 이 시대의 작은 물건들도 먼 훗날 미래의 후손들에게는 우리의 생활을 엿볼 수 있는 귀한 자료가 될 수 있다는 생각을 했다.

이 프로그램에서는 국수의 역사를 추적하여 국수가 어떻게 세계인의 입맛을 돋우며 보편적인 음식이 되었는지를 사실 위주로만 전달하지 않고 동서양의 문명 교류사의 맥락에서 찬찬히 설명하고 있다는 점이 가장 인상적이다. 제1회 '기묘한 음식'에서 제6회 '세상의 모든 국수'까지 촬영 에피소드를 다룬 '누들로드 다이어리'에 이르기까지, 전체 시리즈를 꿰뚫고 있는 주제는 동양의 국수가 서양으로 건너가 세계인의 입맛에 맞는 보편적인 음식으로 발전했다는 점이다.

가장 재미있게 본 것은 제3회에 방송된 '파스타 오디세이' 편이었다. 여기에서는 국수를 먹지 않던 유럽, 그 중에서 새로운 국수를 만들어낸 이탈리아를 집중 조명했다. 이탈리아에서 파스타가 어떻게 탄생했으며 어떤 경로를 거쳐 세계 각지로 퍼져 나갔는지 알 수 있었다. 핵심 주제는 동서양의 문명이 교류함으로써 동양의 국수가 이탈리아의 파스타로 새롭게 태어났다는 것인데, 국수의 변천과정이 흥미롭긴 했지만 한편으로 왜 지금에 와서는 동양의 국수가 이탈리아의 파스타 같은 더 인기 있는 음식이 되지 못했을까 하는 아쉬움도 많았다.

방송에서는 원나라 관리를 지내고 고국으로 돌아간 마르코 폴로가 『동방견문록』에서 국수에 대해 설명했다는 사실을 바탕으로 국수를 서양에 전파한 사람이 마르코 폴로였다는 가설을 소개했다. 이는 현재 많은 사람들이 통설로 잘못 알고 있던 대목인데, 이 프로그램을 통해 파스타에 대한 가장 오래된 기록을 12세기 아랍 지리학자 이드리시의 지리서에서 찾을 수 있고 아랍인들이 시칠리아를 정복했을 때 국수를 전파시켰다는 역사적 진실을 알게 되었다. 즉, 누들로드는 중앙아시아의 이슬람 문화권에서 시작되어 동쪽의 중국으로 전해졌고 서쪽의 이탈리아로 전파되었다는 것인데, 역설적이게도 현재 이슬람 문화권에서는 길고 가느다란 국수를 찾기 어렵다고 한다. 그 이유는 손으로 음식을 먹는 수식문화로 인해 길고 끈적끈적한 국수를 먹기에 적합하지 않아 자연스럽게 사라졌기 때문이라는 것이다. 결국 국수를 지금까지 즐겨먹는 나라에서는 국수와 더불어 젓가락을 사용하는 문화가 있었기 때문에 현재까지 길고 가느다란 국수가 계승되었다는 것인데, 이런 내용도 소개했더라면 문화에 대해 더 폭넓게 생각할 기회가 되지 않았을까?

그런데 누들로드 시리즈의 진행자로 왜 중국인 요리사 켄홈을 선정했는지 아쉬움이 남았다. 물론 켄홈은 유명한 세계적인 요리사이지만, 한국에서 기획·제작된 다큐멘터리를 굳이 중국인 요리사의 말을 통해 전달시키려고 한 의도를 이해할 수 없다. 더욱이 이 프로그램에 등장한 켄홈은 프로그램을 끌어가는 진행자라기보다는 요리사로서 인터뷰에 응하는 보조적인 역할에 머물렀다. 즉, 이 누들로드라는 프로그램은 '요리'에 초점을 맞춘 것이 아니라 '역사와 문화'에 초점을 둔 것이기 때문에 차라리 진행자 없이 관련 인물들의 인터뷰를 필요한 장면마다 삽입했더라면 좀 더 객관적으로 사실을 전달하는 데 도움이 되지 않았을까? 이러한 문제가 결국 프로그램의 성격을 모호하고 복잡하게 만들었다. 켄홈이 보조적인 역할에 머무르고 있다는 느낌은 제5회 '인류 최초의 패스트푸드'나 제6회 '세상의 모든 국수'에서도 계속되었다. 켄홈의 역할이 진행자인지 요리사인지 성격 규정을 분명히 하는 작업이 먼저 이루어졌어야 했다.

제4회에 방송된 '아시아의 부엌을 잇다'에서는 다양한 형태로 아시아 전역에 퍼져 있는 국수의 문화를 추적했다. 어쩌면 제4회에 방송된 내용이 이 프로그램을 기획한 숨은 의도가 아니었을까 싶을 정도로 아시아 문화권에서 국수가 어떻게 만들어졌는가를 마치 현미경으로 관찰하듯 상세히 보여주었다. 국수의 고향이라는 중국의 산시성에서는 손으로 반죽을 내려치고 당겨서 면을 뽑고, 히말라야 산맥의 작은 나라 부탄에서는 자신들의 삶을 지탱해온 신성한 곡물인 메밀로 국수를 만들어 먹는다. 그리고 태국 방콕의 파카드 궁전 벽화의 그림에 등장하는 전통복 차림의 남자가 들고 있는 국수 주머니에서 현대인들의 입맛을 즐겁게 하는 쌀국수 탄생의 비밀을 알 수 있었다. 이 프로그램에서는 면을 뽑는 압출기를 부탄 사람들이 단번에 알아봤다고 하면서 중국과 부탄과 한국에서 압출기가 공동으로 사용되었을 가능성을 제기했는데, 공감할 수 있는 내용이었다.

제4회에 방송된 내용은 대체로 아시아 각 나라에서 국수가 어떻게 만들어지고 어떻게 서민의 음식으로 자리 잡았는가이다. 프로그램에서 아시아의 국수 문화에 대해 성실하고 차분하게 정보를 제공한 점은 돋보였으나, 그 이상으로 나아가지는 못했다. 즉, 가장 심각한 문제는 아시아 각 나라의 국수 문화를 병렬식으로 나열하는 데 그치고 말았다는 점이다. 전체를 묶어주는, 다시 말해 아시아의 국수가 서양의 파스타와 무엇이 다르고 어째서 아시아의 국수가 '아시아의 부엌'을 잇는다는 것인지 충분히 설명하지 못했다. 프로그램에서 제시한 반죽하는 방법과 면 뽑는 방법이란 어쩌면 너무 기초적인 정보가 아니겠는가. 진행자 켄홈은 "아시아인에게 국수는 영혼을 담은 음식이에요"라고 말했다. 하지만 어째서 국수가 아시아인에게 영혼을 담는 그릇인지를 뒷받침하는 내용이 없었기 때문에 무척 공허한 메아리로 들렸을 뿐이다.

어쨌든 <누들로드>는 이전에 나온 다큐멘터리 프로그램과는 달리 국수라는 요리 소재를 바탕으로 동서양의 문명 교류를 추적했다는 점에서 매우 주목할 만한 프로그램임에는 틀림없다. 이 프로그램은 국수라는 소소한 음식을 통해서 동서양의 문명 교류사를 돌아보았다는 점에서 특히 인상 깊었다. 이전의 역사 다큐멘터리가 왕들이 어떻게 정치를 했는지에 초점을 맞추는 망원경으로 바라본 역사 이야기라면, <누들로드>는 국수를 통해 5,000년의 역사 흐름을 세세히 짚어본 현미경으로 바라본 역사 이야기다. 이와 같이 현미경으로 바라본 역사 이야기는 앞으로 옷, 신발, 헤어스타일 같은 우리가 일상생활에서 만나는 소재들을 통해서도 재구성될 수 있을 것이다. <누들로드>는 아무리 사소한 사물일지라도 어떻게 구성하느냐에 따라 얼마든지 역사 이야기로 확장될 수 있음을 보여준 구체적인 사례라고 할 수 있다. 바로 이점이 이 프로그램의 진정한 의의이다.

하지만 위에서 지적했듯이 보완할 대목도 많다. 이 프로그램에서는 동양의 국수가 서양의 파스타에 영향을 미쳤다는 점을 특히 강조했지만, 그 의도와는 달리 300가지가 넘도록 다양해진 서양의 파스타만을 돋보이게 하는 결과를 초래했다. 켄홈은 실크로드가 동서 문명이 교역한 곳이기 때문에 음식 문화에도 영향을 미쳤다고 하며 그 증거로 누들로드를 강조했지만 프로그램이 끝나고 나서 머릿속에 남는 것은 서양의 국수에 대한 인상이 더 강했다. 그가 특별 요리라며 보여준 '실크로드 국수'를 만드는 장면 역시 자연스럽지 않고 어색했다.

이 프로그램이 국수의 탄생에서 현재까지 걸어온 길을 단지 보여주는 데만 치중하지 말고, 그 과정에서 국수가 전 세계인이 선호하는 음식으로 자리매김한 비결을 알려주었더라면 더 낫지 않았을까? 어쩌면 "빨리 먹을 수 있는 음식"이라는 점과 "건조시켜 저장과 이동이 편한 음식"이라는 두 가지 효용성 때문에 세계인이 선호하는 음식이 되었을지도 모른다. 이런 주제는 향후 미래 식품과도 연결이 될 수 있고, 음식이 아닌 다른 소모품으로도 대치할 수 있는 주제이다. 즉, <누들로드>를 통해 몇천 년간 인류와 같이할 수 있었던 키워드를 찾아냈어야 했다.

나는 <누들로드>를 보고 나서도 우리나라에 왜 잔치국수가 있는지에 대한 해답을 찾지 못했다. 프로그램을 수출하기 위해 세계적으로 보편적인 내용을 추구하고 외국인 진행자를 내세울 수는 있겠으나 다른 나라 시청자들은 이 프로그램을 'Made in China'로 인식하지 않을까 싶다. 우리 고유의 국수 문화는 빠져버린 <누들로드>. 우리나라 진행자도 없고 우리 고유의 국수도 없이 프로그램의 엔딩 자막에서만 'Made in Korea'를 발견할 수 있다면, 이는 우리의 정체성이 빠져버린 무늬만 그럴듯한 세계화 다큐멘터리 프로그램에 불과하다. 맛있는 국수 스토리였지만 우리나라 고유의 맛깔스런 고명이 빠진 것 같아 아쉬움이 더 컸다.

앞으로 우리나라 국수를 소재로 한 프로그램이 한 편 더 제작되었으면 한다. 압출기에 담긴 우리 밀 한 톨이 전 세계인의 입맛을 유혹하기 위해 기나긴 국수발을 뽑아내는 그런 이야기가 기다려진다. 거기에는 반드시 우리나라의 잔치국수 이야기도 포함되어야 하지 않을까? 흥겨운 결혼식 피로연에서 오색의 고명을 얹은 잔치국수를 하객들이 왁자지껄하게 떠들며 훌훌 말아먹는 장면을 상상해본다. 우리 음식 전문가의 진행으로, 우리나라의 국수 문화를 제대로 알려주는, 국수 다큐멘터리 프로그램이 나오게 될 그 날이 벌써 기다려진다.

캐릭터들이여, 내러티브에서 독립하라!

민주적인 드라마, <막돼먹은 영애 씨>가 보여준
드라마의 새로운 재미

김자경

TV를 켜자 드라마가 나온다. 한 번도 본 적 없는 드라마이지만 본 지 10분도 되지 않아 옛날의 내용에서 앞으로의 내용까지 일직선 도로처럼 머릿속에 펼쳐진다. 어떤 세부적인 사건들이 전개될지는 알 수 없어도, 주변인들보다 빼어나게 아름답고 착해 보이는 주인공들은 지나친 욕심으로 비호감을 자아내는 악역들의 방해를 물리치고 사랑과 성공을 쟁취할 것이다. 그 와중에 이들을 돕는 그림자 같은 조력자, 또는 구원의 손길을 뻗치는 은인이 나타날 것이고 온갖 우연과 행운의 요소들도 매복해 있을 것이다.

우리는 끝을 알면서도 그 드라마를 본다. 왜? 이런 드라마들은 사람들에게 여러 번 타도 재미있는 롤러코스터, 또는 여러 번 먹어도 또 먹고 싶은 음식과도 같기 때문이다. 롤러코스터가 주는 재미나 좋아하는 음식의 맛이 처음과 똑같다고 해도, 내가 '머리로 알고 있다'는 것은 그것들을 즐기는 데 큰 방해가 되지 않는다. 사람들이 원하는 것은 '이미 알고 있는 쾌감의 재생산'이기 때문이다.

익숙한 쾌감을 위한 대가 : 폐쇄적인 내러티브가 낳은 비현실성과 식상함

드라마의 진행이 롤러코스터 트랙처럼 익숙한 정형성을 띤다는 것은 그만큼 내러티브 구조가 폐쇄적이라는 뜻이다. 우리나라 드라마들이 단골 소재로 삼는 것들은 대개 정해져 있다. 계급과 신분을 뛰어넘는 사랑, 온갖 반대를 극복하고 이루어지는 결혼, 주인공들에게 닥치는 끊임없는 불행에도 지속되는 연인 관계, 출생의 비밀, 삼각이나 사각 또는 그 이상으로 얽힌 애정 관계 등은 나름대로 새롭고 신선했다는 평을 듣는 드라마들에서도 하나 이상씩 예외 없이 등장한다. 예를 들어 2007년에 방영된 MBC 드라마 <커피프린스 1호점>는 남장을 한 여주인공의 독특한 캐릭터와 동성애에 대한 열린 태도, 혼전 관계에 대한 담담한 시선 등 파격적인 요소를 가지고 있기는 했으나 동시에 주요 캐릭터들이 만들어내는 사각관계의 롤러코스터에 몸을 싣고 있었다. 드라마 속에는 여러 가지 예상치 못한 재미도 들어 있었지만 드라마를 끌고 가는 주 동력원은 사각관계의 러브 라인이었고 이 러브 라인의 결론은 충분히 예상 가능한 것이었다. 내러티브상 이러한 설정들은 캐릭터가 가진 개성을 압도하여 드라마의 실질적인 주인공이 된다. 현재 우리나라 드라마가 시청자들을 유혹하는 가장 강력한 힘은 이미 예상하고 있는 내러티브의 진행을 감각적으로 확인하고 싶은 그들의 욕구를 자극하는 것이다.

문화를 산업적인 관점에서 봤을 때 '새로움'과 '익숙함'의 코드 중 안전한 투자 대상은 단연 후자이다. 익숙한 쾌감의 재생산은 생산자와 소비자 모두에게 명확한 목표를 설정해주기 때문이다. 산업에서 모호한 계약보다 명확한 계약이 유리해 보이는 것은 당연하다. 따라서 방송사 제작 프로그램 중 가장 많은 자본이 들어가는 드라마들이 익숙함의 코드에 종속적인 것은 산업적 측면에서 보았을 때 자연스러운 현상이다. 그러나 현재 우리나라의 드라마들은 익숙함의 코드를 위해 닫힌 내러티브를 지나치게 강조한 나머지 마치 투명한 옷을 입은 듯 앞으로의 전개가 훤히 내다보이는 지경에 이르렀다. 이는 우리나라 드라마의 시청률을 저해하는 중요한 요소이다. 날이 갈수록 지상파 드라마의 시청률이 하락하고 미국 드라마나 케이블 채널의 인기가 높아지고 있는 것이 결코 뉴미디어의 발달과 같은 외부 요인 때문만은 아닌 것이다. 따라서 산업적인 면에서도 다른 돌파구가 필요한 시점이라 할 수 있다.

그 돌파구를 생각할 때 가장 먼저 고려해야 하는 것은 내러티브와 캐릭터의 관계이다. 내러티브와 캐릭터는 이야기를 구성하는 가장 중요한 두 가지 요소이다. 둘은 상보적인 관계이면서 동시에 상충의 관계를 가지고 있기도 하다. 내러티브의 지배력이 지나치게 강해져 폐쇄성을 띨수록 캐릭터는 힘을 잃는다. 현실의 역동성을 반영하지 못하는 단일 내러티브에의 종속이 캐릭터의 활동 영역을 심하게 제한하기 때문이다. 따라서 대부분의 지상파 드라마들은 한 회만 보아도 캐릭터들의 위계와 활동 범위, 그리고 앞으로의 운명을 쉽게 예측할 수 있다. 드라마가 후반까지 진행되어도 초반에 설정된 주연 - 조연 - 엑스트라로 이어지는 인물 간의 위계는 공고하게 유지되며 선 - 악 또는 미 - 추의 대비구도 역시 거의 변하지 않는다. 이런 드라마 속에서 캐릭터란 내러티브를 창조해나가는 당사자들이라기보다, 내러티브라는 강력한 운명에 끌려가는 인형 같은 존재에 가깝다. 지상파 드라마들이 익숙한 매력을 무기로 아직도 높은 시청률을 확보하고 있으면서도 '비현실적'이라거나 '식상하다'는 비판을 듣는 이유도 여기에 있다. 현실 세계는 하나의 선형적인 내러티브가 만들어내는 위계에 따라 캐릭터들이 제한적으로 배치되어 있지 않다. 각자가 모두 인생의 주인공이며 제각각 다른 시선과 세계관을 가지고 있기 때문에 현실의 모양새는 깔끔한 정물화라기보다는 피카소의 입체파 그림처럼 기괴하고 다층적인 형상에 가깝다. 따라서 모든 캐릭터를 단일 내러티브에 종속시키는 이야기 구조는 비현실적으로 느껴질 수밖에 없다. 또한 인간의 희로애락과 같은 감정이나 행복·사랑과 같은 추상적인 주제가 동서고금을 통틀어 매우 보편적이라는 것을 감안할 때, 이를 독특하게 풀어낼 캐릭터의 약화는 곧바로 '어디선가 많이 본 듯한' 식상함으로 이어지기도 쉽다.

단일 내러티브의 독재를 깨라 : 다양한 캐릭터를 통한 복합 내러티브의 구축

그렇다면 내러티브의 독재를 깨는 진보적인 이야기 구조는 어떻게 가능할까? 케이블 채널 tvN이 제작한 시즌제 드라마 <막돼먹은 영애 씨>(이하 <영애 씨>)가 그것의 성공적인 사례라고 할 수 있다. <영애 씨>는 다양한 캐릭터를 통해 단일 내러티브에서 벗어나 복합적 내러티브를 성공적으로 구성한 작품으로, 캐릭터들을 좀 더 세심하게 조명하고 그들 각각의 관점에 존재하는 복수의 내러티브를 평등하게 반영한다. '평등하게' 조명한다는 것은 주인공이 없다거나 모든 캐릭터가 똑같은 러닝타임을 차지한다는 뜻은 아니다. <영애 씨>에도 주인공 영애를 중심으로 한 주연 - 조연 - 엑스트라의 위계는 존재한다. 그러나 이야기의 관점 자체가 주인공 중심의 선형적 내러티브에 묶여 있지 않고 다른 캐릭터들의 세계관을 다채롭게 반영하는 열린 구조이기 때문에 캐릭터들은 적어도 관념적으로 평등하다. 조연과 엑스트라들이라 해도 주인공을 위한 단일한 내러티브, 이를테면 '반대를 무릅쓴 결혼'과 같은 설정에 복무하기 위해 제한된 역할을 하는 것이 아니라, 각자의 맥락을 가지고 입체적으로 행동하는 인물로 그려진다.

이 드라마는 우리나라 드라마로서는 드물게 복합 내러티브 구성을 보여 주었고 산업적 안정성이 떨어지는 이와 같은 구성에도 불구하고 시청률 면에서도 대성공을 거두었다. 2007년 시즌 1을 시작한 <영애 씨>는 현재 웬만한 미국 드라마 부럽지 않게 시즌 5까지 제작되면서 독보적인 케이블 장수 프로그램으로 자리 잡았다. <영애 씨>는 우리나라의 어느 드라마에서도 보기 힘들었던 입체적인 캐릭터 탐구와 그들 간의 다채로운 관계를 보여준다.

<영애 씨>의 이런 새로운 면모들은 상당 부분 케이블 채널의 특성에 기인하고 있기도 하다. 각종 규제와 산업적 리스크를 더 크게 안고 있는 지상파에 비해 상대적으로 높은 자유도를 가지는 케이블 채널 프로그램으로서, <영애 씨>는 지상파에서는 불가능했을 여러 시도들을 통해 독보적인 인기 프로그램이 될 수 있었다. 흥미진진하고 노골적인 제목, 배우의 인지도보다는 작품 적합성을 따진 캐스팅, 다큐멘터리에서 따온 새로운 형식 등은 케이블 채널이 아니었다면 불가능했을 시도들이다. 그러나 케이블 채널의 높은 자유도가 대부분 시청자들을 손쉽게 끌어올 수 있는 말초적 선정성으로 이용되는 것을 감안할 때, <영애 씨>의 성공은 지상파든 케이블이든 기존의 프로그램들이 도달하지 못했던 새로운 영역을 개척함으로써 이루어낸 독보적인 것이라 할 수 있다. 따라서 <영애 씨>는 케이블뿐 아니라 지상파에서도 충분히 벤치마킹을 통해 역할 모델로 삼을 만한 가치가 있는 프로그램이다.

완벽한 악인도, 영원한 강자도 없다 : <막돼먹은 영애 씨>의 입체적 캐릭터들이 만들어내는 현실적 이야기

<영애 씨>는 주인공인 영애를 중심으로 진행되지 않는다. 물론 영애의 상황과 심정을 반영하는 분량이 가장 많기는 하지만 그 관점은 '영애 중심적'이 아니다. 드라마는 영애를 '덩어리'라고 부르는 교양 없는 회사 상사를 비출 때도 단지 그의 우스꽝스럽고 못된 면만을 단편적으로 비추는 것이 아니라 그가 가지고 있는 약점과 심리적 변화 역시 포착한다. 이는 드라마 자체가 캐릭터들과 유지하는 거리가 거의 비슷하다는 것을 보여준다.

이러한 입체성 구현은 주인공 영애의 '막돼먹은' 사건에 주로 초점을 맞춰 재미 요소를 찾던 초기 시즌보다 캐릭터들의 역사가 누적된 최근의 시즌에서 더욱 빛을 발하고 있다. 2008년 4월 24일에 방영된 8회를 보면 이 드라마가 캐릭터들을 얼마나 다양한 측면에서 고찰하는지를 한 장면에서 볼 수 있다. 시즌 5에서는 영애가 다니던 회사가 다른 회사에 인수합병되는 변화를 겪고 이에 따라 기존의 사장이 팀장으로, 평사원들은 계약직으로 각각 직위가 하락하게 된다. 팀장이 되어버린 기존의 사장 위에는 이사가 군림하는데 이사는 이전까지 못된 상사로 여겨졌던 사장보다도 한술 더 뜨는 캐릭터이다. 8회에는 이런 이사가 사무실에 들어와 주인공 영애를 무시하는 듯한 농담을 하는 장면이 나온다. 영애를 아끼는 선배인 장 과장은 이사에게 "직원들에게 상처 주지 말라"면서 충고를 하고 이에 지레 눈치를 본 팀장, 즉 이전의 사장은 이사님께 대들지 말라며 장 과장에게 호통을 치게 된다. 그만하라는 이사의 말에도 과장된 호통을 계속하던 팀장은 그러나 오히려 이사에게 감히 이사 말을 무시하느냐는 야단을 맞고 된통 무안을 당한다. 이사가 나간 후 팀장은 직원들 앞에서

멋쩍게 웃으며 자신은 괜찮다고 말한다.

한 사무실 내에서 1~2분 사이에 일어난 작은 사건을 통해 우리는 이 드라마가 가지는 여러 가지 특징을 한꺼번에 잡아낼 수 있다. 드라마 제목이나 '덩어리'라는 별명에서도 알 수 있듯 주인공 영애는 퀸카와 거리가 멀지만 드라마는 영애에게 가혹한 현실만을 그리지는 않는다. 다른 대부분의 드라마들이 '퀸카 낙원, 폭탄 지옥'의 평면적 세계를 그리는 데 반해 영애는 천덕꾸러기 취급을 받다가도 종종 그를 아껴주는 주변인들의 보호를 받는다. 영애를 바라보는 캐릭터들의 관점이 다양하다는 뜻이다.

또한 과장 - 팀장 - 이사로 이어지는 권력의 먹이사슬은 이전 시즌까지 사장의 자리에서 절대 권력자로 보였던 팀장 또한 약한 존재라는 점을 부각시킨다. 게다가 진심도 아니면서 과장에게 호통을 치는 팀장의 과장된 태도는 이기적 처세술이기도 하지만 동시에 팀원들을 보호하려는 나름의 배려로도 보인다. 팀장의 이런 이중적인 면모는 영애를 계속 모욕적인 별칭으로 부르면서도 "내가 직원 점수 10점 만점을 줬으니 정직원 되는 것 걱정 말라"고 말하는 부분에서 극치를 이룬다. 캐릭터의 이런 이중성은 위선으로 그려지는 것이 아니라 실제 한 사람의 마음속에 공존할 수 있는 두 가지 속성으로 표현된다. 드라마 속 내레이션이 팀장을 '팀장'이라는 직함이 아닌 '형관'이라는 이름으로 칭하며 진행된다는 것 역시 드라마가 각각의 캐릭터를 역동적인 내면을 지닌 인간으로 그린다는 것을 보여준다. 드라마의 이런 관점은 팀장뿐 아니라 영애의 가족, 친구, 회사 동료 등 대부분의 캐릭터에 적용된다.

<영애 씨>의 연출은 캐릭터들이 이런 각자의 복잡한 마음을 표현할 수 있도록 충분한 기회와 시간을 주며 진행된다. 주인공인 영애뿐 아니라 주변인들에게도 표정연기를 통한 내면 표현의 기회를 제공하며 역동적인

심경 변화와 행동의 변화를 선보일 수 있는 상황을 제시한다. 캐릭터들은 특정 상황에 던져졌을 때 그 나름의 개성대로 행동하고 이야기를 만들어간다. 빤하게 예측되는 상황에 맞게 인형극을 하지 않는다. <영애 씨>의 입체적 캐릭터들은 이 드라마가 별 특별한 소재 없이 비루한 현실을 그리면서도 재미있다는 평을 끌어낼 수 있었던 가장 큰 힘이다.

입체적 캐릭터의 또 다른 힘 : 물 만난 배우들

입체적 캐릭터 묘사는 드라마를 매우 풍부한 내용으로 만들어준다. 그러나 입체적 캐릭터의 긍정적인 효과는 이것 말고도 또 있다. <영애 씨>는 비교적 제작 규모가 작은 케이블 채널의 드라마인데다 스타급 탤런트들이 별로 출연하지 않는데도 지상파 드라마들에 비해 오히려 배우들의 연기 질이 매우 높고 그 톤도 고르다는 인상을 준다. 그다지 유명한 스타가 등장하지 않는데도 조연들까지 만족스러운 연기를 보여주는 것을 보고 있으면 '우리나라에 연기 잘하는 배우가 저렇게 많았나' 하는 생각마저 들 정도다. 연기라는 작업이 결국 대본이라는 텍스트를 통한 캐릭터 이해와 몰입으로 이루어진다는 것을 생각할 때, 캐릭터가 실감나고 잘 이해될수록 연기의 질이 높아지는 것은 당연하다. 따라서 입체적 캐릭터는 그 자체로 배우에게 힘을 실어준다. <영애 씨>의 풍부한 캐릭터 구축 역시 결국 배우들의 좋은 연기를 끌어내는 데에도 긍정적인 영향을 끼쳤을 것으로 보인다.

선형적 내러티브에 종속된 드라마 조연들의 경우, 지나치게 캐리커처화된 캐릭터 때문에 깊은 연기의 기회 자체가 주어지지 않는 경우가 많다. 심지어 조연뿐 아니라 주연 역시 평면적 캐릭터에 묶여 뻣뻣해지는 경우가 많다. 배우들의 연기의 질이 낮다는 점은 우리나라 드라마 시청자들이 가지는 큰 불만 중 하나이다. 이 점에서 <영애 씨>처럼 배우들을 살리는 연출은 타 프로그램들의 귀감이 될 만하다.

캐릭터들이여, 내러티브에서 독립하라 : '민주적'인 드라마의 힘

<영애 씨>는 민주적인 드라마다. 드라마를 두고 민주적이라는 표현이 우습다고 생각할 수도 있을 것이다. 그러나 한 번 조연은 영원한 조연으로, 한 번 악역은 영원한 악역으로 고정되어 있는 주류 드라마들의 세계에 비해, 캐릭터들이 자신들의 개성을 바탕으로 예상치 못한 이야기를 끌고 나가는 <영애 씨>의 세계는 그야말로 민주적이라는 표현에 더없이 잘 어울린다. <영애 씨>의 캐릭터들은 하나의 목적을 향해 달려가는 단일 내러티브에 종속되기를 거부한다. 그들은 그들 자신의 인생을 살고 그들만의 역동성으로 사고하며 행동한다. 현실의 인간에게 허락된 모든 자유의지를 그들 역시 가지고 있다. 캐릭터들의 자유의지가 느껴지는 드라마는 독자적인 세계를 구축하는 데 성공한 것으로 볼 수 있다. 그렇게 잘 만들어진 캐릭터들은 어떤 상황이 닥치든 풍부한 이야깃거리를 만들어낸다.

캐릭터의 관점에 따라 여러 방향의 이야기가 겹치게 되는 이런 복합 내러티브 구조는 근래에 들어 문화계에서 많이 선호되고 있는 방식이다. 이 구조는 2002년 칸 영화제에서 황금종려상을 수상했던 <엘리펀트(Elephant)> 같은 세칭 예술영화에서 최근에 개봉한 동화 원작 애니메이션 <작은 영웅 데스페로(The Tale of Despereaux)> 같은 아동물에 이르기까지 폭넓게 적용되고 있다. 이런 작품들은 장르와 주제의 엄청난 차이에도 복합 내러티브를 통해 단일 내러티브의 예측 가능한 폐쇄적 진행을 벗어났

다는 공통점을 지니며, 기존의 단순한 이야기 구조에서 잡아내지 못했던
세상의 다양한 모습을 잘 담아냈다는 호평을 받았다. <영애 씨> 역시
우리나라의 기존 드라마와는 다르게 다양한 세상사를 담아냈다고 호평할
수 있다. 아울러 <영애 씨>의 새로운 매력은 단일 내러티브의 독재하에서
한계에 부딪치곤 하는 한국 드라마들에게 새로운 길을 제시해준다. 복합
내러티브로 할 수 있는 이야기는 아직도 무궁무진하다. 이것이 <막돼먹은
영애 씨>가 제목만큼 막돼먹은 사건을 자주 벌이지 않는 데도 장수할
수 있었던 이유다.

정통 토크쇼, 정말 안 되는 건가요?
<박중훈 쇼, 대한민국 일요일 밤> 폐지가 우리에게 남긴 것

김아람

0. 변해버린 그것, 토크쇼

"신정환이 그룹 에픽하이에 압력을 넣어 경쟁관계에 있는 이하늘의 업소 출연을 막았다" — 임창정, 2008년 10월 12일 MBC <명랑히어로>에서

"'다모'에 출연한 K씨가 나에게 끈질기게 구애했다" — 김세아, 2009년 2월 14일 KBS2 <샴페인>에서

2009년 현재 대한민국 예능 프로그램의 키워드는 단연 '리얼(real)'과 '자극'이다. 그리고 그 중에서도 최근 1년간 공중파 3사에서 인기리에 방영된 <샴페인>(KBS2), <야심만만2: 예능선수촌>(SBS), <명랑히어로>(MBC)와 같은 토크쇼들은 여느 분야보다 더 '독한' 수위를 자랑한다. 출연자들이 가장 쉽게 대중의 관심을 얻을 수 있는 길이기 때문이다. 이제 스타가

되기 위해 굳이 드라마에 출연해 체력소모전을 벌이거나, 리얼 버라이어티에 출연해 '개고생'할 필요가 없다. 그저 주위에서 전해들은 재밌는 이야기를 재구성하거나, 그것도 안 되면 화제가 될 만한 폭탄 발언을 준비해 완벽하게 터뜨리기만 하면 된다. 스타가 되는 것은 그 다음 문제다. 토크쇼는 이제 말을 하는 곳이 아니다. 토크쇼는 '스타양성소'다.

2000년대 초반에 방송되었던 <서세원 쇼: 토크박스> 이후, 시청자들의 머릿속엔 '토크쇼＝다수의 출연자가 서로 경쟁하듯 이야기를 쏟아내는 전쟁터'라는 공식이 성립하게 되었다. 진행자가 주제를 주면 출연자들은 그와 관련된 신변잡기나 연애담을 늘어놓는다. 당연히 웃긴, 이른바 '대박을 친' 출연자의 이야기는 방송 후 인터넷을 뜨겁게 달군다. 방송을 미처 보지 못한 시청자들도 포털사이트의 메인 화면만 확인해도 내용을 알 수 있을 정도다. 더러는 이야기가 반복되기도 한다. 토크쇼에서 '먹히는' 출연자는 한정되어 있기 때문이다. 시청자들은 이제 '연예인 누가 누구와 사귀었는지', '연예인 누가 언제 첫 키스를 했는지' 관심이 없어도 될 수 있을 정도가 되었다. 시청자는 서서히 질린다.

사실 <서세원 쇼: 토크박스> 이전까지만 하더라도 대한민국에서 토크쇼는 지금의 집단출연체제를 의미하지 않았다. <자니윤 쇼>(KBS2, 1989), <이홍렬 쇼>(SBS, 1996), <이승연의 세이세이세이>(SBS, 1998), <김혜수 플러스 유>(SBS, 2000)가 말해주듯, 토크쇼란 말 그대로 진행자가 한 명의 출연자를 초대해 그의 삶을 조명하거나 삶의 철학을 듣는 대화의 장이었다. 다소 편차는 있었지만 대부분의 출연자들은 시간이 지남에 따라 진행자와 벽을 허물고 진솔한 이야기를 털어놓았고, 그때마다 시청자들은 그에 대해 좀 더 알아간다는 느낌을 받을 수 있었다. 브라운관을 통해 출연자와 소통할 수 있었던 것이다. 이는 지금의 집단 토크쇼가 그들만의 경쟁을 벌이는 것과 분명한 대조를 이룬다.

2008년 10월, <박중훈 쇼, 대한민국 일요일 밤>(KBS, 2008년 12월 14일~2009년 4월 19일, <이하 박중훈 쇼>)이 처음 기획됐다는 얘기를 들었을 때 반가움이 먼저 든 까닭도 여기에 있다. <김혜수 플러스 유> 이후 거의 10년 만에 '정통 토크쇼'를 표방한데다—중간에 잠시 방영됐던 <더 스타 쇼>(SBS, 2008)는 논외로 하겠다—진행자 역시 평소 연예계의 마당발이자 입담꾼으로 잘 알려진 영화배우 박중훈이었기 때문이다. 그간 안정적인 시청률을 보장하는 각종 집단 토크쇼만을 쏟아냈던 KBS로서는 상당히 파격적인 시도였다. 이 글은 이렇듯 KBS가 야심차게 기획했으나 시청자들의 외면으로 4개월 만에 폐지할 수밖에 없었던 정통 토크쇼, <박중훈 쇼>를 평가하고 그 한계로 지목된 사안들에 대해 다시금 되짚어보고 그 대안을 모색해보는 순으로 진행할 것이다.

1. <박중훈 쇼>의 출현

기획 당시 <박중훈 쇼>가 주목을 받았던 가장 큰 이유는 서두에서도 밝혔듯, 10년 만에 찾아온 '정통 토크쇼'의 부활이었기 때문이다. <박중훈 쇼>는 "반드시 해결해야 할 사회문제를 시사 이벤트를 통해 이슈화·담론화하는 고품격 시사토크쇼, 만나고픈 사람들과 함께 눈물과 웃음을 나누는 감동토크쇼"라는 말로 프로그램의 정체성을 전면적으로 내세웠다. 이는 어느덧 '재밌는 이야기 경시대회'처럼 획일화되어버린 현재의 집단 토크쇼를 향한 경고의 의미이자, '토크가' 아닌 '오락'이 주가 되어버린 '토크쇼'를 다시 되돌려놓겠다는 의지가 담긴 표현이었다. 제작진의 의지는 시청자에게도 그대로 전해졌다. 그간 연예인들의 첫 키스의 추억과 인맥자랑에 신물이 났던 시청자들은 <박중훈 쇼> 편성 소식을 듣자마자 열광했다. 시청자들의 관심을 반영하듯, 미디어들은 방송도 되기 전에 기사를 쏟아냈고 시청자의 기대치는 극에 달했다. <박중훈 쇼>는 어느덧 하나의 프로그램을 넘어, '정통 토크쇼'라는 장르를 대표하게 된 것이다.

'박중훈'이라는 이름이 갖는 가치(Name value) 또한 무시할 수 없는 이유였다. 박중훈은 20년이 넘는 연예활동 기간 동안 이렇다 할 스캔들 한 번 없었던 것으로 유명하다. 그만큼 자기관리에 철저하며, 프로정신이 강한 사람이다. 게다가 성격 또한 다정다감하고 유머러스하다고 알려져 왔다. 그가 다른 예능 프로그램에 출연할 때마다 진행자는 그의 유머에 웃어 넘어갔고, 시청률은 대박이 났다. <박중훈 쇼>의 상징이라 할 수 있는, 중절모에 우산을 들고 미소를 머금은 신사의 이미지가 딱 '그 자신'이었던 것이다. 이는 방송초기 출연을 예고한 동료 연예인들의 명단만 봐도 알 수 있었다. <무릎팍 도사>(MBC)에서 강호동이 그토록 사정사정해도 얼굴 한 번 안 비추던 장동건은 <박중훈 쇼> 첫 회에 버젓이 등장했다. 정우성·김태희 등으로 이어진 출연자 앞에는 마치 공식처럼 '몇 년 만에 첫 출연'이라는 수식어가 붙었다. 박중훈은 자신만큼이나 이름난 배우들을 섭외할 수 있는 대한민국 유일한 진행자였다.

방송을 앞두고 펼쳐졌던 대대적인 홍보 역시 시청자들을 끌어당겼다. <서세원 쇼>가 토크쇼 판도를 바꾼 이후 이렇다 할 무리수를 두지 않고 있던 KBS로서는 당연히 <박중훈 쇼>에 대한 기대가 클 수밖에 없었다. 잊힌 동요들을 되새겨보고자 탄생한 <해피투게더>와 서로의 언어를 알아감으로써 세대 간의 격차를 좁혀보려 했던 <상상플러스>는 시즌이 거듭될수록 사실상 일반 토크쇼와 별반 다를 바 없어졌고, 이 외에도 <샴페인>, <미녀들의 수다>와 같이 '예능=출연자의 신변잡기에 의존하는 프로그램'이 되어버린 KBS의 입장에서는 <박중훈 쇼>를 계기로 그동안 깎인 점수를 만회해보려 했던 의도가 강했다. 박중훈 쇼가 토크쇼인데도 예능이 아닌 교양에 위치 선점을 한 것도 이 때문이리라 풀이된다. 그만큼 KBS로선 절실했고, <박중훈 쇼>는 시작부터 막중한 임무를 떠안았다.

2. 그들은 시청자를 모른다

10년 만에 찾아온 전통 토크쇼라는 타이틀, 박중훈이라는 진행자의 저명성, 방송사 전체의 대대적인 홍보에도 <박중훈 쇼>는 방송 4달 만에 전격 폐지됐다. <박중훈 쇼>의 폐지를 두고 일각에서는 이제 대한민국에서 정통 토크쇼는 통할 수 없다고 단정 짓고, 전통 토크쇼라는 장르 자체의 폐기처분을 운운한다. 하지만 여기엔 의문이 들 수밖에 없다.

방송사에서는 새 프로그램을 기획할 때 성공 가능성을 진단하는 몇 가지 기준을 정하고 있다. 첫째, 프로그램을 성공시킨 경험이 있는 제작자가 기획했는가? 둘째, 성공한 경험이 있는 MC가 참여하고 있는가? 셋째, 현재 유행하고 있는 프로그램의 포맷을 가지고 있는가? 넷째, 목표 시청자 층은 어느 계층인가? 이다. 아쉽게도 <박중훈 쇼>에는 프로그램을 성공시킨 경험이 있는 기획자도, 성공한 경험이 있는 MC도 없었고, 목표 시청자 층도 분명하지 않았다. 장르 자체만을 운운할 문제가 아니란 얘기다. 결국 프로그램 전반에 흐르던 경고음들을 다시 들어본다면 그 이유를 발견할 수 있을 것이다.

먼저 지적할 점은 애매한 위치 선정이다. 마음만 먹으면 하루 온종일 예능 프로그램을 접할 수 있는 시청자들은 이제 자신에게 필요한 프로그램을 선택하는 데만큼은 탁월한 능력을 발휘한다. 스타의 눈물 나는 가정사를 알려거든 아침방송을, 스타의 사생활을 알려거든 집단 토크쇼를 보면 되는 것이다. 그런데도 <박중훈 쇼>는 이도 저도 아닌 '유명한 연예인이 출연한다는 사실' 하나만을 가지고 밤 12시에 편성하는 모험을 벌였다. 당초 제작진이 내세웠던 출연자와 진행자 박중훈과의 친분은 녹화분에서 전혀 드러나지 않았다. 그저 예의상의 칭찬과 겉도는 이야기들뿐이었다. "출연해 주어 진심으로 고맙다"는 말을 한 뒤 장동건에게는 "잘생겼다"는 말만, 김태희에게는 "예쁘다"는 말만 되풀이했다. 연예계 선배로서 후배들에게 진심어린 충고를 해준다든지, 어디에서도 들을 수 없었던 그들의 일상적인 이야기를 전한다든지 하는 것은 전혀 없었다. 자신이 무엇을 내세워야 하는지를 모르는 채 그저 섭외 그 자체에만 공을 들인 것이다.

가장 답답한 부분은 제작진이 아직도 이를 모르고 있다는 사실이다. 이 프로그램을 기획·총괄했던 이영돈 KBS 기획제작국장은 폐지 관련 인터뷰에서 "화자의 의도까지 가끔 왜곡하는 '자막 장난'과 극단적으로 과장·변형되는 집단 MC 토크, 화려한 VCR 등을 배제한 정통 토크쇼가 반드시 필요하고 또 통할 것으로 봤지만 결국 잘 먹히지 않았다"고 말한 바 있다. 박중훈 역시 "초대 손님의 눈을 보고 그 사람의 진심을 느끼려고 할 때 자막이나 효과음이 방해를 한다는 게 나와 제작진의 소신이었다"며 자신들의 의도를 몰라주었던 시청자에게 서운함을 표현했다(≪조선일보≫, 2009년 4월 18일자). 그러나 이는 자신들이 진정으로 무엇을 놓쳤는지, 무엇을 잘못했는지를 전혀 알지 못하는 발언이다. 리모콘 한 번만 누르면 바로 특수효과들로 점철된 프로그램을 볼 수 있는 시대에 살고 있는 시청자가 단순히 CG와 자막, VCR이 없다고 '좋은 콘텐츠'를 마다했을 리 없다. 문제는 콘텐츠였지 부수적인 효과들이 아니었단 얘기다.

실제로 프로그램을 보는 내내 박중훈 씨가 그의 말대로 출연자들과 진심을 얼마나 나누었는지 느낄 수 있는 부분은 많지 않다. 대신, 그와 제작진이 그토록 경계했던 '사생활 캐묻기'에 초점을 맞춘 부분은 어렵지 않게 찾을 수 있다. 첫 회 출연자였던 '장동건'의 경우, 박중훈이 장동건에게 쉴 새 없이 이상형에 대해 캐묻는 장면이 20분가량 방송되었다. 이는 "이상형이 어떻게 되세요?"라고 묻는 대신 "어떻게 생긴 눈을 좋아합니까?", "코는요?", "입은요?"라고 물었던 결과였고, 이에 장동건의 표정 역시 어두워졌다. 결국 그날 시청자는 10여 년 만에 예능에 출연한다는 장동건의 진심어린 말 한마디를 더 듣는 대신, '궁금하지도 않은' 그의 자세한 이상형을 알아본 것으로 만족해야 했다. 이는 장동건보다 비교적 안티가 많은 '이준기'가 <무릎팍 도사>(MBC)에 출연해 자신의 고생담을 이야기하고, '건실한 청년 이미지'로 거듭났던 것과 대조되는 부분이다.

현대의 트렌드를 전혀 고려하지 않은 것도 문제다. 프로그램 장르 얘기가 아니다. 전체적인 분위기 말이다. <박중훈 쇼>는 1990년대의 정통 토크쇼의 포맷뿐 아니라 그 시절의 세트도 그대로 차용했다. 하지만 이는 잘못된 선택이었다. 기본적으로 포맷은 현재의 '독설 트렌드' 속에서 충족되지 않는 시청자들의 잠재된 요구를 어느 정도 해소 하는 데 도움을 줄 수 있지만, 세트는 그렇지 않다. 1990년대처럼 출연자가 어떤 얘기나 해도 '먹히는' 시대라면 세트 역시 그대로 차용하는 데 별로 무리가 없겠지만 지금은 다르다. 집단 토크쇼에서 아침방송까지 모두가 '토크'를 활용하는 이때에, 정통 토크쇼를 표방한 <박중훈 쇼>가 그들과 똑같이 탁 트인 공간에 출연자 한 명을 앉혀놓고 이야기한다면 당연히 얘기는 뻔할 수밖에 없다. 출연자 입장에서는 간판만 다를 뿐 모두 다 같은 공간으로 느껴지기 때문이다. 결국 60분이라는 시간동안 한 사람과 깊이 있는 대화를 나누기 위해서는 출연자에게 '둘만의 공간에 있다'는 편안함을 주는 세트를 마련했어야 했다. 그래야만 출연자 역시 진행자에게 마음을 열고 10년 전 그들의 모습이 그랬던 것처럼 서서히 진행자와 동화되어가는 모습을 보여줄 수 있었을 것이다. 결국 <박중훈 쇼>의 실패는 단순히 '장르의 특성' 때문이 아닌, 장르를 제대로 소화하지 못했던 제작진 및 진행자의 착오가 상당 부분 작용했다고 볼 수 있다.

3. 나는 희망한다

거듭 이야기한 것처럼 <박중훈 쇼>의 실패는 한 사람의 인생관과 삶의 철학을 대화로 풀어보는 '정통 토크쇼'의 실패로 좁혀서 볼 문제가 아니다. <박중훈 쇼>의 실패를 거울삼아 더 발전된 형태의 정통 토크쇼를 만든다면 분명 승산이 있단 얘기다. 여기에 대한 해결책은 현재 tvN에서 방영 중인 <현장 토크쇼 택시>(이하 <택시>)에서 찾아볼 수 있다. <택시>는 2007년 9월에 시작해 현재까지 약 90회 정도를 진행한 케이블 계의 '장수 토크쇼'다. 일반적으로 시청자들이 <택시>를 선호하는 이유는 크게 세 가진데 내용은 다음과 같다.

우선 <택시>라는 특수한 환경이 가진 힘이다. <택시>는 기본적으로 진행자 이영자와 김창렬(현재는 공형진)은 앞좌석에, 출연자는 뒷좌석에 앉아 같은 방향을 보고 진행된다. 일반인들이 지친 하루를 끝내고 등 받침대에 몸을 기댄 채 기사 아저씨와 이야기를 나누듯, 대부분의 출연자들은 하루의 스케줄을 끝내고 택시에 탑승한다. 진행자가 자신을 지켜보지 않으니 무방 비상태에서 아무렇지도 않게 자신의 이야기를 늘어놓는다. '택시'라는 공간 속에서 출연자는 방송보다는 일상을 경험하게 되는 것이다.

여기에 힘을 더하는 건 '힘을 뺀' 진행자들이다. 특히 이영자는 출연자가 본인보다 나이가 적든 많든 늘 살갑게 대한다. 모두가 언니이고, 동생이다. 당연히 출연자도 그녀 앞에선 무장해제가 된다. 놀라운 점은, 그녀 본인도 꾸밈이 없다는 점이다. 단짝 친구였던 고(故) 최진실 씨를 보낸 뒤 그녀는 언제나처럼 택시에 탑승해 출연자 김C가 들려주는 「청춘」이라는 노래에 맞춰 하염없이 눈물을 흘렸다. "해줄 수 있는 게 이것밖에 없어서 미안하다"란 김C의 말도, 그의 위로를 기꺼이 받아들일 줄 아는 그녀의 모습도 시청자에겐 감동으로 다가갔다. 방송이 끝난 뒤 프로그램에 대한 호평이 줄을 이었던 건 당연한 일이었다.

<택시>가 장수할 수 있는 마지막 이유는 60분 또는 30분을 지루하지 않게 끌고 갈 수 있도록 만드는 잘 짜인 코너들 때문이다. 이야기를 하던 도중 갑자기 준비해놓은 차트(chart)를 뜨거나 자료화면을 보여주는 대신, <택시>에는 그 나름의 '맥 잇기용' 코너들이 있다. 이는 늦은 시간(밤 12시)인데도 시청자들을 끌어 모으는 힘이자, 출연자가 좀 더 진솔하게 대화를 할 수 있게 만드는 원동력이기도 하다. 특히 케이블 특유의 재기발랄함을 적극 활용해 포털사이트에 올라온 출연자 관련 질문들을 물어보고 거기에 리플을 달게 한다거나, 출연자를 잠시 다른 차량에 이동시킨 뒤 일반인을 태워 평소 시청자들이 해당 출연자를 어떻게 생각하는지 몰래 들어보게 하는 등의 코너는 보는 시청자도 함께 '동승'한 느낌을 준다. 비록 브라운관으로 떨어져 있지만 '택시'라는 매개체를 통해 시청자와 출연자를 소통시켜주는 것이다. 이것이 2009년 현재 <택시>가 '정통 토크쇼'를 표방하면서도 무사고 운전을 해나갈 수 있는 비결이다.

이제 주사위는 던져졌다. 공중파의 정통 토크쇼들도 변해야 한다. 안 된다고만 할 것이 아니라 시청자들의 목소리에 귀 기울여 시청자를 만족시킬 수 있어야 한다. 물론 그러기 위해서는 제작진 스스로도 '정통 토크쇼는

안 된다'는 편견에서 벗어나 좀 더 잘 만들 수 있는 길을 모색해야 한다. <박중훈 쇼>가 폐지된 이후, 진행되던 <고현정 쇼>도 잠잠해지고 있다. 괜스레 마음이 씁쓸해진다. 공중파 3사가 <박중훈 쇼>의 트라우마에서 벗어나 좋은 정통 토크쇼 제작 소식이 전해지길 바란다. 속단과 편견만큼 무서운 것은 없다.

함께 꾸는 꿈이 만들어낸 화음
드라마 <베토벤 바이러스>

이채원

1. 꿈인가 판타지인가

드라마 <베토벤 바이러스>는 우리에게 꿈을 가지라고 말한다. 세계적인 지휘자 강마에가 교통정리를 하고 있는 말단경찰 건우에게 꿈을 꾸기라도 하라고 질책하는 장면에서 이 드라마가 우리에게 주는 메시지가 집약된다. 사실상 <베토벤 바이러스>에서는 '꿈은 이루어진다'는 슬로건이 드라마틱하게 형상화된다. 악보조차 보지 못하던 건우가 천재적인 재능을 바탕으로 몇 달 만에 오케스트라를 진두지휘하며, 카바레에서 트럼펫을 불던 3류 인생이 어엿한 오케스트라의 단원으로 활약하고, 오랜 세월 주부로서 자신의 꿈과 욕망을 억누르고 살아온 오십 대 여성이 우여곡절 끝에 솔로 연주를 훌륭하게 해내기도 한다. '치매'와 '청신경 종양' 같은 치명적인 병마와 싸우면서도, 가난과 편견에 맞서면서도, 그들은 자신의 꿈을 포기하지 않는다. 절망적인 상황에서조차 유머를 잃지 않으며 활기 넘치게 서로를 배려한다. 결국 그들의 그런 모습은 그들에게 클래식이란 가당찮은 것이라고 여기고 무시했던 강마에를 가장 먼저 변화시킨다.

그들에게는 꿈 못지않게 큰 시련과 억압 역시 줄기차게 이어진다. 한 고비를 넘으면 또 한 고비가 기다리고 그 고비를 넘었다 싶었는데 또다시 더 큰 산이 그들 앞에 버티고 있다. 그러나 그들은 포기하지 않는다. 도대체가 좌절이나 절망이라는 것을 모르는 사람들 같다. 청력을 상실해가면서까지, 치매에 걸려서까지, 직장을 잃으면서까지, 고생해서 연습한 공연이 무산되면서까지 그들은 계속해서 도전하고 시도한다. 때로 무모한 싸움도 마다하지 않는다. 그리고 그들은 결국 승리한다. 그들의 악기를 부수고 공연을 망치려 했던 수재민들을 그들의 편으로 만들었고, 막강한 정치권력인 시장을 조롱했으며, 아내의 꿈을 이해하지 못하고 억압했던 남편까지도 변화시켰다. 이 과정에서 가장 중요한 변화는 역시 도저히 융화할 수 없을 것 같았던 미천한 단원들과 독선적인 지휘자 강마에와의 인간적인 교류 과정이다. 이 과정에서 밑바닥에서 시작해 최고의 위치에 선 강마에는 단원들에게 꿈을 이룰 수 있다는 역할모델이 되기도 했으며 강마에 자신 역시 단원들에 의해 변화하고 음악적으로도 인간적으로도 성숙하게 된다.

실패와 장벽에도 계속 도전하는 그들의 모습과 결국 감동적인 공연을 해내는 그들의 성취는 일견 판타지처럼 보이기도 한다. 현실에서는 도저히 그와 비슷하게라도 할 수 없을 것 같은, 드라마이기에 가능한, 말 그대로 판타지인 것으로 생각되기도 한다. 건우가 처음 현실의 장벽에 부딪쳤을 때 그가 내뱉은 대사는 우리에게 많은 것을 시사한다. 비록 지휘 공부를 늦게 시작했다고 해도 해볼 만한 가치가 있지 않느냐는 루미의 말에 건우는 "나 꿈 그렇게 안 꿔. 와이프랑 애들이랑 스물 몇 평 아파트에서 오순도순 그거면 최고라고 생각해. 나에게는 그것도 너무 버겁다"라고 말한다. 사실상 그것이 현실 아닌가. 나와 내 가족이 오순도순 살아가는 것마저도 버거운 것이 우리가 발 딛고 있는 세상이다. 혁권의 대사처럼 "먹고 살기도 바쁜 세상"에서 우리는 살고 있기 때문이다. 그러나 그래도 그들은 결국 꿈을 놓지 않았다. 공연 당일 애써 갈등을 억누르며 교통정리를 하던 건우는 차에서 들려오는 음악 소리에 경찰 모자를 던져버리며 달려 왔다. 직장에서 적당히 타협할 수밖에 없었던 소시민 혁권 역시 끝내 자신의 꿈에서 고개를 돌리지 못했다. 그리고 돌아왔다. 이것은 과연 판타지인가?

실제로 드라마 <베토벤 바이러스>에서는 판타지와 같은 장면이 여러 번 연출되었다. 강마에가 자신을 밀어내고 건우를 추대하는 단원들에게 본때를 보이기 위해 혼신의 힘을 다해 「넬라 판타지아」를 지휘하는 과정에서 처음 등장한 판타지와 같은 장면은 「합창 교향곡」 공연에서 합창단의 등장과 어린 강마에의 모습과 현재 강마에의 모습이 교차 편집되는 감동적인 장면에서도 이어지고, 물에 빠진 루미가 꿈을 꾸는 것 같은 환상적인 장면에서도 묘사된다. 또한 강마에가 최석균 시장에게 부드럽게 그러나 단호하게 항의하는 장면에서도 음악에 의한 판타지가 형상화된다. 그러나 <베토벤 바이러스>는 판타지가 아니라 꿈에 대한 이야기이다. 강마에의 표현대로 한다면 "하늘에 떠 있는 바라만 봐야 하는 별"이 아니라 "뭔가 해야 하고 자신의 냄새와 색깔을 입혀야 하는 꿈"에 관한 이야기인 것이다. 고고한 클래식 지휘자 강마에가 처음이자 마지막으로 지휘한 대중가요가 「거위의 꿈」이었다는 것 역시 의미심장하다. <베토벤 바이러스>가 판타지로 향하지 않고 진정한 '꿈'을 꾸고 그 꿈을 실현시키려는 다양한 인간 군상들의 드라마가 될 수 있었던 비결은 무엇일까. 이것을 탐색해본다면 드라마 <베토벤 바이러스>가 가진 호소력의 원천이 무엇인지 발견할 수 있을 것이다.

2. 반대편에서 닻을 올리다

드라마 <베토벤 바이러스>는 매회 생동감이 넘칠 뿐만 아니라 계속되는 반전으로 그 다음 회를 기다리게 했다. 이것이 가능했던 것은 일본 시나리오 작가 가와베 가즈토의 말처럼 맞은 편 강가에서 배를 띄웠기 때문이다. 즉, 계속해서 외부에서 장애물을 만들었다. 드라마는 소설과 달리 인물의 심리를 서술하거나 내적 갈등을 묘사하기 어려운 매체이다. 그 때문에 드라마에서 인물의 성격을 창조해내는 가장 기본적인 방법은 맞은 편 강가에서 배를 띄우는 것, 즉 외부에서 갈등의 요소를 설정하는 것이다. <베토벤 바이러스>에서는 정말이지 끊임없이 장애물이 설정된다. 한 가지 장애를 넘으면서 감동을 주면 또 다른 장애물이 나타나고 이러한 과정이 끝까지 반복된다. 게다가 <베토벤 바이러스>에서 설정한 장애물은 '백혈병' 같은 작위적인 것이 아니라 핍진성을 확보한 것이며, 가학적인 고부 갈등과 같이 진부한 것도 아니고, 특히 백마 탄 왕자의 등장으로 문제가 해결되는 것이 아니기에 드라마에 신선함과 현실감을 부여하며 시청자를 더욱 몰입하게 했다.

도저히 화합할 수 없을 것 같았던 강마에와 단원들이 강춘배 시장의 모욕적인 행태를 기점으로 서로를 인정하고 공연 준비에 박차를 가하며 공연을 위한 작품을 완성할 시기가 되자 건우의 복귀 날짜가 걸리고 혁권마저 회사일에 걸린다. 여기서 건우와 혁권은 꿈과 현실 사이에서 현실 쪽에 발을 디뎌야 하기에, 사소한 것 같은 이 장애물의 설정이 드라마 전체의 주제와 연결되기도 했다. 여기서 꿈을 꾸기 힘든 사람들의 꿈을 가로막는 장애물의 설정은 계속 이어진다. 희연의 남편은 공연장에 나타나 희연을 끌고 가고 루미의 귀에 이명이 시작되고 초등학생 관객들은 떠들기 시작한다. 여기서 강마에는 뜻밖의 선택을 한다. 건우를 대신하는 솔로 연주자로 남편에게 잡혀간 희연을 선택한 것이다. 희연에게 심한 말을 하며 큰 모욕을 주었던 강마에였기에 이것은 분명 반전이지만, 공연 직전까지 혼자 연습에 몰두했던 희연의 모습이 있었기 때문에 모든 분노와 서러움과 억눌렸던 꿈을 분출해낸 그녀의 연주가 훌륭했던 것은 더 이상 판타지가 아니라 장애의 극복이며 자신의 색깔과 목소리가 담긴 꿈의 실현이 될 수 있었다.

그러나 안 될 것 같은 공연을 성공적으로 끝내기가 무섭게 시향 설립과 함께 원래의 멤버들은 제외되고 만다. 그래도 그들은 계속 문을 두드린다. 또한 강마에 역시 겉으로는 그들을 배척하는 척 하지만 그들에게 완전히 문을 닫아버리지는 않는다. 하지만 그들이 시향에 합류하자 이번에는 정식 단원들이 반란을 일으키고, 그것을 강마에 나름대로의 방법으로 멋지게 극복하자 이번엔 수재민들이 장애물로 등장한다. 그들까지 감동시키며 공연을 멋지게 끝냈는가 싶었는데 정치적 야심으로 시향을 짓밟으려는 최석균 의원이 장애물로 등장한다. 결국 강마에는 문제가 되는 단원들을 내보낼 수밖에 없었고, 그들과의 오해의 골이 깊어진다. 게다가 건우와의 소통마저 잘 되지 않는다. 또한 강마에는 유일하게 그의 내면을 들여다보며 그를 이해했던 루미조차 내칠 수밖에 없었다. 그래도 루미를 비롯한 단원들은 좌절하지 않고 씩씩하게 오케스트라를 운영해가지만 번번이 암초를 만난다. 이 과정에서 강마에와 단원들과의 핑퐁게임은 극에 긴장감을 부여하고 재미와 더불어 감동을 준다. 이렇게 맞은편 강가에서 띄운 배들은 그때 그때 졸속으로 제작된 것이 아니라 치밀하게 계획되고 구성된 것이어서 드라마의 완성도를 높인다. 여기서 드라마 <베토벤 바이러스>가 넘치는 생동감을 담보할 수 있었던 것은 무엇보다 장애물들을 극복해나가는 다양한 캐릭터들의 빼어난 개성 덕이었다.

3. 빛나는 캐릭터들과 차별화된 삼각관계

드라마 <베토벤 바이러스>를 빛나게 만든 것은 역시 독특한 캐릭터들
이다. 이미 드라마 방영 내내 김명민이 연기한 강마에의 독특한 어법과
스타일은 인구에 회자되었으며, 극의 정점에 서 있는 강마에에서 시작해
두루미, 강건우, 배용기, 박혁권, 김갑용, 하이든 등의 단원들뿐만 아니라
강춘배 시장과 최석균 의원, 정명환과 김계장까지 모두 개성 넘치는 캐릭터
로 창조되었다. <베토벤 바이러스>가 그토록 생기 있고 유머 넘칠 수
있었던 것도 이러한 다채로운 개성의 인물들이 이루는 조화 덕분이었다.
그들 모두가 각각의 음색을 가지고 있는 악기들처럼 어우러져 멋진 화음을
들려주는 드라마를 만들어낸 것이다.

우선 강마에는 정말 독특한 캐릭터이다. 그가 등장하면 곧바로 시선이
집중된다. 눈빛과 표정, 발성과 발음까지 완벽하다. 게다가 그의 대사는
힘이 있으면서도 재미있다. 심각한 상황에서도 그만의 독특한 유머를 발휘
한다. 단원들과 교감을 느낄수록 이죽거리면서도 결국 살짝 감정을 드러내
는 강마에의 표정과 눈빛은 시청자들의 시선을 고정시켰으며 배우 김명민
의 탁월함이 돋보이는 장면들이었다. 두루미는 밝고 낙천적인 캐릭터이지
만 그 씩씩함 뒤에 페이소스가 서려 있다. 무엇보다 그녀는 대부분의 TV
드라마 여주인공과 달리 신데렐라가 아니다. 또한 대단한 커리어우먼도
아니다. 하지만 바로 이 점이 두루미가 지닌 강점이 된다. 한편 강건우는
사실 강마에나 두루미에 비하면 힘이 떨어지는 캐릭터이다. 중반 부분
그가 강마에의 호의를 거절하며 거리를 두는 상황에서 그의 심리가 설득력
있게 표현되지 못해 공감을 일으키는 힘이 부족했다. 즉, 그는 강마에와는
다른 개성을 가지고 강마에의 반대편에서 드라마의 긴장과 조화를 만들어

가는 인물이었으나, 강마에와 균형을 맞추기에는 자신을 드러내는 힘이 부족해 인물의 축이 한 곳으로 기울어졌다는 아쉬움이 있다. 세 중심인물 외에도 다른 모든 인물들이 각자 뚜렷한 개성을 가지고 드라마를 생동감 있게 만들었으며, 드라마 구성에서 모두 분명한 존재 이유가 있는 캐릭터들이었다. 또한 그 인물 중 어떤 인물도 전형적이거나 천편일률적이지 않았다. 펄떡펄떡 뛰는 생선처럼 말 그대로 극 속에서 살아 움직인다.

한편 드라마 <베토벤 바이러스>가 중반으로 향하면서 강마에 - 루미 - 건우의 삼각관계에 대해 항의하는 시청자들이 있었다. <베토벤 바이러스>는 클래식에 관한 드라마인데 기존 드라마에서와 같이 진부한 삼각관계를 설정하여 <베토벤 바이러스>의 정체성을 흐리게 했다는 이유에서였다. 그러나 그들의 사랑 이야기는 흥미를 위해 양념으로 첨가된 작위적인 설정이 아니었다. 그보다는 각각의 캐릭터를 묘사하고 인물의 내면을 드러내기 위한 필연적인 장치였다. 루미가 강마에를 바라보게 된 것은 첫 이명을 경험하면서부터였다. 그토록 고대하던 첫 공연이 시작되지만 귀가 안 들린다는 것을 깨닫게 되었을 때 자신만 믿고 따라오라는 강마에의 손짓은 그녀에게 구원의 빛이었다. 이후 강마에는 자신의 방식대로 때로 자극하고 때로 위로하면서 청력을 잃어가는 루미를 도와준다. '착한 건우'가 아닌 '미운 건우'에게 끌리는 루미의 감정은 '나쁜 남자'에게 매력을 느낀다는 통속적인 설정이 아니다. 사실상 강마에는 '나쁜 남자'가 아니기 때문이다. 그는 '나쁜 남자'인 척 했을 뿐이며 그것이 그의 자기방어기제였다는 것을 루미는 간파했다. 진정으로 자신의 가슴속 이야기를 이해하는 루미에게 강마에 역시 위로받게 되는 것은 당연한 일이며, 그런데도 자신의 음악색을 지키기 위해 홀로서기를 선택하고 그 선택을 인정한 그들이기에 단지 손 한 번 잡은 장면에서조차 그 애절함이 전달될 수 있었다.

4. 그들의 땀과 꿈과 눈물이 녹아 있는 결정(結晶) : 음악

드라마 <베토벤 바이러스>는 국내 방송사에서 처음 시도한 클래식 드라마이기에 음악의 중요성은 두말할 필요가 없을 것이다. <베토벤 바이러스>는 일반 시청자들에게 클래식에 대한 비상한 관심을 가지게 했으며 클래식 음악을 향유할 수 있는 창이 되었다. 그런데 <베토벤 바이러스>에서 듣는 클래식 음악은 단순한 음악이 아니다. 한 곡 한 곡이 그 안에 이야기를 담고 있고 그들의 땀과 꿈과 눈물이 녹아 있는 결정체가 된다. 그들의 첫 공연에서 연주된 '리베르 탱고'는 자신의 존재를 부정당하면서도 끝없이 자신의 존재를 확인하려는 억눌린 아줌마 정희연의 자기표현이며, '합창 교향곡'을 연주하면서 눈물을 흘리는 두루미는 공연 한 번 제대로 못 해보고 귀까지 멀어가는 그녀에게 그 순간 오케스트라 공연에서 함께할 수 있는 '합창 교향곡'이 얼마나 가슴 벅찬 선물인지 절절하게 보여준다. 공연 장면마다 지휘자 강마에와 각각의 연주자들을 패닝하며 조명하는 카메라의 움직임은 시청자의 눈을 뗄 수 없게 한다. 그 곡을 연주하기까지의 지난한 과정들과 멈추지 않았던 그들의 꿈과 노력을 목격했기 때문에 음악이 주는 감동이 배가될 수 있었다.

또한 <베토벤 바이러스>가 피아니스트나 바이올리니스트 같은 독주자의 이야기가 아니라 오케스트라에 대한 이야기라는 것도 삶에 대한 은유가 될 수 있었다. 한 명의 연주자가 아무리 뛰어나도 오케스트라의 음악이 완성되지 않는다. 긴 기다림 속에 한 소절을 연주할지라도 오케스트라에서 하찮은 악기란 없다. 즉, 하찮은 인간도 없는 것이다. 강마에는 바로 그들을 이끌어가는 지휘자이며 그에게 가장 필요한 것은 소통의 능력이었다. 이 또한 우리의 인생과 사회와 세상의 이야기를 함축적으로 보여준다. 두루미는 강마에에게 "처음엔 공연이 중요했지만 이제는 그 사람들이 더 귀하다"고 말한다. 또한 강건우는 "오케스트라는 함께해서 즐거운 것"이라고 말한다. 결국 강마에의 마음을 열게 한 것은 그들의 연주 실력이 아니라 서로를 귀하게 여기는 사람들이 함께 울고 함께 웃으면서 만들어내는 화음이었다. 시향단원들이 강마에에게 반란을 일으켰을 때 강마에는 그들에게 사과하는 대신 함께 꿈을 꾸자고 말한다. 힘든 세상에서 살고 있는 사람들에게 음악을 통해 작은 위로라도 주는 것이 자신이 시향을 하는 궁극적인 목적이자 꿈이라고 말한다. 결국 오케스트라는 그들이 함께 꾸는 꿈이었고 그들은 그 꿈을 이루었다.

5. 나의 꿈은 살아 숨 쉬고 있는가?

지금까지 고찰했듯이 드라마 <베토벤 바이러스>는 치밀한 구성과 개성 넘치는 캐릭터들을 바탕으로 때로 시청자들을 웃게 하고 때로 울게 하며 공감을 자아냈다. 하지만 무엇보다 <베토벤 바이러스>가 시청자들의 가슴속 깊이 호소할 수 있었던 힘은 역시 누구나 가지고 있지만 잠자고 있는, 그러나 버리지 못하는 꿈에 관한 이야기였기 때문일 것이다. 여기서 나 자신의 꿈 역시 돌아보게 된다. 나는 진정 꿈을 가지고 있는가. '바라만 봐야 하는 별'과 같은 허망한 공상이 아니라 나의 색깔과 나의 흔적이 깃든 꿈을 가지고 있는가. 그리고 그것을 위해 뭔가 하고 있는가. 그것이 비록 남들이 비웃는 '거위의 꿈'일지라도 나는 포기하지 않고 '꿈'을 위해 '땀'을 흘리는가. 아니면 '먹고 살기도 힘든 세상'이라며 핑계와 포기와 자조와 냉소로 살아가는가.

물론 먹고 사는 현실도 중요하다. 또한 나 자신과 나의 가족의 단란한 일상 역시 중요하다. 그러나 척박한 현실에 발 디디고 서 있을지라도 꿈을 놓지 않기에 인간이 인간다울 수 있지 않을까. 여기서 전설적인 혁명가 체 게바라 평전에 실린 글이 떠오른다.

"불가능한 꿈을 간직하라, 그러나 리얼리스트가 되라"

드라마 <베토벤 바이러스>는 바로 이렇게 힘든 현실 속에서 불가능한 꿈을 간직하고 그것을 끝내 현실 속에서 펼쳐 보인 평범하지만 대단한 사람들의 꿈과 땀과 눈물에 관한 이야기이다. 그리고 그들의 꿈과 땀과 눈물의 결정체는 바로 감동적인 그들의 연주였고 음악이었다. 그 때문에 그들의 연주는 어떤 유명한 오케스트라의 연주보다 더 친근하게 다가왔고 감동적이었다. 함께 꾸는 꿈이 이루어낸 화음이었기 때문이다.

통속극, 여성과 판타지에서 길을 찾다

이준목

드라마는 현실의 '재현'이 아니라 현실의 '욕망'을 반영하는 대중예술이다. 상업적인 드라마들은 모두 통속(通俗)적인 요소를 가지고 있으며, 그것은 곧 그 시대의 풍속이나 유행, 사회상과 무관할 수 없다.

최근 안방극장은 '통속극의 르네상스기'로 불린다. 스케일이 큰 사극이나 전문직 이야기 같은 이른바 '장르물'보다 가족주의와 로맨스, 청춘물, 직장담 등 주로 비전문적이고 일반 대중에게 쉽게 통할 수 있는 통속적인 소재의 이야기들이 많은 사랑을 받고 있다.

여기서 눈여겨볼 것은 최근의 통속극 열풍 뒤에는 과거와 달리 '막장'이라는 용어가 동전의 양면처럼 따라붙는다는 점이다. <꽃보다 남자>, <아내의 유혹>, <내조의 여왕> 이 세 작품은 상반기 통속극 열풍의 중심에 있었던 대표적인 흥행작들이다. 이 작품들은 모두 높은 시청률을 기록하며 사회적 신드롬으로 불릴 만큼 높은 인기를 끌었지만, 한편으로 엉성한 완성도와 선정적이고 패륜적인 설정, 간접광고의 남발, 비현실적인 요소의 과잉 등으로 '막장 드라마'라는 빈축을 샀다는 공통점이 있다.

각기 다른 소재와 연출방식을 지닌 통속극들을 '막장'이라는 코드로 분류하는 기준은 무엇일까. 주로 실제 일상에서는 있을 법하지 않은 소재와 상황을 다루거나, 이야기의 전개가 지나치게 우연적인 요소에 의존하는 드라마를 비아냥댈 때 쓰이는 경우가 많다. 여기서 막장 드라마를 구분하는 특성은 결국 '비현실성'과 '선정성'에 있음을 알 수 있다.

아이러니하게도 드라마라는 것은 결국 픽션이고, 어느 정도 비현실적이면서 상업적인 코드와의 절충은 불가피하다. 문제는 그 이야기 안에서 전개되는 양상이 얼마나 설득력과 공감대를 갖추고 있는가에 달렸다. 흥미로운 것은 많은 통속극들이 이야기의 개연성이라는 측면에서 약점을 보이는 가운데서도 높은 인기를 구가하고 있다는 점이다.

통속극에 담긴 욕망의 코드들

이러한 비현실적인 통속극이 왜 인기를 얻는가를 살펴보기 위해서는 이러한 작품을 구성하는 주체와 그 수요를 알아보는 것이 중요하다.

통속극의 주역은 여성이다. 최근 1년간 성공한 통속극들을 돌아보아도 <태양의 여자>, <엄마가 뿔났다>, <꽃보다 남자>, <너는 내 운명>, <아내의 유혹>, <내조의 여왕> 등 제목에서 여성 취향적인 코드를 읽을 수 있거나, '여성'들이 이야기의 직접적인 주체로 등장하는 작품들이 대부분이다.

일본의 동명만화와 드라마를 원작으로 한 <꽃보다 남자>는 리메이크 작이라는 한계와 해외 원작이라는 정서적 차이에도 신드롬을 일으킬 만큼 폭발적인 인기를 끌었다. 여기에는 F4로 불리는 꽃미남 배우들의 비주얼과 탄탄한 원작의 힘도 바탕이 되었지만, 결국 중요한 것은 이러한 기획에

쏟아진 여성 시청자들의 폭발적인 수요에 있었다.

시청률 조사기관인 AGB 닐슨미디어리서치의 조사 결과, <꽃보다 남자> 방영 중 성별 평균 시청률은 여성이 67%로 압도적으로 많았다고 한다. 특히 연령대별 시청률에서는 예상을 깨고 20~30대 이상 성인 여성 시청자의 선호도가 10대 여성을 더 능가한 것으로 알려졌다. 이는 <꽃보다 남자>이 단순히 소녀 취향의 팬덤에 의존한 단순 트렌디 드라마 이상의 지향점을 가지고 있었음을 보여준다.

<꽃보다 남자>의 F4는 한마디로 캐릭터 자체가 '아이돌' 집단이다. 연예인은 아니지만 상류층 귀족인 이들은 매혹적인 외모와 근사한 옷차림을 갖추고 물질적 부와 명예를 과시하며 굳이 노력하지 않고도 여성들을 유혹한다. 남성들이 소녀시대나 원더걸스 같은 걸그룹을 보면서 느끼는 대리만족을 여성들은 드라마를 통해 느끼고 있는 것이다.

굳이 <꽃보다 남자>만이 아니더라도, <궁>, <커피프린스 1호점>, <서양골동양과자점 앤티크>, <쌍화점>처럼 이른바 '꽃미남'이 단체로 나오는 대중문화 상품(만화, 영화, 드라마)들이 최근 폭발적인 인기를 끌고 있다는 것은 드라마의 주요 소비 계층인 여성 시청자들이 이러한 소재의 이야기에 갈증을 느껴왔다고도 볼 수 있다.

<꽃보다 남자>류의 작품들에서 대중이 원하는 것은 내러티브의 완성도 보다는 얼마나 시청각적인 이미지를 만족시켜줄 수 있느냐이다. 그 속에는 답답한 일상을 잠시나마 벗어나고 싶다는 현실도피적 정서와, 이루어질 수 없는 꿈에 대한 대리만족의 욕구가 반영되어 있다. 평범한 소녀로 왕따까지 당하던 금잔디는 구준표라는 왕자의 간택을 받으면서 압도적인 물질의 혜택과 보호를 받는 신데렐라가 되고, 하루아침에 사회적 신분까지 동반 상승한다.

　　<꽃보다 남자>이 미혼 여성들의 판타지라면, <아내의 유혹>은 가부장제에서 억압된 기혼 여성의 욕망이 반영되어 있다. 친구에게 남편을 빼앗기고 임신한 채로 남편에게 '살해당할 뻔' 했던 여자가 복수를 위해 완전히 새로운 여자로 변신해 남편을 유혹한다는 충격적인 설정은 '현대판 몬테크리스토'를 연상시킨다.

　　드라마는 납치, 사기, 협박, 감금, 자살 등 최근 방송된 그 어떤 범죄 드라마보다도 강도 높은 자극적인 '사건종합선물세트'를 보여주지만, 정작 사건의 인과관계를 풀어가는 방식은 사실 상당히 허술했다. 구은재가 눈 아래 점 하나 찍고 '민소희'로 거듭난다든가, 평범한 전업주부가 삽시간에 만능 엔터테이너이자 커리어우먼으로 거듭나는 과정의 묘사는 안이하게 처리되어 있다. 하지만 <아내의 유혹>은 오히려 이러한 판타지성을 극한으로 밀어붙인다. 버림받은 '조강지처' 구은재의 복수에는 전통적인 가부장제 사회에서 한국 여성들이 감당해야 했던 남편과 시댁에 대한 저항심이 상징적으로 드러나 있다. 복수를 위해 신분을 숨기고 남편과 다시 결혼해 시댁에 들어가는 구은재의 목표는 잃어버린 자신의 자리를 찾는 데 있는 것이 아니다. 자신을 부당하게 억압하고 착취해오던 남편과 시어머니를 비롯하여 시댁을 향해 '눈에는 눈, 이에는 이' 식의 복수라는 통쾌한 한풀이를 통해 카타르시스를 안긴다.

　　<꽃보다 남자>이나 <아내의 유혹>이 대중의 취향을 건드리는 공통적인 전략은 가장 비현실적인 방식으로 가장 현실적인 욕망을 구현해 냈다는 데 있다. 두 작품은 시작에서 끝까지 논리적인 일관성이나 개연성을 무시한 '뻔뻔한 전개'가 특징이다. 드라마가 제공하는 현실이란, 결국 있는 그대로의 현실을 재현하는 것이 아니라 대중이 보고 싶어 하는 가상의 현실이다.

　　<꽃보다 남자>에서 구준표는 여성들의 판타지다. 그를 구성하는 캐릭

터의 매력은 상당 부분 물질적인 가치와 무관하지 않다. 가진 것 하나 없으면서 변덕스럽고 성격 까칠한 나쁜 남자라면 구준표가 그토록 매력적으로 묘사되지는 못했을 것이다. 동화 같은 저택, 자가용, 전용기 등 구준표를 둘러싸고 있는 환경은 보는 이들로 하여금 갖고 싶은 욕망을 부추기는 달콤한 판타지의 세계이며, 그 중심에 구준표가 있다. 철저하게 소비지향적인 구준표와 F4의 캐릭터는 <꽃보다 남자>이라는 가상현실 속에서 살아가는 CF 속 왕자님들이다.

<아내의 유혹>의 구은재는 '줌마렐라'의 표상이다. 구은재라는 인물의 완벽한 변신은 아줌마가 여성성을 회복하는 과정이다. 하지만 그녀가 누리는 미모와 사회적 지위에 대한 갈망도 알고 보면 타인의 물질적 지원 속에 이루어진다는 점에 주목할 만하다.

금잔디나 구은재가 겪게 되는 사건들은 현실에서는 결코 일어나기 힘든 우연의 남발이지만, 이는 두 작품이 제공하는 시청각적인 판타지를 있는 그대로 즐기기 위해 어느 정도 양보해야 하는 부분이기도 하다. 시청자들이 전후 상황을 논리적으로 따질 틈도 주지 않는 이야기 진행의 엄청난 속도감이나 정극과 희극의 경계선을 수시로 허무는 '고의로 과장된' 캐릭터 같은 주변 환경들은, 드라마의 판타지성을 보조하는 장치들이다.

이에 반해 <내조의 여왕>은 비슷한 통속적인 요소들을 취하고 있으면서도, <꽃보다 남자>이나 <아내의 유혹>와는 다소 다른 방향성을 보여준다.

회사 '퀸즈푸드'를 배경으로 벌어지는 직장 남성들과 그들의 아내를 둘러싼 복마전은 <꽃보다 남자>이나 <아내의 유혹>에 비해 배경과 소재 면에서 훨씬 현실적이다. 드라마에서 '내조'란 남편과 아내가 성공을 위해 함께하는 '팀플레이'의 또 다른 이름이다. 현대 사회의 치열한 생존

경쟁 속에서 남편과 아내, 직장과 가정은 하나의 운명 공동체이다.

드라마는 한국 사회에서 더 나은 삶을 살아가기 위한 '처세'에 관련한 보고서에서 시작하지만, 결국 행복의 '정신적 가치'와 '물질적 가치'라는 양면성에 대한 질문으로 진화한다. 등장인물들은 더 나은 삶을 위해 회사라는 이름의 사회를 통하여 물질적 성공에 집착하지만, 오히려 그럴수록 가정의 행복과 개인의 정체성은 희미해진다. 그 속에는 지금 한국인이 지향하는 행복의 양면성에 대한 진지한 페이소스가 담겨 있다.

물론 <내조의 여왕>에도 통속극의 전형적인 요소들이 있다. 재벌가 사장님이 기혼 여성에게 반해 멋진 노래를 불러주고, 극중 부부들의 스와핑을 연상시키는 불륜적인 설정들이 그러하다. 하지만 <내조의 여왕>은 이러한 전형성을 자극적으로 남발하지 않고도 등장인물들의 관계를 확장시키는 장치로 사용했다.

<내조의 여왕> 속 등장인물들은 오히려 저마다 결핍된 요소들을 가지고 있지만, 사회적인 서열을 벗어난 만남을 통해 '인간과 인간의 관계'를 깨우치며 서로를 치유해나간다. 물질적 행복은 있어도 서로 간의 신뢰와 애정이 없는 부부, 서로 깊이 사랑하지만 경제적 무능과 우유부단함 때문에 위기에 처한 부부. 과연 어느 쪽이 더 행복하고 어느 쪽이 더 불행할까?

<내조의 여왕>이 기존 통속극들과 다소 방향을 달리한 것은 최근 통속극이 지향하는 '여성 취향'과 '판타지성'을 굳이 부정하지 않으면서도, 현실에 대한 일상적 공감대에 기초하고 있다는 점이다. 대중적인 구조 안에서 시청자들로 하여금 현실을 직시하게 하고 인간과 사회에 대한 일정한 메시지를 유도할 수 있는 논리적·철학적 깊이까지 갖췄다는 점에서 자극적 '소재주의'에 매몰되어가는 최근의 한국형 통속극에 그나마 최소한의 균형감각을 보여준 사례라고 할 수 있다.

'여왕'과 '초식남' : 드라마 속 남녀 성역할의 위상 변화

이러한 통속극의 중심에는 한결같이 전투력 높은 여성 캐릭터들이 있다. 과거 드라마에는 선녀와 악녀의 구분이 명확했다. 그러나 이제 드라마에서 선녀와 악녀를 쉽게 구분하기란 힘들다. <태양의 여자>, <미워도 다시 한 번>, <아내의 유혹>, <하얀 거짓말>은 '강한 여자'들의 일대일 대결 구도가 두드러진다. <천추태후>나 <자명고>, <선덕여왕>은 남자들을 호령하는 '여성 리더십'을 전면에 내세운다.

드라마에 흔히 등장하는 전통적인 성역할의 고정관념도 변화하고 있다. <아내가 뿔났다>의 김한자(김혜자)는 드라마 후반에 엄마의 의무에서 벗어나겠다는 폭탄 선언을 한다.

<미워도 다시 한 번>의 한명인(최명길)이나 <하얀 거짓말>의 신 회장 (김해숙)은 대기업의 CEO이며, 극중에서 남자들을 압도하는 '절대 권력자'로 등장한다. 그들은 누군가의 엄마이자 아내로서의 한정된 역할을 거부하고 당당한 커리어우먼이자 '멜로'의 주인공으로 복잡한 연애관계의 중심에 서기도 한다.

중요한 것은 여기서 여성 캐릭터들의 성격 역시 점점 더 개인적이고 소비지향적으로 변모하고 있다는 점이다. 여성들의 활동무대는 더 이상 가정이라는 한정된 공간이 아니며, 가정의 행복이나 사랑하는 이를 위한 희생같은 전통적 덕목에서 벗어나 '나의 행복', '지금 현실의 행복'을 부르짖는 현재적 캐릭터로 진화했다.

또한 요즘 여성 캐릭터들은 이에 머물지 않고, 대중문화에서 소비하던 전통적인 여성상의 틀을 깨고 나와, 자신이 원하는 것을 찾기 위해 세상으로 뛰쳐나온 권력지향적 여성상을 보여준다. 여기서 전제는 여자로 당당하게 성공하기 위해서는 능력이 있어야 한다는 것이다. 그것은 미모나 경제적 능력이어도 좋고, 자신이 원하는 것을 거머쥘 수 있는 권모술수여도 좋다.

그리고 여성의 적은 곧 여자다. <태양의 여자>에서 신도영(김지수)과 윤사월(이하나)의 대결, <아내의 유혹>에서 구은재(장서희)와 신애리(김서형)의 대결은 단지 잃어버린 사랑을 찾거나 신데렐라를 선발하는 과정에 그치지 않는다. 그것은 서로 간의 '사회적 지위와 운명을 건' 건곤일척의 한판승부다. 이는 과거 남성들의 권력투쟁과도 큰 차이가 없다. 한때 브라운관을 장악했던 '나쁜 남자'보다 더 치명적인 '나쁜 여자'들은 공주나 사모님이 아니라, 스스로 모든 권력을 움켜쥔 여왕이 되기 위해 투쟁한다.

드라마 속 여성의 위상이 성장하면서 상대적으로 드라마 속 남성들의 역할도 변하고 있다. 한때 브라운관을 강한 남자들이 지배하는 시대가 있었다. 하지만 오늘날에는 무모하고 저돌적인 열혈남아의 캐릭터는 더 이상 환영받지 못한다. <아내의 유혹>이나 <태양의 여자>에서 실질적으로 남성들이 사건에 영향을 미치는 부분은 미미했다. <남자이야기>나 <2009 외인구단>처럼 전통적인 마초 남성들을 주인공으로 내세운 드라마들이 큰 반응을 얻지 못하는 것도 무관하지 않다. 반면 최근 20~30대 젊은 층에서는 마초 대신 '초식남'으로 불릴 만큼 온순하며 자기애가 강한 남성캐릭터들이 더 주목받고 있는 게 현실이다.

여성 중심의 드라마 속에서 남성들의 역할은 혼돈기를 맞고 있다. 그래서 요즘 드라마 속에는 마초와 초식남의 성향을 반쪽씩 겸비한 캐릭터들이 대거 눈에 띈다. 강인함·결단성 같은 남자다운 강점은 지키면서 때에 따라 포용과 인내, 섬세함이라는 여성적 매력을 겸비한 외유내강형의 캐릭터가 각광받고 있다. 남자다움을 드러내는 가부장적인 캐릭터들은 정극 속에서 점점 희화화된다. 오히려 강한 척하면서 한편으로 어눌한 인간미를 드러내는 '귀여운 마초' 캐릭터들이 득세하고 있다. <꽃보다 남자>의 F4나 <내조의 여왕>에 등장한 태준(윤상현)·준혁(최철호)·달수(오지호)는 '강한 척하지만 실은 약한' 요즘 남성들의 과도기적 성향을 대변하는 캐릭터들이다.

'이루어질 것 같은 현실'과 '이루고 싶은 현실' 사이

이처럼 최근 통속극을 지탱하고 있는 비현실적·선정적 요소들이란, 곧 그 시대의 대중들이 갈망하는 판타지의 또 다른 이름이기도 하다. 현실에서는 불가능한 판타지에 더해 팍팍하고 고된 현실을 잠시나마 잊고 거기서 벗어나려는 욕구가 막장 드라마라는 '필요악'을 만들어낸 셈이다.

드라마가 보여주는 현실은 있는 그대로의 리얼리티가 아니라 가공의 현실이다. 이것은 '이루어질 것 같은 실제적 현실'과 '이루고 싶은 가상현실'로 나누어진다. 불륜, 복수, 왕따, 출생의 비밀, 엇갈린 가족사 등은 드라마의 진행을 위해 만들어낸 가상의 사건이라지만 언제든 우리 현실에서 일어날 수 있는 일이기도 하다. 드라마는 등장인물들을 벼랑 끝으로 몰아넣는 극단의 상황을 먼저 제시하여 공감과 연민을 불러일으킨 뒤에 곧이어 고단한 일상을 위로할 수 있는 '가상현실'을 제시한다. 금잔디와 구은재, 천지애의 곁에는 언제나 그들을 보듬어주는 백마탄 왕자님들이 존재하고, 평범한 서민 여성이나 아줌마라는 틀을 벗어나 인생역전의 기회를 맞이한다.

물론 이런 작품들이 정치적으로 옳은 의미를 갖는 것은 아니며, 다분히 현실도피적이고 퇴행적인 요소를 지니고 있다. 아이러니한 것은 사람들이 손가락질하는 통속극의 억지스럽고 비상식적 상황 설정은 오히려 오늘날의 현실에서 더 자주 찾아볼 수 있다는 점이다. 신문이나 인터넷, TV 뉴스를 통해, 이른바 '드라마보다 드라마 같은' 이야기를 수시로 접할 수 있다.

정치·사회·경제 등 다양한 분야에 걸쳐 우리 사회에서 일어나고 있는 모순적인 현상들, 유명 정치인과 여배우의 자살 등 결코 있을 것 같지 않은 만화적인 사건들이 어느 날 현실이 되어 다가오는 세상은, 드라마보다 더욱 극적이며 가상현실의 선정성에 대한 자극을 오히려 무색하게 만든다.

대중예술로서의 드라마가 곧 시대상의 반영이라고 했을 때, 그 시대를 구성하는 사회제도와 구조라든지 이데올로기적 요소가 크게 요동치면서 사람들의 가치관이 여러 갈래로 교란되는 상황은 곧 대중예술의 트렌드와 정서에도 영향을 미친다. 불황기 서민 대중들의 일상적 삶의 모습이 혼돈 속에 휩싸이고 있는 모습은, 바로 오늘날 드라마의 현실도피적이고 소비지향적 구조를 통한 대리만족으로 반영되고 있는 것이다.

이러한 공식을 하나하나 살펴보면 결국 드라마를 구성하고 있는 비현실성과 선정성에 대한 논란을 다시 해석할 소지가 있다. 극중 가상현실은 현실의 재현이 아니라 대중의 무의식적인 욕망을 재구성하는 작업이다. 통속극은 이러한 가치관의 혼돈 현상이 빚어낸 삶의 풍경을 담아내고 있다.

결국 중요한 것은 드라마가 만드는 가상의 세계 속에 안주하기보다는 '이루고 싶은 실제적 현실'을 직시하는 용기가 아닐까. 다소 과장되지만 조금 덜어내면, 우리 자신의 욕망을 드라마라는 장르를 통해 투영하는 것에 다름 아니다. 영화보다 더 절박한 우리의 현실이 곧 하나의 거대한 통속극인 셈이다. 이것이 드라마는 '대중에게 꿈과 감동을 주어야 한다'는 식의 도덕적 모범답안에서 벗어나, 있는 그대로 욕망을 솔직히 까발리는 통속극에 열광하는 이유인지도 모른다.

일요일 저녁 <과학카페>에서 차 한잔을 마시다
KBS1 TV <과학카페> 시청 소감문

이민아

'대한민국의 교육열은 뜨겁다'라는 명제를 반론할 사람은 없을 것이다.

<표 1> 한국 PISA 순위 추이

	2000년	2003년	2006년
읽기	6	2	1
수학	2	3	3
과학	1	4	11

※ 출처: KICE 한국교육과정평가원 「OECD 학업성취도 국제 비교 연구(PISA 2006) 주요 결과 발표」

<표 2> 평가지표별 우리나라 순위

구분		한국 순위 (2008년)
과학기술역량종합지수(COSTII)		12(−)
자원		12(↑2)
인적 자원	총연구원 수	5(−)
	인구 1만 명당 연구원 수	10(↑4)
	18세 이상 인구 중 이공계 박사 비율	20(↓3)

구분	지표	순위
조직	USPTO 특허 출원 기관 수	8(↑1)
	세계랭킹 100위 이내 대학 수	9(↑3)
지식 자원	최근 15년간 SCI 논문 수(STOCK)	13(−)
	최근 15년간 특허 수(STOCK)	6(−)
활동		3(↑1)
연구개발투자	연구개발투자총액	5(↑1)
	GDP 대비 연구개발투자총액 비율	4(↑2)
	연구원 1인당 연구개발투자	14(↓3)
	산업부가가치 대비 기업연구개발 투자비율	3(↑2)
	GDP 대비 정부연구개발예산	7(−)
창업활동	창업활동지수	−
	GDP 대비 초기단계 벤처캐피탈 투자금액 비율	−
네트워크		22(↓3)
산학협력	연구원 1,000명당 산·학·연 공동특허 건수	9(↓1)
	대학 등의 연구개발비 중 기업재원의 비중	9(↓3)
기업 간 협력	기업 간 기술협력 정도(*)	16(↓2)
국제협력	연구원 1,000명당 국제공동특허 건수	22(+1)
	GDP 대비(해외투자+외국인투자) 비율	27(↓1)
환경		18(↑2)
지원제도	1-B지수(연구개발에 대한 조세지원)	8(−)
	지식재산권 보호 정도(*)	26(↓2)
물적 인프라	인구 100명당 초고속망 가입자 수	7(↓3)
	전체 사회기반시설의 품질(*)	18(−)
문화	새로운 문화에 대한 태도(*)	29(↓1)
	과학기술에 대한 청소년의 관심도(*)	7(−)
성과		9(−)
경제적 성과	국민 1인당 산업부가가치	23(−)
	하이테크산업의 제조업수출액 비중	3(−)
	기술수출액	20(↓5)
지식 창출	연간 특허 수	4(−)
	연간 연구개발투자 대비 특허 건수	4(↑2)
	연구원 1인당 SCI 논문 수 및 피인용도	28(↑1)

※ (*)는 설문지표

※ 출처: 교육과학기술부 한국과학기술기획평가원 「2008년도 국가과학기술역량평가」

하지만 위의 두 표는 이 명제를 비웃는 듯하다.

<표 1>은 전국 중·고교 중 146개교를 선정해 재학생들을 대상으로 읽기, 수학, 과학 시험을 치른 결과 중 상위 5% 학생들만 비교한 것이다. 표를 보면 과학 순위가 해가 거듭될수록 점점 낮아지고 있다. <표 2>의 과학기술역량종합지수를 보면 2년 연속 세계 12위로 중·하위권의 순위에 머물고 있다.

그 어느 나라보다 교육열이 높은 우리나라에서 왜 이와 같은 참담한 결과가 나온 것일까? 물론 여러 가지 이유가 있겠지만 나는 우리나라 교육의 특성인 '암기 위주의 교육' 때문이 아닐까 싶다. 본래 과학이라는 학문은 실험이 기본이다. 하지만 학교에서는 수능과 내신 시험을 위해 학생에게 매우 방대한 양을 가르쳐야 한다. 그러므로 선생님들은 진도에 쫓겨 실험은 1년 동안 5번도 채 하지 못하는 것이 현실이다. 어쩌다가 실험을 하는 경우에도 수행평가로 점수가 들어가기 때문에 항상 긴장이 되어서 제대로 실험을 즐기지 못한다. 그 결과 과학은 어느새 암기 과목이 되어 버렸다. 하지만 무조건 암기만 한다면 실제 과학적인 현상을 설명하고 적용하기가 힘들다.

나는 이과생으로 이러한 과학 교육을 받고 있다. 그래서 이러한 과학 수업에 대한 갈증을 느껴왔다. 더 알고 싶은 부분이 있어도 수능에 필요한 부분을 배우기에도 벅차기에 궁금증 해소를 제때 하지 못하고 넘어가는 경우가 종종 있었다.

계속 이러한 답답함을 느끼고 있을 때 우연히 채널을 돌리던 중 <과학카페>를 보게 되었다. <과학카페>는 어디에서도 볼 수도 들을 수도 없었던 살아 숨 쉬는 과학을 나에게 보여주고 들려주었다.

왜 과학 '카페'일까?

마실 것을 파는 공간은 많다. 호프, 바(BAR), 다방, 카페 등. 왜 이렇게 많은 곳 중 '카페'를 선정한 것 일까? 그 이유는 아마도 카페의 이미지 때문이 아닐까 싶다. 대부분의 사람들에게 카페란 편안하고, 한가롭고 그리고 어떤 사건이 일어날 것 같은 기대감을 안게 하는 장소이다.

<과학카페> 또한 시청자들이 그동안 어려워서 기피해오던 과학을 편안하고, 기분 좋은 두근거림을 갖고 부담 없이 볼 수 있도록 하기 위해 '카페'를 택한 것이 아닐까?

기존에 볼 수 없던 정규 과학 프로그램

드라마, 예능 프로그램, 뉴스 등 TV에서는 여러 정규 프로그램들을 방송한다. 하지만 과학 관련 프로그램이 정규 프로그램으로 있는 경우는 흔하지 않다. 설령 있다고 해도 특집 다큐멘터리인 경우가 대부분이라서 1·2부 정도로 짧게 방송되어 시청 후 아쉬움이 남는다.

하지만 <과학카페>는 정규 과학 프로그램이다. 그렇기에 시간이 다소 여유롭다. 덕분에 각각의 방송분을 메인 코너 그리고 서브 코너로 구성했다. 어쩌면 다소 지루할 수도 있을 내용을 10~20분 안으로 짧지만 풍부하게 전달한다. 그리고 그 한 가지 내용을 몇 주 동안 계속 깊이 있게 방송한다. 서브 코너는 넓고 큰 모호한 개념이 아닌 우리가 일상생활에서 접할 수 있는 것인 경우가 많다. 예를 들면 바퀴벌레의 생존 방식, 쌀의 진화, 바람길에 대한 도시인들의 열망 등이 있다. 앞의 세 가지 소재들은 누구나 다 본 적이 있고 들어본 적이 있는 것들이다. 이와 같이 친숙한 소재들을 사용하여 그동안 과학은 무조건 어렵다고만 생각해온 사람들의 편견을 깬다. 반면에 메인 코너의 내용은 약간 어렵고 전문적인 내용이다. 하지만 많은 자료들의 활용과 전문가의 인터뷰, 현장 조사 영상을 보여주기에 내용을 이해하는 데 큰 어려움은 없다.

시기에 맞는 적절한 소재 선택

첫째, 작년 10월 28일에서 11월 4일까지 경상남도 창원시 창원 컨벤션센터에서 '람사르 협약'이 이루어졌다. 이에 맞춰 <과학카페>에서는 2008년 10월 18일에 메인 코너의 소재를 습지로 잡았다. 덕분에 나는 람사르 협약이 무엇인지, 왜 습지를 보호해야만 하는지에 대하여 다른 친구들에 비해 미리 알게 되었다.

둘째, 올해 초 석유 값 폭등이 일어났을 때 '에너지 위기, 녹색 혁명이 시작된다', '과학으로 난방비 제로에 도전한다', '쓰레기가 자원이다'를 방송하여 에너지 부족의 심각함과 대체에너지의 필요성, 중요성을 재인식하게 했다.

이 외에도 사회에 대두되는 이슈를 소재로 삼아 조사해 방송하기 때문에 사회 이슈와 과학현상 모두를 알 수 있는 일석이조의 효과를 얻을 수 있다.

<과학카페>에 바라는 점

<과학카페>는 내가 지금까지 시청했던 모든 TV 프로그램들 가운데 가장 훌륭하다고 생각한다. 하지만 어떠한 것도 완벽할 수는 없다. 그래서 지금부터 과학카페에 바라는 점을 쓰고자 한다.

첫째, 적절한 소재 선택이다. 나는 앞에서 과학카페의 소재 선택이 적절하다고 말했다. 하지만 서브 코너 소재 중 하나였던 '국방과학'은 하지 않았더라면 더 좋았을 것 같다. 그 이유는 '국방과학' 편에서는 무기를 국가가 반드시 갖고 있어야 한다는, 그리고 어느 나라보다 우리나라가 최상의 것을 갖고 있어야 한다는 내용을 내포하는 듯 했다. 그런데 이 프로그램의 주 시청자는 학생들이다. 그런데 학생들은 아직은 판단력이 흐릿하다. 이러한 상태에서 이 방송을 보면 무기는 우리 삶을 황폐화시킬 수 있기 때문에 있어서는 안 된다는 생각보다는 우리나라가 강대국이 되기 위해서는 더 강하고 새로운 무기를 만들어야 한다는 생각을 하게 될 것이다. 이것은 학생들에게 잘못된 가치관을 형성시킬 수 있다. 그러므로 이러한 위험성이 있는 소재는 지양해주었으면 한다.

둘째, 끝맺음의 내용이다. 과학카페에서는 모든 코너가 끝난 후 백승주 아나운서가 나와서 그 달에 있는 과학 행사를 소개해준다. 과학행사 정보 소개는 유익하다. 하지만 코너 내용과는 연관이 없는 끝맺음이라서 아쉬움이 있다. 행사정보를 소개하기 전에 그 날 방송 내용에 대한 간단한 정리나 백승주 아나운서의 의견을 한다면 깔끔한 끝맺음이 될 것이다.

셋째, 소재에 대해 더 알 수 있도록 관련 도서, 인터넷 사이트를 알려주었으면 좋겠다. 남극과 북극을 촬영한 것을 굉장히 재미있게 봐서 더 알고 싶었는데 어떠한 관련 자료도 제시 않아서 아쉬웠다. 물론 내가 인터넷으로 열심히 찾으면 자료는 나올 것이다. 하지만 숙제와, 기타 해야 할 일들이 많아 따로 찾을 시간이 없다. 그러므로 관련된 것들을 방송의 장점인 자막이나 그래픽 자료를 이용하여 알려주면 피드백이 되어 효과적일 것이다.

넷째, 방송 내용과 관련된 교과를 제시해주면 좋겠다. 예를 들어 2008년 10월 18일 방송된 습지관련 협약인 '람사르 협약'은 고등학교 1학년 사회

교과서에 나와 있다. 그리고 2009년 3월 28일 '제철과일의 장점'에서 비타민 C가 춘곤증을 덜어준다고 했는데, 각 비타민별 작용 기능은 고등학교 2학년 생물 교과서에 나와 있다. 학생들이 많이 보는 프로그램인 만큼 관련 교과와 연결하여 영상이 나갈 때 자막으로 보여주었으면 더 도움이 될 것 같다.

마지막으로, 코너에서 그 소재에 대한 예를 들 때 우리나라에 해당되는 것이 있으면 우선 그것부터 소개해주었으면 좋겠다. '도시, 바람을 만나다!'에서 전통 가옥 중 바람이 잘 통하게 되어 있는 가옥을 소개해주었는데, 일본과 독일의 전통가옥만 소개했다. 분명 우리나라의 한옥도 바람을 굉장히 잘 이용한 훌륭한 주택인데 말이다.

<과학카페>에서 나오면서

일요일 오후, TV에서는 예능 프로그램이 한창이다. 하지만 조금만 관심을 갖는다면 우리를 기대감으로 벅차게 만드는 과학카페가 기다리고 있다. 언제 다시 우리가 이렇게 훌륭한 과학 프로그램을 시청할 기회가 있을까?

일요일 오후, 차 한잔을 마시며 <과학카페>에 들리는 것은 어떨까?

세상의 그림자를 투영하는 거울, <지식채널 e>

문지원

약 5분 정도의 짧은 러닝타임. 텍스트와 이미지, 그리고 짤막한 영상들로 어우러진 화면. 광고와 드라마의 중간에서 사회의 어두운 일면을 적나라하게 드러내는 내용들. 기대감에 가득 찬 얼굴로 화면을 바라보던 아이들의 표정이 점점 경악으로 물들어가는 것을 비추던 TV의 파란 빛. 이것이, 내가 <지식채널 e>를 처음으로 접했던 때의 기억이다.

철학 시간이었다. 평소에도 사회 이슈로 토론의 장을 자주 열어주시던 선생님께서 DVD 몇 개를 들고 오셨다. 영화냐는 아이들의 물음에 5분짜리 영화라고 장난스럽게 대답하셨고, 그 말에 순식간에 소란스러워진 아이들이 너 나 할 것 없이 의자를 들고 TV 앞으로 모여들었다. 이윽고 영상이 시작되며, 검은 화면 중간에 나타난 <지식채널 e>. 그 때부터 대한민국의 충격적인 이면이 우리의 눈앞에 펼쳐졌다. 무방비한 상태로 영상이 주는 충격을 여과 없이 받아들이며 프로그램을 시청하고 난 후, 선생님께서는 조용해진 아이들에게 이것이 소설이나 드라마가 아니라고 말씀하셨다. 그 말에, 단지 눈으로만 인식했던 내용들이 생생하게 머릿속을 파고들어오기 시작했다. 그랬다. 그것은 내가 알면서도 지나쳐왔던 사회의 어두운 일면이었고, 나와 같은 세상에 공존하는 현실이었다. 내가 스치듯 바라보고 넘기는 것이, 다른 누군가에겐 그들이 보는 세상의 전부가 될 수도 있다는 것을 그때 처음 알았다. 그러나 프로그램이 주는 강렬한 인상에 호기심이 발동했음에도, 나는 TV 시청 시간이 자유롭지 못한 고등학생이었기 때문에 아쉬움만 가진 채 흘려보내야 했다.

한 주가 지나고, 또다시 <지식채널 e>와 마주치게 된 나는 이전보다 더욱 더 관심을 가지고 영상에 집중했고, 그에 부응하듯 <지식채널 e>는 인상적인 내용으로 다시 한 번 나를 끌어들였다. 그때 보았던 영상의 제목은 '5분'이었다. 일상 속의 사소한 일부분을 확대하여 보여준 그것은 이전과는 또 다른 신선함으로 내게 다가왔다. 하지만 그 사소함 속에 숨어 있는, 또 다른 그림자. 그제야 나는 이 프로그램이 궁극적으로 보여주고자 하는 것을 깨달을 수 있었다. 또 다른 시선으로 현실의 반대편에 서서 보여주는 현실. 그 현실이 모여 이루어진 지금의 사회. 그 존재는 대부분의 사람들이 알고 있지만, 그들의 무관심 때문에 바닥에 묻혀버린 이 사회의 그림자를 조명하는 것. 그것이 내가 본 <지식채널 e>의 역할이었다. 생각의 끝에 도달하게 된 이 결론은 평소 연출가를 꿈꾸던 나에게 사회에 대한 문제의식을 일깨워 새로운 도전의 길을 제시했고, 시사에 관심을 갖게 된 계기로 작용했다.

그 이후로 <지식채널 e>에 대한 관심이 점차 늘면서, 시간이 날 때마다 인터넷으로 이전 화를 찾아보기도 하고, 학교를 일찍 마쳤을 때에는 프로그램을 시청하고 잠자리에 들기도 하며 이 프로그램과 만날 기회를 점차 늘려가게 되었다. 이렇듯 나는 내 이목을 차지한 이 프로그램에 꽤나 애착을 가지고 바라보게 되었고, 그러면서 그것의 단점이나 한계 또한 인식하게 되었다. 그래서 나는 <지식채널 e>의 더 나은 발전을 위해, 내가 생각한 이 프로그램의 문제점과 개선방안을 몇 가지 제시하고자 한다.

먼저 내 눈에 띄었던 것은, 내용을 잘 살려주지 못하는 부실한 시각효과였다. 러닝타임이 짧은 영상은 구체적인 내용을 담을 수가 없기 때문에, 그만큼 함축적이면서도 그 내용을 한 눈에 파악할 수 있어야 한다. 그뿐 아니라 시청자의 뇌리에 각인될 수 있도록 강렬한 인상을 심어주는 것도 필요하다. 그 때문에 TV 광고들도 자극적이고 화려한 시각효과를 애용하는 것이다. 그에 비해 이 프로그램은 대부분 단조로운 텍스트와 밋밋한 영상들로 이루어져 있기 때문에, 특정한 계기가 있지 않는 이상 그다지 흥미를 끌지 못한다. 만약에 TV 채널을 돌리고 있는데 한쪽에선 화려하고 감각적인 영상이 나오고, 다른 쪽에선 평범하고 단조로운 영상이 나온다고 생각해보자. 분명 대다수가 화려하고 감각적인 영상에 눈길을 주게 될 것이다. 물론 주가 되는 건 알찬 내용이어야겠지만, 시청자의 시선을 사로잡고 그 내용을 부각시켜줄 수 있는 시각 효과 또한 매우 중요하다.

때문에 제작진들은 투자를 확대하여 더 발전된 시청각적 기술로 효과를 창출해내야 한다. 앞에서도 거론했듯이, 함축적이면서도 내용을 한 눈에 파악할 수 있어야 하고, 인상 깊은 이미지 혹은 영상과 음향으로 시청자의 기억 속에 뚜렷하게 남을 수 있어야 한다. 그러므로 시청각적 효과를 최대한 활용하고, 창의적인 표현으로 감각적인 어필을 유도하는 것도 필요하다.

다음으로, 시사에 관한 내용인 만큼 냉정하고 객관적인 시각들로 비추어야 할 소재들을 지나치게 감정에 호소하여 표현하는 면이 많았다. '지식'이라는 것은 본질적으로 객관성을 가지고 있다. 이것이 어느 한쪽으로 기울어지게 되면, 지식을 통해 세상을 보는 사람들도 그로 인해 편협한 시각을 갖게 되는 결과를 초래한다. 그런데 <지식채널 e>는 객관성보다도 이러한 문제로 인해 '누군가가 이렇게 고통받고 있다'라는 것을 중점적으로 드러낸다. 이를테면 재래시장에서 힘겹게 장사하는 할머니의 모습이나 망연자실한 표정으로 바닥에 주저앉아 있는 아주머니의 모습, 허름한 행색의 아이들 등 동정심을 자극하는 사진을 보여주면서 애상적인 음악으로 분위기를 한층 심화시킨다. 이 정도면 여느 드라마 못지않게 감성을 자극하며 심금을 울리기에 충분하다. 하지만 왜 그런 문제가 발생하게 되었으며, 그 원인을 제공한 사람들의 입장이 어떠한지는 제시하지 않는다. 이렇게 되면, 자세한 전후 사정을 모른 채 제3자의 입장으로 내용을 보게 되는 시청자는 대립 관계에 있는 두 집단 중 한쪽의 시선으로 문제를 직면하게 되는 셈이다. 시청자들이 항상 비판적 시각을 가지고 프로그램을 접하는 것이 아니기 때문에, 결국 일면만을 부각시킨 내용이 고스란히 시청자에게로 전달될 것이다. 이렇게 비판의 눈이 가려진 사람들은, 결과적으로 전체를 보는 눈을 잃게 되고 마는 것이다.

따라서 한쪽의 입장만을 드러내 감성에 호소하던 시각에서 벗어나 그 반대의 입장도 함께 제시하면서 객관성을 유지해야 한다. 예를 들어 무허가 판자촌 철거에 대해 다루고자 한다면, 하나의 소재를 다룬 프로그램을 2부작으로 나눈다거나 시간을 반반으로 나누어, 철거민들의 입장과 더불어 정책을 이행하는 정부의 입장을 제시해주어야 한다. 그리고 결론을 내리지 않고 생각을 심화시키는 질문을 제시하여 시청자에게 생각의 여지를 주어야 한다. 그로써 시청자에게 스스로 생각할 기회를 주고 점차 사회에 대한 참여도를 높여간다면, 프로그램의 본연의 취지를 이룩하는 데 한걸음 더 나아갈 수 있을 것이다.

셋째로, 본방송과 재방송이 모두 평일 늦은 시간에 편중되어 있어서 다양한 계층이 접하기에 어려운 면이 있다. 실제로 <지식채널 e>의 본방송

시간은 밤 11시 45분, 재방송은 밤 9시이다. 9시는 3사의 마이너 드라마가 시작되는 시간이므로 그만큼 시청자 확보의 기회가 축소되고, 본방송 역시 밤늦게 TV 채널을 돌려보던 성인들에게 간혹 발견될 뿐, 시청자의 폭을 넓히기가 어려운 실정이다. 이 프로그램을 알게 되었다 해도 특별한 관심이 있지 않는 이상 5분짜리 프로그램을 보기 위해 드라마를 포기하거나 밤늦게까지 자지 않고 기다리는 사람도 많지 않을 것이다.

그러므로 프로그램의 방영 시간을 재편성하여 더 넓은 범위의 시청자를 확보할 기회를 높여야 한다. 예를 들면 계층별 주 시청시간대를 파악해 오전에는 주부 대상, 오후에는 초·중학생 대상, 밤에는 고등학생 및 사회인을 대상으로 한 주제로 방영하는 것도 효율적이다. 주 시청자에 따른 시간 편성이기 때문에, 시청자의 수준이나 관심에 걸맞은 소재로 내용에 대한 이해도를 한층 더 높일 수 있기 때문이다. 또한 주말에는 특집으로 주중 방송을 3~4개 정도 연속 방영하여 시청자들이 여유를 가지고 프로그램에 집중할 기회를 마련하는 것도 좋은 방법이다. 하루 일과에 지친 몸으로 밤늦게 프로그램을 시청하는 것보다, 편안한 상태로 시청하는 것이 생각의 기회를 늘리고 심화시키는 데 도움이 될 것이다.

이 외에도 프로그램의 소재에 대한 아이디어 공모전을 개최하여 파급효과를 노릴 수도 있다. 공모전을 열게 되면 국민들이 사회를 바라보는 관점을 파악할 수 있고, 참신한 소재의 발견과 더불어 일종의 프로그램 홍보 효과까지 누릴 수 있기 때문이다. 또한 포털사이트 다음(Daum)의 아고라처럼 EBS 홈페이지 내에 토론의 장을 개설해 의견을 나누는 기회를 마련하고 다양한 이벤트로 흥미를 끌어 민주의식의 성장을 유도하는 방법도 있다.

청소년의 입장에서 보자면, <지식채널 e>는 보기 드물게 청소년이 무리 없이 다가갈 수 있는 시사 프로그램이므로, 잠재하고 있는 영향력이 매우 크다. 게다가 바람직한 사회를 향한 진보적 성향도 띠고 있어 상대적으로 개방적인 사고를 지닌 청소년에게 쉽게 받아들여진다. 이러한 프로그램은 아직 뚜렷한 가치관이 성립되지 않은 청소년들에게 올바른 의식 형성을 도모하고, 수준 높은 비판적 사고력과 사회문제에의 관심을 유도하는 기능을 훌륭히 수행할 수 있다. 나아가 다양한 토론의 장을 열어 청소년이 성숙한 인격체로 성장하는 데 중요한 밑거름 역할을 하는 등 실로 청소년에게 주는 효과가 상당하다고 생각한다. 그뿐 아니라 성인에게도, 개인의 가치관을 제고하고 사회문제에 대한 관심을 증진시키는 데 일조할 것이다.

그러므로 이러한 방송매체들이 능동적으로 움직여 사회 발전에 앞장서야 한다. 이들이 고유의 색채를 유지하며 발전에 발전을 거듭한다면, <지식채널 e>는 현대 사회에 막강한 영향력을 행사하는 유익한 시사 프로그램으로 부상할 수 있을 것이다. 내게 새로운 도전 과제를 주고 사회문제 인식의 발판이 되어준 이 프로그램이, 회를 거듭할수록 그 역량을 발휘하길 기대해 본다.

<W>식(式) 돌려차기
MBC <W>가 공익성에 도달하는 두 가지 방법

김민경

프롤로그

요즘 세계는 신종 플루 때문에 난리도 아니다. 머나먼 타국이라는 말은 고어(古語)가 된 지 오래, 나라 간 왕래가 옆 동네 가듯이 잦아지면서 병세는 정부가 쫓아가지 못할 속도로 그 영역을 확장 중이다. 한 사람이 바다를 건너는 일은 정부가 바리케이드를 치는 것에 비해 너무도 쉽기 때문에 당국은 속수무책인 것이다.

인천국제공항 이용객 수만 하루 평균 십만 명을 넘는다고 하니 전 세계적으로 국제선 이용객 수는 헤아릴 수 없을 것이다. 요즘은 어린아이들도 이런저런 기회로 해외여행 경험이 한두 번씩 있을 정도다. 이 아이들에게 서양인들은 예전의 우리가 생각했듯 마냥 'Mr. Friendly'가 아니며, 아직 원시의 모습을 가지고 있는 아시아의 작은 나라에서도 자본주의 메커니즘

이 치열하게 돌아간다는 사실 또한 알고 있다.

아이들까지 이렇게 나라 밖 사정에 밝으니 국제 사회에 대한 시청자들의 이해 또한 각자의 체험과 사전지식을 바탕으로 더없이 높아졌다. 수준이 높아졌다는 얘기다. 그러나 그간 미디어가 제공했던 국외 관련 콘텐츠는 <세상에 이런 일이>에 나올 법한 사건이나 속보성 기사, 관광 정보나 여행기 성격의 볼거리 제공에 한정되어 있었다. 세계를 보는 새로운 창에 대한 수요가 절정에 이르렀을 때, MBC <W>는 '국제 시사 프로그램'이라는 그동안 보지 못했던 새로운 타이틀과 함께 등장했다.

방송 4년째를 맞고 있는 <W>는 지금까지 방영되고 있다는 사실 하나만 보아도 분명 성공한 프로그램이다. 세계 200여 개 나라들을 관광지로만 인식하고 계신 우리 어머니도 금요일 밤에는 브라운관 너머의 낯선 이국인을 이해하려고 하시는 것을 보면 <W>의 흡인력이 어디서 기인하는 것인지 궁금해진다.

1. 세계를 무대로 한 버라이어티쇼

첫 방송 후 <W>는 단독 MC를 맡은 최윤영 아나운서의 의상 때문에 홍역을 치러야 했다. 짙은 화장과 민소매 의상은 누리꾼들 사이에서 진행자로서 최윤영 아나운서의 자질까지 거론되게 했다. 회를 거듭하면서 이런 논란은 <W>의 내용의 충실도와 매력에 점차 자취를 감췄다.

시사 프로그램인데도 진행자의 의상이 그만큼 자유로울 수 있었던 것은 <W>의 개방적인 성격 때문이다. 의상은 <W>의 색깔을 드러내는 여러 가지 요소 중 하나일 뿐이었다. <W>의 스튜디오는 다른 시사 프로그램과는 다르게 세트와 핀조명이 화려한데, 덕분에 사전 정보 없이 <W>를 처음 보는 사람은 프로그램의 장르가 시사 교양이라는 사실을 바로 알아채기 힘들지도 모른다.

<W>를 얘기하면서 음악을 빼놓을 수 없다. <W>의 홈페이지에는 방송에 사용된 음악을 소개하는 게시판이 따로 마련되어 있다. 음악은 멜로드라마에서 관객의 감정라인을 형성해나가는 전형적인 기능을 <W>의 심층 다큐에서도 그대로 수행한다. 예를 들어 작년 7월에 방송된 '의료사각지대 미국'의 인트로에는 빠르게 전환되는 미국 번화가의 몽타주와 함께 락밴드 그린데이(Greenday)의 「American idiot」이 삽입되었다. 모두가 동경하는 미국의 발전상과 노래 가사가 주는 반항적인 뉘앙스는 코너의 주제였던 민간 의료보험제도의 모순을 암시하는 듯했다. 감각적인 화면 편집, 서사성 있는 내용 전개는 시사 프로그램을 표방한 <W>에 버라이어티쇼적인 특성을 더한다. 이로써 시청자들은 시사·교양 장르의 방송을 보면서 한편의 영화를 보는 것 같은 느낌을 받는 것이다.

시청자들이 해외토픽을 다루는 프로그램에 기대하는 것은 기본적으로 우리 사회에서 보지 못하는 '새로움'이다. 해외 관련 프로그램은 소재의 새로움이라는 그 자체의 속성에 기인해 내용이 다소 진부하더라도 어느 정도의 성공은 거두는 경향이 있었다. 그러나 <W>는 여기서 멈추지 않고 다양한 연령대의 시청자들을 만족시키기 위해 여러 가지 요소를 배치했다. 따라서 메시지의 진중함에도 불구하고 우리 어머니와 같이 국제 시사와는 거리가 먼 사람들을 금요일 밤마다 텔레비전 앞으로 불러들일 수 있는 것이다.

그러나 아무리 흥미를 끄는 장치가 많더라도 그 내용이 충실하지 않았더라면 <W>의 성공이 주는 의미는 지금의 절반에 그쳤을 것이다. 지난 4년간 <W>를 이끌어온 힘이자 궁극적인 존재의 이유는 제작진이 애초에 기획 의도로 공표해두었듯이 바로 '공익성'이었다.

2. 그들이 사는 세상

우리가 사는 세상은 이렇다. 하루의 대부분을 빌딩 숲의 작은 칸막이 안에서 지내다보면 날씨가 어떻게 변하는지도 모른다. 기온이 높아질수록 사무실은 더 추워져서 여름에도 겉옷은 필수다. 유리창 너머에는 비가 쏟아져 내려도 내 책상 위에는 가습기가 돌아가야 한다. 점심시간, 커피 전문점에 가기 위해 마천루에서 내려오면 어제까지 청소하던 아주머니들이 현관에서 농성 중이시고 우리는 손목시계를 들여다보며 그 곁을 도망치듯 지나친다. 아메리카노 몇 잔을 들고 가격이 터무니없다 불평하지만 아무도 그 이유를 묻지는 않는다. 다 이렇게 파는데 어쩌겠어…….

사실 장마철이 아닌데 비가 오고 있는 우리 동네의 문제는 몰디브 국민들 앞에서는 논할 거리조차 못 되었다. 지난 12월 방영된 '몰디브가 사라진다!' 에서는 수몰위기에 처한 몰디브 국민들이 자신들의 터전을 포기하고 새로운 섬으로 집단이주하는 모습을 담았다. 계속되는 지구온난화와 바닷물의 침수로 인해 생활용수가 부족해지는 상황이 마치 서구세계의 풍요가 제3세계 자원의 수탈로 이어지는 과정을 보여주는 상징처럼 느껴졌다. 침수피해와 더불어 몇 해 전 덮친 쓰나미의 피해 복구를 포기한 칸둘후두 섬의 존재 또한 근본적인 해답이 이주가 아닌 국제 사회의 대책 마련에 있다는 것을 상기시킨다.

사실 나는 커피 값을 제대로 지불한 것도 아니었다. 우리는 이미 알고 있다. 커피가 바다 건너 이곳에 오기까지, 누군가의 노동의 대가(代價)가 '합법화된' 강탈을 거친다는 것을. 어쩌면 이제는 그 전형성에 무감각해진 것인지도 모른다. 그러나 <W>가 가져온 영상은 비극은 상투적이기에 더욱더 비극적인 것임을 각인시킨다. 코트디부아르 카카오 농장에서 노역에 시달리고 있는 아이들, 소금호수에서 온몸을 파고드는 염분을 견디며 일하는 우간다 노동자들의 모습 등 이 외에도 많은 아픔의 현장들을 카메라에 담았다.

지난 4월에는 방송 4주년 특별기획으로 유니세프 홍보대사인 배우 원빈 씨와 함께 기아에 허덕이는 감비아를 찾았다. 방송 이후에도 후원 캠페인이 이어져 시청자들이 방송 당시 느꼈던 안타까움을 적극적인 행동으로 이어갈 수 있었다. <W>가 주최한 후원운동은 이번이 처음은 아니었다. 작년 10월에는 '세상을 바꾸는 작은 힘'이라는 슬로건으로 캄보디아를 찾았고 아직까지도 시청자게시판에는 그때 시작된 모금활동이 계속되고 있다. 이렇게 약자의 인권과 환경문제에 집중하며 시청자들로 하여금 인류애를 실현할 수 있는 계기 또한 마련한다. 특별기획이 아니더라도 <W>는 최소한의 인권과 물리적인 보호마저 지켜지지 못하고 있는 지구 반대편을 직접 찾아가 그 실태를 고발하고 관심을 촉구하는 르포가 대부분이다. 이로써 시청자들은 지진 같은 자연재해나 테러 사건이 아니더라도 지구 곳곳에는 언제나 도움의 손길이 필요한 곳이 존재한다는 것을 금요일 밤마다 확인할 수 있었다.

<W>는 이제는 진부해질 만큼 익히 들어온 비극들을 생생히 확인시킨다. 그리고 그 이미지들은 TV를 *끄고* 잠자리에 드는 이들을 향해 끊임없이 묻는다. 바쁘다는 이유로, 세상이 원래 그런 것이라는 변명으로 그 비극을 애써 외면하고 있지는 않은가? 네가 오늘 마신 커피의 값은 누구에게 치러진 것인가?

3. 우리는 왜 국제 '시사'를 이야기해야 하는가?

<W>는 약소국의 잔혹사만 취재한다? 그렇지 않다. <W>가 다루는 시사, 세상의 정세에는 보통 사람들의 이야기도 중요한 부분을 차지한다. 서로 다른 가치관이 충돌하는 이슈를 다루어 보는 이로 하여금 이제껏 믿어왔던 신념을 돌아보게 한다. 거식증으로 고통 받고 있는 프랑스의 한 여성에서 청력장애를 가진 아이를 입양한 미국인 가정까지, 우리시대 미(美)의 진정한 의미와 가족의 의미 등을 먼 이웃들의 삶을 통해 성찰하게 하는 것이다.

그러나 어쩌면 모두가 인정할 만큼의 심각한 문제나 머나먼 타국의 문제를 다루는 것은 다수의 관심을 끌고 동의를 얻는 가장 쉬운 접근법일지도 모른다. 논쟁에 휘말릴 염려가 없는 주제를 택함으로써 의도했던 공익성을 안전하게 성취할 수 있기 때문이다. 하지만 우리가 국제 시사를 이야기하는 이유는 우리 사회에 대한 논쟁을 피하기 위해서가 아니다.

<W>는 'W-Special'과 'W-Issue'라는 메인 코너, 그리고 'W-People'이나 'W-Now' 같은 서브 코너로 구성된다. 코너의 초점을 사회적 이슈에 맞추든 특정 인물에 맞추든 항상 해당 사회에 대한 비판의 끈을 놓지 않는다. 올해 2월에 방송된 'W-People'에서는 이탈리아의 코미디언 베페 그릴로를 소개했다. 그가 어떤 인물인가를 설명하면서 이탈리아 사회 전반의 모습도 함께 소개됐는데, 방송의 초점은 베를루스코니 총리가 방송시장의 90%를 소유하고 있고 권력·언론·재벌이 하나가 된 이탈리아의 상황이 어떤 결과를 초래했는지에 맞춰졌다. 방영 시점 당시 한국 사회는「언론법」개정이 미칠 악영향에 대한 논란으로 들썩이고 있었다. 그런 와중에 베페 그릴로가 공연 중 한국의 미네르바를 언급하며 자신의 처지와 비교하는 장면은 시사

하는 바가 컸다. 결국 TV 속의 베페 그릴로는 지금의 우리를 대신해 항변하고 있었고 그의 시의적절한 메시지는 <PD수첩>에서 보여주었던 저널리즘의 완곡어법으로 전해졌다.

작년 7월에 방영된 '의료사각지대 미국'은 미국이 신생아 사망률 2위, OECD 회원국 중 국민건강수준 최하위라는 예상외의 충격적인 수치를 제시하며 시작했다. 제시된 통계는 과연 그동안 우리가 발전 모델로 지향해왔던 미국의 여러 모순된 시스템 중에서도 가장 치명적인 제도를 따라야 하는가를 반문하게 한다. 치료를 위해 국경을 넘어 멕시코로 떠나는 미국인들의 모습은 그해 4월 개봉했던 마이클 무어의 다큐 영화 <식코(SICKO)>에서 관타나모 기지를 찾아가 수감자들만큼의 의료 서비스를 제공해 달라고 외치던 환자들을 연상시킨다. 그렇게 <W>는 위기에 처한 우리의 제도－건강보험 당연지정제－에 대한 재고를 권유한다. 그리고 시장논리 광풍에 의해 맹목적으로 기존의 사회보장제도를 시장에 넘기는 것은 생존권을 방기(放棄)하는 처사임을 입증한다.

이처럼 외국의 사례를 통해 '사회제도'에 대한 논의를 이끌어내는 것은 <W>의 무엇보다 중요한 역할 중 하나라고 생각된다. 생각은 세계적으로, 실천은 지역적으로 개인에게 맡기는 이 시대의 사조는 시민들이 정부의 역할과 사회제도의 중요성을 간과하게 하는 데 일조했다. 지금까지 해외관련 프로그램 또한 이러한 모토하에 글로벌한 비전 제시와 함께 지극히 로컬(local)한, 소극적인 결론의 귀결을 보여주었다. 하지만 아무리 부인하고 싶어도 인간의 삶을 안전하고 자유롭게 하는 가장 실천적이고 구체적인 수단은 정치 기구, 즉 제도임을 다양한 사례 제시를 통해 뒷받침해나가야 할 것이다.

<W>가 전 세계의 약자들에 집중하며 일차적인 공익성을 달성했다면,

위와 같이 우리가 당면한 현안에 논의를 귀착함으로써 좀 더 실제적 의미의 공익성을 갖는다. 바로 후자가 그간의 해외 관련 프로그램과 차별화된 <W>의 업적이자 우리가 국제 시사를 논해야 하는 당위성이라 할 수 있다. 우리의 현안이 세계와 유리되어 있는 것이 아니며 그들의 현재 또는 과거가 우리의 앞날이 될 수 있기에 <W>는 우리 사회 밖에서 현답을 찾으려는 시도를 계속해온 것이다.

에필로그 : 눈을 감으면 세상은 얼마나 평화로운가

눈을 감으면 세상은 얼마나 평화로운가. 우리는 부당 해고를 당하신 아주머니들을 무심히 지나치고 커피 전문점에서 케냐 노동자들의 노역으로 키워낸 원두커피를 즐겁게 마실 수 있다. 한편 우리는 같은 노동자로서 「비정규직법」에 반대하고, 공정무역 장려를 위한 작은 실천을 할 수도 있다. 칸둘후두 섬을 방치한 채 남겨둘 것인가, 복구의 노력을 재개할 것인가. 우리는 이제 선택의 기로에 서 있다.

해외토픽 역시 왜곡되고 과장되는 가공의 과정을 거칠 수 있다는 점에서 여타의 것과 다르지 않지만 그 실체가 우리 사회 밖에 존재하기 때문에 국내 사안보다 사물의 실상에 접근하기 더 어렵다는 특질을 갖는다. 그러나 본격 국제 시사 프로그램이라는 우리나라 초유의 장르를 시작하면서, <W>의 본질을 향한 다각도의 접근과 사회정의를 찾기 위한 시도는 시청자들이 총체적 세계관을 갖는 데 기여했다. 또 우리는 <W>를 시청함으로써 스스로에게 자신이 인류에게 무심하지 않다는 위안을 건넬 수 있었고 나와 관계없어 보이는 타자의 세계를 통해 우리가 처한 현실을 돌아보고 개탄하며 개선의 필요성을 절감할 수도 있었다.

‘세계를 보는 새로운 창(窓)’이 <W>가 지나온 4년을 설명하는 키워드였다면 앞으로는 세계를 주시하는 눈(目)인 동시에 우리 자신을 향한 감시의 눈이 되어주기를 기대한다. 우리는 지금 어디로 가고 있는가? 그 방향에 대해 정의로운 모델을 제시해주기를, 끊임없는 문제의식을 제기해주기를 한 사람의 시청자로서 바란다.

케이지와 '강마에'
<베토벤 바이러스>, 「4분 33초」 그리고 현대성에 대하여

김지훈

1. 4'33"

더 이상 노력할 필요가 없는 세상이 왔기 때문에 소통의 방법이 난해해진 것인지, 혹 뭇 사람들이 의심의 방벽을 너무 높게 쌓아놓은 탓에 서로의 마음에 비집고 들어가기를 포기하게 된 것인지를 판단하는 것은 쉽지 않다. 기의는 연대되지 않고, 기표는 숨겨지는 시대. 우리는 이러한 단절을 '현대' 라고 명명했다. 특히 이러한 경향이 두드러지는 것은 예술에서인데, 근대를 지나면서 축적된 정형성 때문에 예술가의 입지가 점차 위축되는 상황에서 그들이 선택한 것은 해체와 실험이었다. 학문화된 법칙과 그 법칙의 극의에 다다르려는 연마에의 노력은, 점차 전 시대의 고전으로 치부되어 무대 뒤께로 물러나게 되었다. 이러한 패러다임 변화의 함의는 아주 간단하다. 사람들은, 소통이 지겨워진 것이다.

소통이 지겨워진 이유는 기표가 획일화되었기 때문이다. 연애도, 예술도 쉽게 읽히는 것은 매력이 없다. 이러한 니치(niche)에 현대가 존재한다. 기표의 형상이 알아보기 어렵게 일그러져 있으므로, 소통에 우연성이 개입될 소지가 매우 높다. 2008년에 출범한 어떤 아시아 국가의 정부가 지속적으로 국민들과 커뮤니케이션하지 못하고 "그것은 오해였다"는 레토릭을 남발하는 것도, 어쩌면 그들이 너무나도 '초현대적 국정운영'에 천착하고 있는 데 그 까닭이 있는지도 모를 일이다. 아, 이것은 농담이다. 정말이다.

대위법이 쇤베르크(A. Schoenberg)에 의해 12조 음악으로 해체되고, 대륙적 무드는 거슈윈(G. Gershwin)에 의해 이민자의 정서와 융합되며 음악은 그야말로 새로운 시대를 맞고 있었다. 이 신조류를, 비로소 우리가 명명한 '현대'로 정착시킨 사람이 바로 미국의 음악가 존 케이지(John Cage)이다.

우연성 음악의 창시자인 그는 1952년 세 개의 악장이 모두 '조용히'라는 음악기호로만 채워진 악보를 만들어 실험주의 피아니스트 튜더(D. Tudor)의 초연으로 무대에 올리는데, 이 곡이 바로 현대음악의 해체 현상을 극단적으로 드러낸 음악, 「4분 33초」이다. 튜더는 뉴욕의 우드스탁에서 열린 이 연주회에서 많은 박수를 받고 무대에 올라, 초시계를 들고 정확히 4분 33초 동안 피아노 뚜껑을 열고 닫기를 반복하면서 시간이 지나자 관객들의 웅성거림을 뒤로한 채 무대 밖으로 천천히 걸어 내려왔다. 관객 대다수는 당시 이 행위를, 자신들의 무지에 대한 조롱으로 받아들여 불쾌해했다고 전해지지만 평단에서는 찬반양론이 거세게 대립했고 이후 이 한 곡의 문제적 스코어는 '현대 예술'을 상징하는 주목할 만한 텍스트로 회자되며 발표 후 반세기가 훌쩍 지난 지금까지 그 명징한 기표성을 인정받고 있다.

2. 잉여

MBC의 2008년 가을 미니시리즈 <베토벤 바이러스>(이하 <베바>)는 시작부터 그 파격으로 주목받았다. <노다메 칸타빌레(のだめカンタービレ, 2007, 일본)>를 위시해 클래식 음악을 주제로 한 여러 작품들에서 수차례 사용되었던 '패배자들이 모여 만드는' 하모니, 그리고 꿈을 잃어버린 자들의 희망을 재건하는 이야기 구조는 통속적이다. 그럼에도 <베바>가 파격인 것은 구조가 아닌 구성요소의 구체적 면면이 기존의 드라마 문법에서는 쉬이 볼 수 없었던 독특한 차별성을 내포하고 있었기 때문이다. 소쉬르(F. de Saussure)의 표현을 빌리자면 '랑그(langue)'는 기존의 것에서 차용했으나 '빠롤(parole)'이 신선했으므로 <베바>는 기표성을 획득한 셈인데, 이 점은 추후 드라마가 중반을 지나며 스토리의 줄기와는 다소 분절적으로 느껴지는 삼각연애에 매몰된 약점에서 비롯된 열성 팬들의 실망에도 불구하고 끝내 시청률 이탈을 막아줄 수 있었던 원동력이기도 하다. 그리고 그 독특함은 상당 부분, '지휘대 위의 독재자' 첼리비다케(S. Celibidache)를 연상케 하는 '독한' 지휘자 강건우, 일명 '강마에'(김명민)라는 초인적 캐릭터의 존재에서 기인한다.

시대가 인정하는 거장 중 한 명이지만, 감내하기 어려운 어릴 적의 고난과 넘어설 수 없던 동년배 라이벌에서 비롯된 좌절이 트라우마로 흉중에 침착되어 '강마에'는 다소 왜곡된 성격을 갖게 되었다. 도저히 자신의 뜻대로 소리를 내주지 않는 오케스트라에 '쓰레기'라는 폭언을 내뱉고는 연주 중에 무대를 뜨고, 단원들에게 인격모독의 독설을 일삼는 안하무인은, 그를 출중한 실력에도 불구하고 그럴듯한 교향악단의 상임 지휘자 자리 하나에 앉지 못하게 만드는 원인이 되었다. 음악이 아닌 것, 정확히 얘기하자면 악보가 지시하는 그대로의 음악이 아닌 모든 소리는 그에게는 사라져야 할 또는 교정해야 할 잉여적 존재로 치부된다. 그러한 소리를 발생시키는 주체들 역시, 그가 추구하는 완전한 음악의 세계에서는 언제까지나 곁가지로 머물 수밖에 없는 완연한 객체에 불과할 뿐인 것이다. 세계에는 무결한 음악뿐, 나머지는 배제한다는 지휘자 강건우의 태도는 음악에서 '음의 배열 규칙'을 배제한다는 태도로 무수한 비판에 시달려야 했던 케이지의 그것과 자못 유사한 데가 있다. '강마에'는 케이지가 몸담았던 플럭서스(Fluxus) 계파의 견지에서 보자면 가장 이상적이자 '현대'적인 드라마 캐릭터인 것이다. 왜? '이성적인 말'로 소통을 희구하는 사람이 아니기 때문이다. 인물론의 근대적 시각으로 그는 '안티-히어로'가 변주된 하나의 전형이라 불리기에 손색이 없으며 그와 같이 타자에게 불합리한 인격모독을 거듭하는 캐릭터가 일반적인 소통 모형 내에서 훌륭히 존립해나가기란 불가능에 가깝다고 본다. 그래서 그는 언어적 소통이 현대성을 만나 어떻게 변이했는가를 상징적으로 드러내는 인물일 수 있다. 마치 「4분 33초」가 현대음악의 해체주의의 표상과도 같은 내적 지위를 획득했듯이.

3. Sounds fill spaces

앞에서 이야기했듯, 삶에 다소 문제가 있는 이들이 모여 이루어내는 아름다운 하모니는 음악을 다룬 작품에서는 전형적으로 나타나는 요소다. 멀게는 <시스터 액트(Sister Act, 1992, 미국)>와 <홀랜드 오퍼스(Mr. Holland's opus, 1995, 미국)>에서 가깝게는 <노다메 칸타빌레>와 <스쿨 오브 락(The School of Rock, 2003, 미국)>까지, 그리고 좀 더 범위를 넓혀 본다면 음악 영화의 고전 그 자체인 <사운드 오브 뮤직(Sound of music,

1965, 미국)>에서 그러한 집단 성격의 모델이 시작되었다고 볼 수도 있다. 전형성의 이유는 언제 어디서나 그렇듯 명확하다. 그 편이 좀 더 대중에게 소구하기 때문이며, 이야기를 이끌기에 용이하기 때문이다. 사고만 치고 다니던 문제아들이 의기투합해 엄청난 일을 해내고야 만다. 이는 매우 직관적이다. 감동 제공도 문제없다. 단, 그들의 변화가 당위성을 획득하기 위해서는 단 하나의 존재가 더 이야기에 포함되어야 한다. 문제아들을 묶어줄 수 있는 멘토가 바로 그것이다. <시스터 액트>에서는 성가대 지휘자(우피 골드버그), <홀랜드 오퍼스>에서는 음악 선생(리차드 드레이퓨즈), 그리고 <사운드 오브 뮤직>에서는 가정교사(줄리 앤드류스)가 그 역할을 담당하며, 다른 작품들에도 어느 위치이든 문제아들을 통제하고 이끄는 역할을 해주는 사람이 주인공으로 등장한다. 그들은 혼돈의 안에 질서가 있음을 발견하고 이를 학계에 널리 알린 물리학자 프리고진과 철학자 스텐저스(Prigogine & Stengers)의 공동연구 성과와도 같은, '잠재능력 배열자'의 역할을 하며 결국 문제아들의 거듭나기가 훌륭하게 성공할 수 있는 기틀을 제공한다. <베바>에서 강마에가 하는 역할도 틀 자체는 비슷하다. 여러 연유로 음악을 할 수 없었던 '낙오자들'에게, 그의 존재는 신의 구원과도 같다. <베바>의 '문제아'들에게는 이 지점에서 특별히 선택된 멘토의 개입이 요구되는데, 그것은 그들 중의 대부분이 역할 불능성(Disability of roles)의 한계를 벗어나지 못하고 있기 때문이다. 위의 다른 작품들에 제시된 '문제아'들이 경쟁하는 필드는 어디까지나 아마추어리즘에 입각한 자기 수련에 가까운, 일종의 '교육적 계도'로 통제될 수 있는 작은 스케일을 가진다. 하지만 <베바>의 그들은 프로가 될 자격이 전혀 없으면서도 프로의 문턱에서 헤매는데, 이렇듯 어떤 역할을 할 수 없는 상태에서 단기간 이나마 그것을 할 수 있게 되기까지는 특별한 초인의 도움이 필수이다.

여기서 강마에가 가진 오만의 '현대성'이 발휘된다. 갈등만 자아낼 것 같았던 그의 음악적 독선과 정제되지 않은 언어가, 초인으로서 명확한 목표를 제시하고 그것을 실현시킨 '마에스트로'에 의해 세상에서 가장 명징한 소통방법으로 거듭나는 것이다. 케이지의 「4분 33초」가 비록 세 악장 전부를 '소리없음(Tacet)'으로 명시한 악보에 의해 연주되나, 일찍이 그가 깨달았던 것처럼 연주장의 모든 것 ─ 당황한 관객의 웅성거림, 시계 소리, 새의 지저귐과 나뭇잎의 부스럭거림 ─ 이 실제로는 결국 음악 본위의 모든 소리를 내주며 청자로 하여금 공연장에서 발생한 모든 소리가 자신에게 어떠한 의미로 다가오는가를 숙고하게 하여, 궁극적으로는 훌륭한 '현대음악'으로 평가를 받을 수 있었던 것처럼 강마에의 소통 역시 마침내 탁월하면서도 온전한 소통방법으로 자리할 수 있었던 것이다. 자신의 실수로 시의 프로젝트를 날려버린 두루미(이지아)나, 그에게서 한때 포기했던 자신의 꿈을 보는 동명이인의 후학 강건우(장근석)에게는 특히 그러한데, 드라마 내내 그 둘과 중점적으로 연결되며 소통 모형을 끝까지 일관되게 유지할 수 있었던 것은 이 작품에서 강마에가 가진 '현대적 소통방식'에 두 명의 작가가 계속해서 중점을 두었기 때문이다.

4. Langue

'강마에적 소통방식'의 첨단들이 규합되는 지점이, 바로 <베바>의 클라이막스라 할 수 있는 16화이다. 9화 무렵 어지러이 얽히던 삼각관계의 형태가 명확해지기 시작하고, 더불어 사제의 정과 사랑이라는 두 갈래의 소통이 다시 합쳐져 드러난다. 그리고 가장 주목해야 할 부분인, 그리고 <베바>의 전 화를 통틀어 그가 가진 '현대적 소통의 미학'이 최고로 극명하게 표현된 지점인 새 시장 취임식 연주 장면. 비열한 본성을 드러내며 강마에를 컨트롤하려 획책하는 새로운 석란시장의 취임식을 앞두고, 두루미와 강건우를 포함한 모든 오케스트라 단원들은 강건우에게 그 연주를 하지 말 것을 부탁한다. 하지만 강마에는 취임식 연주를 한다는 자신의 뜻을 굽히지 않고, 결국 연주회 전날 전 단원의 애정 어린 메모－강마에를 믿는다는－가 담긴 가방을 보고 특유의 표정을 짓는다. 그리고 취임식 당일. 새 시장은 연주를 준비하는 강마에를 보며 희희낙락해 한다. 무표정하게 단원들에게 스코어를 내미는 강마에. 조금 당황한 듯, 그러나 '역시 강마에였구나'라는 안도감에 찬 눈빛으로 자신들의 하나뿐인 지휘자를 쳐다보는 단원들. 그 스코어의 타이틀은 바로 존 케이지의 「4분 33초」였다.

결국 강마에는 「4분 33초」 1악장을 끝까지 연주하고, 당했다는 느낌에 화가 머리끝까지 난 새 시장 앞에서 그는 이렇게 일갈한다. "1악장이 연주되는 동안 당신이 느꼈을 분노와 욕심, 추악한 이기심이 바로 당신의 본성이며 음악이다"라고 케이지 역시 「4분 33초」의 초연을 통해 틀 안에 갇힌 소리들만을 오직 음악으로 규정하고자 하는 전근대적 음악가들에게 '진짜 음악은 사람들의 주변에 있는 소리이며 많은 사람들이 그것을 느끼게 만들고 싶다. 당신들은 요점을 놓쳤다'라는 비판을 담는다. 둘의 메시지가 연결되는 16화의 이 장면은, 규정지어지지 않은 현대성이 극적으로 표현되고 있어 드라마 텍스트를 이해하는 가장 단정적인 장면으로 자리하게 되었다. 이 장면이 드라마를 통틀어 가장 높은 순간 시청률을 기록한 지점이었다는 것은, 의도된 현대성의 표출이 수용자들에게 '핵사건(Kernels)'이자 희열을 주는 해체주의(Deconstructionism)의 극점으로 인식되어 결과적으로 <베바>의 기의성이 매우 성공적으로 받아들여졌다는 방증이 된다.

5. 현대성의 재발견, 소통을 위하여

분리의 시대에 기표를 해석한다는 것은 세계관의 파괴를 동반한다. 원론적으로, 모든 소통은 모든 파괴를 낳는다. 생각해보자. 편견이 생기는 이유가 무엇인가? 우리가 태어나고 길러진 어떠한 사회가 있기 때문이다. 너무 어릴 때는 틀의 굳기가 연약하다. 사실은 계속해서 틀이 깨어지고 덧대어지면서 그 크기가 커지고 두께가 늘어나고 있지만, 우리는 알 수 없었다. 본능적으로 어머니의 젖가슴 쪽으로 손이 움직이는 것을 누군가가 제지하며, 대신 젖병을 물리는 식으로 우리는 조금씩 틀을 파괴하면서 동시에 공고하게 엮어내고 있었던 것이다. 그런 식으로 깨질 만큼 깨진 채로 특정 범주의 사회에 익숙해지다 보면, 우리의 틀은 어떠한 경향성을 가지게 된다. 크건 작건, 어떤 시기가 되면 한 번 이상은 '통과제의(The tites of passage)'의 문턱에 서게 되는데, 이는 곧 성인사회 진입을 위한 특정한 고통스러운 경험과 등치되고 이 경험에서 확립된 틀의 범위는 대체로 우리가 제2의 통과제의를 겪지 않는 한, 죽기 전까지 큰 변화 없이 고정된다. 인류학자인 반 게네프(A. van Gennep)는 이러한 통과제의를 '분리 - 전이(Separation-Transition)'라고 정의하는데, 이 시기를 거치면서 우리는 정신적으로 완전히 성숙됨으로써 '존재적 전이(transformation)'를 경험하게 된다. 자기 해체의 과정을 거쳐 확장된 자아는 이제 소속 사회집단이 요구하는 틀의 전형이 되기 마련이다. 그 전형이 다른 틀로 완성된 자아와 조우하며 지금까지 접해보지 못했던 기표를 해석해야 하는 경우, 운명적으로 서로는 깨져야 할 틀을 가진 존재로, 심하게는 존재 자체를 타파해야만 하는 척결대상으로 인식되는 것이다. 이것이 편견이 생기는 가장 간명한 까닭이며 우리가 '다른 사람'을 인정하기에 그토록 인색했던 이유이기도 하다.

이쯤에서 다시 「4분 33초」와 '강마에'를 보자. 그들의 기표는 보통의 우리가 가진 틀로 단번에 이해되지 않는다. 연주라기엔 음이 없고, 리더라기엔 예의가 없다. 음악은 가락, 리듬, 화성의 3요소를 갖춰야 하고, 모두를 아우르는 리더는 격조가 있어야 한다는 편견을 갖고 있기 때문이다. 그들을 이해한다는 것은 내 세상이 깨져 나가는 아픔이니 결국 차라리 이해의 시도 자체를 봉쇄해버리는 것이 자아 보호에 현명하다고 여기게 된다. 하지만 그들이 결국 인정받았다는 것, 그 해체적 기의가 여럿에게 받아들여졌다는 점은 우리가 세상을 대할 때, 현명하지는 않더라도 발전적일 수 있는 다른 결론을 선택해야 한다는 것을 함의한다. 소통이 부재한 시대다. 아무도 기표를 제대로 읽어주려 하지 않고, 너무나 명약관화한 기의를 무시한 자기본위적 소통으로 '얼룩진 현대성'은 그래서 더 광대한 단절과 아픔을 잉태한다. 우리는 우연성에 본질이 있음을 이해하지 못했다. 해석과 화답의 노력 없이, 갈수록 우리의 메시지는 차가워지고 맥락은 개인 단위로 분절되어 어떠한 연대도 낳지 못한다. 「4분 33초」와 '강마에'가 소통할 수 있었던 원동력이 내 틀이 깨어지는 것을 감수하는 수화에의 노력이었다는 것을 상기하면, 작금의 소통부재는 꽤 터분한 데가 있다.

위대한 언어학자이자 철학자인 비트겐슈타인(L. Witgenstein)은 그의 명저 '논리 - 철학 논고(Tractatus Logico-Philosophicus)'를 통해 현대성이 어떤 방법으로 재건되어야 하는지 명쾌한 해답을 내놓은 바 있다.

"영리함의 메마른 고지에 머물러 있지 말고, 어리석음의 푸른 계곡으로 내려가라"

해석에의 노력을 통해 시대의 기의를 알았다면, 이를 받아들이는 것은 우리의 몫이다. 실로, 그러하다.

덧칠하지 않는 막돼먹은 인생 보고서
<막돼먹은 영애 씨>를 비평하다

김혜옥

1. 사실성과 허구성이 공존하는 새로운 장르의 드라마

우리는 텔레비전을 통해 다양한 인간 군상들을 보게 된다. 매체를 통해 비춰지는 방식은 크게 사실과 허구로 나뉜다. 대개 사실이라 말하는 것에는 뉴스, 다큐멘터리 등 주로 시사 프로그램이 있으며 허구는 누구나 쉽게 즐겨보는 극의 형태를 띤 드라마가 있다. 전자는 언제나 사실론에 입각하여 날것 그대로를 보여주려 노력하지만 후자는 표현하려는 것을 얼마든지 가공, 변형하여 세상 속에서 살아가는 다양한 인간 군상들을 이야기한다. 그 서사의 구조 안에서 누군가는 태어나고, 사랑하고, 고통스러워하며, 죽기도 한다. 그것이 비록 허구라는 것을 알지만 나와는 비슷하고 또 다르기도 한 인생을 들여다보는 것은, 인간이 가진 엿보기 좋아하는 습성과 맞아떨어져 오락적 기능을 다한다. 그것을 위해 드라마는 우리들의 대역을 배우라는 프로를 통해 보여준다. 그래서 드라마 안에 표현된 세상이 현재의 대한민국이라 할지라도, 적어도 화려하고 아름다우며 극적이다. 비록 우리들의 삶이 비루할지라도 우리들의 배역은 언제나 아름답고 매력적이기 때문이다. 그래서 드라마 속의 인생은 포장되고 색칠된다. 그렇게 함으로써 드라마의 오락성은 최대치에 오른다.

이런 맥락에서 비유하면 드라마는 화려하게 포장된 선물 상자와 비슷하다. 우리가 포장된 선물상자를 보며 안에 든 선물을 궁금해 하듯이 드라마 또한 만들어진 세상과 상황에 자연스럽게 녹아드는 배우들의 연기를 보며 그 안에 들어 있는 인생의 단면을 보고자 한다. 고로 선물이 인생이라면, 포장지는 배우들이고 그것은 매번 바뀐다. 인생이란 어느 몇 가지 정해진 매뉴얼이 없으며 다양한 각각의 사람들의 수만큼 있기 때문에 그것을 표현하는 드라마 속 배우들도 다양하다. 그러나 인생을 이야기하는 드라마 안의 주류 배우들이 대개 아름답고 매력적이라는 것에는 변함없다. 그것은 인간은 누구나 아름다워지고 싶은 욕망을 가지고 있으며 그 욕망을 대변해 주는 것이 텔레비전이기 때문이다. 그래서 어제도 오늘도 텔레비전은 앞다투어 미(美)를 드러내고 싶어 한다. 다만 언제나 사실만을 추구하며 현실을 있는 그대로 직시해야 하는 뉴스나 다큐만이 그 욕망에서 배제되어 있을 뿐이다. 그에 반해 허구의 전제하에서 태어난 드라마는 얼마든지 아름다워질 수 있다. 아름답고 섹시한 여배우, 잘생기고 멋있는 남자배우, 귀엽고 사랑스러운 아역배우들이 나오는 드라마는 그 어떤 수식어를 붙여도 모자랄 만큼 아름다우며 극적이다. 비록 그들이 어둡고 차가운 현실에서 외롭게 싸우는 인간상을 그려낼지라도 드라마 안에서의 우리들의 대역은 빛이 난다. 그래서 누군가는 말한다. "드라마는 드라마일 뿐이지……." 드라마가 허구에서 출발했다고는 하지만 언제나 사람을 이야기하고 인생을 노래하는데도 그 안의 진짜 우리들의 모습은 옆으로 살짝 비켜나 있다. 다만 예쁘고 멋있는 그들이 아름답고 화려하게, 그리고 극적으로 우리들의 꿈같은 인생을 그릴 뿐이다. 그래서 현실을 다룬 다큐와 환상을 그리는 드라마는 다른 길을 갈 수밖에 없다. 한데 이러한 통념을 무너뜨리고 싶어 하는 발칙한 장르의 드라마가 나왔다. '다큐드라마'라는 사실성과 허구성의 결합, 그 상이한 개념들이 만나 한 편의 막돼먹은 드라마가 나온 것이다. 2007년 첫 방송 이후 현재까지 시즌제 드라마로서 입고를 확고히 다지며 케이블 역사상 최초로 시즌 5라는 긴 이야기를 그려내고 있는 <막돼먹은 영애 씨>이다.

2. 영애 씨는 왜 막돼먹었을까?

<막돼먹은 영애 씨>에는 이영애가 나온다. 대한민국 사람이라면 누구나 아는 산소 같은 여자, 배우 이영애가 아닌 이름만 같은 32살의 뚱뚱하고 볼품없는 직장여성 영애(김현숙)다. 일과 사랑 사이에서 어느 것 하나 순탄하지 못한 그녀의 삶은 한마디로 표현하면 참 막돼먹었다. 집에서는 시집 못 간다고 구박하고, 직장에서는 뚱뚱하다고 상사에게 '덩어리'로 불리며 희롱당하기 일쑤다. 더구나 각고의 노력 끝에 사귀게 된 연하의 꽃미남 원준에게는 집착의 끝을 보여주며 매몰차게 차이고 만다. 술에 취해 공중전화 박스에서 노상방뇨를 하고, 얄미운 상사의 커피에 침을 뱉기도 하며 다이어트 때문에 기저귀를 차기까지 하는 등 구차스럽고 막돼먹음의 표본이다. 무엇보다도 그녀는 불의 앞에서 거침없이 욕설하고 응징한다. 그녀의 거칠 것 없는 막돼먹음 앞에서 치한과 변태는 꽁지 빠지게 도망간다. 그래서 여성이라는 이유로 약자가 되고 사회적 차별을 받는 현실에서 살아가는 다수의 여성들에게 영애가 가진 '막돼먹음'은 현재를 살아가는 용기와

배짱으로 해석된다. '막돼먹음'이라는 수식어는 단순히 그 사전적 의미를 넘어 일상을 살아가는 우리들에게 유쾌함과 통쾌함으로 전해진다. 미니스커트를 입고 여자의 다리를 몰래 찍는 변태의 멱살을 잡기도 하고, 초등학교 앞 횡단보도 앞에서 교통법규를 어기는 오토바이 배달원에게 거침없이 뒤통수를 날리기도 하는 막돼먹은 그녀를 보면서, 주먹 불끈 쥐고 참을 수밖에 없었던 우리의 지난날의 모습을 떠올리며 위로 받기도 하고 대리만족의 통로가 되기도 한다. 허나 그렇다고 해서 영애가 여성을 대변하는 페미니스트는 아니다. 그녀는 단지 못된 건 용서해도 못생긴 건 용서 못하는 부조리한 사회 속에서 외면당하며 살아가는 다수의 여성 중 하나일 뿐이다. 곤경에 빠진 여자를 구해주다가 나쁜 남자에게서 "누가 네 몸보고 흥분하겠냐?"라는 직설적인 비아냥거림에 상처 받는, 겉은 강하지만 속은 섬세하고 여린 보통 여자이며 미의 잣대로 여성을 평가하는 막돼먹은 세상이 만든 희생물이기도 하다. 그래서 <막돼먹은 영애 씨>에서 진정 보여주고자 하는 것은 뚱뚱하고 못생겨서 사랑받지 못하는 세상, 더럽고 치사하지만 상사의 비위를 맞춰야 살아남는 세상 속에서 막돼먹게 살아가는 것은 영애가 아니라 그녀를 그렇게 살아가게끔 하는 차별과 편견으로 가득한 지금의 현실이라는 점이다. 그래서 우리는 구차하고 처연할 만큼 서글픈 30대의 영애 안에서 이 시대를 살아가는 현대 여성들의 자화상을 들여다본다. 그 막돼먹은 세상 속에서 영애 씨가 분노하고 서러워하며 때때로 일상 속에 스쳐가는 작은 행복에 기뻐하는 모습이 우리와 너무나 닮았기에 더없는 동질감과 연민을 느끼는 것이다. 그래서 우리는 막돼먹은 영애 씨를 표면적인 의미의 '막돼먹음'이 아닌 슬플 때는 울고, 화날 때는 욕하고, 즐거울 때는 술 한잔 할 줄 아는 가장 인간다운 히로인이라고 말하고 싶다.

3. 인생은 덧칠을 하지 않는 법이다

<막돼먹은 영애 씨>에서 보여주는 골병만 든 미스의 현실은 독립, 결혼, 진급에서 한 발짝도 떼지 못하는, 이제껏 드라마에서 보여주던 30대의 화려함과 노련미와는 거리가 멀다. 기존의 드라마들이 골드미스들을 통해 '우린 여전히 아름답고 능력도 있어!'라며 끝나지 않는 욕망의 환상을 채워줄 때 조금의 메리트도 없는 영애의 고된 인생에서 보상처럼 주어지는 환상은 없다. 어느 날 갑자기 재벌 2세의 남자가 나타나 들뜨게 하지도 않고 갑자기 불치병에 걸려 생사의 갈림길에 서는 극단적 슬픔도 없다. 또한 드라마의 공식처럼 고난이 끝나면 행복이 찾아오고, 갈등이 사라지면 평온이 뒤따라오지도 않는다. 다만 우리네 삶이 그러하듯 고난과 행복은 순서 없이 찾아오고 갈등과 평온은 반복된다. 그 흔한 음모나 복수가 없는 따분한 세상 속에서도 영애는 울고 웃는다. 무엇보다도 <막돼먹은 영애 씨>에서는 누구나 아름다워지려고 인위적으로 삶을 꾸미지 않는다. 노인들은 세상의 이치를 다 아는 것처럼 고상 떨지 않고, 남자들은 남자다워 보이기 위해 분위기를 잡지 않으며 여자들은 언제나 곱게 분칠된 얼굴로 아침을 맞이하지 않는다. 아이들 또한 무조건적인 순수성을 띠지 않는다. 다만 그들이 가진 한계 내에서 조금 더 예뻐지려고 노력할 뿐이다. 그 모습이 때로 우습고 처절해도 그것은 외면하고 싶을 만큼 현실적인 우리들의 세상과 닮아 있다. 그래서 그것이 비록 거칠고 불편하더라도 정이 갈 수밖에 없는 것이다.

우리의 현실과 닮아 있는 <막돼먹은 영애 씨>에는 다양한 인간 군상들이 나온다. 정년퇴직 후 무력해진 아버지와 자식들 뒷바라지에 신물이 난 어머니, 경제 불황 체감지수가 최고치에 이른 오늘날 결국 계약직으로

전락한 영애, 부인과 자식들을 유학 보낸 외기러기 사장님, 홀어머니와 동생들을 위해 지지리 궁상이 될 수밖에 없는 정 대리, 얼굴은 예쁘지만 하는 짓은 엽기적인 이혼녀 지원, 남부러울 것 없는 외모와 집안을 가졌지만 사회성이 부족한 꽃미남 원준, 일에서는 완벽하지만 대인관계는 허술한 이름만 같은 장동건 과장님, 이들 모두 한번쯤 주위에서 봐오던 나의 이웃과 동료들의 모습이다. 그들은 무엇하나도 극적이지 않은 팍팍한 현실 같은 일상 속에서 매일 싸우고 울고 웃으며 내일을 맞이한다. 한데 그 누가 밋밋한 일상과 때때로 서러울 정도로 비루한 현실을 보고 싶어 할까? 구태여 찾아서 볼 만큼 매력적이 않은 현실을 <막돼먹은 영애 씨>는 공감이라는 코드를 통해 접근한다. 늘 함께하기에 그 소중함을 잊기 쉬운 가족애를 이야기하고, 오늘의 동지가 내일의 적이 되기도 하는 전쟁터 같은 직장에서 벌어지는 발칙한 에피소드들을 현실감 있게 그려내며 직장에서의 애환을 나누며, 사랑에는 소심하고 서툰 영애를 통해 복잡 미묘한 연애심리를 함께 고민하기도 한다. 거기에 비정규직과 청년실업 문제라는 사회적인 현안을 구체적이고 사실감 있게 그려내며 절대적 공감을 얻고 있다. 따라서 <막돼먹은 영애 씨>는 미학적 아름다움을 근간으로 하는 기존의 드라마들 에게 구태여 인생에 덧칠을 하지 않아도 우리의 인생을 그리는 드라마가 충분히 가치 있으며 빛날 수 있다고 말해준다. 또한 많은 드라마들이 천편일 률적인 구성과 이야기로 시청자들의 눈과 귀를 끌고자 화려한 외관에만 치중할 때 <막돼먹은 영애 씨>는 일상 속에 묻혀 있던 우리의 진짜 이야기 를 '공감'과 '웃음'으로 차별화된 카타르시스를 맛보게 해준다. 무엇보다도 배신, 불륜, 불치병, 재벌 2세, 복수 등과 같은 흥행공식을 쓰지 않고도 드라마가 얼마든지 자립해 성공할 수 있다는 가능성을 보여준다.

4. 케이블의 진화와 한계

방송통신위원회가 조사 발표한 2008년 TV 시청 행태에 따르면 우리나라 케이블 방송 가구 가입률은 82.1%며 케이블 가입자는 1,500만 명을 넘었다고 한다. 지상파에 비해 아직은 갈 길이 멀지만 갈수록 케이블 채널의 시장 규모가 늘어남에 따라 책임감과 의무감이 막중해 졌다. 따라서 현재의 케이블 시장 동태를 되짚어볼 필요가 있다. 잠깐 언급하자면, 초기 케이블 채널들 대부분은 자극적이고 선정적인 소재로 시청률 경쟁에 나섰고 지상파에서 인기 있었던 프로그램을 재방, 삼방에 거듭하며 '재방송 채널'이라는 꼬리표를 달고 있었다. 하지만 최근 케이블은 무서울 정도로 빠르게 지상파를 위협하며 성장하고 있다. 그것에는 지상파의 근본적인 위기도 있겠지만, 케이블이 지난날의 오명을 씻기 위해 점차 자극적인 섹시코드를 버리고 '소재의 다양화'로 비상하고 있기 때문이기도 하다. 선정성보다 작품성에 비중을 둔 자체 제작 프로그램들이 점점 늘어나고 있으며 소재편성과 표현이 지상파의 제약에서 보다 자유롭다는 특성을 이용해 다양한 실험적 시도로 질적 수준을 향상시키며 해외로 수출하는 쾌거를 이루는 등 많은 발전을 해오고 있다.

이러한 눈부신 발전의 선두에 선 작품은 누가 뭐래도 단연 <막돼먹은 영애 씨>다. 첫 시즌이 방송되던 2007년 케이블 시장은 개척이 시급했던 불모지의 땅이었다. 늘상 틀어놓는 지상파와 찾아서 봐야 하는 케이블은 그 출발선부터가 다르다. 거기다 채널의 개성이 뚜렷한 70여 개의 케이블 채널 속에서 경쟁해야 하는 척박한 환경 속에서 <막돼먹은 영애 씨>는 태어났다. 하지만 그러한 태생적 약점이 있기에 <막돼먹은 영애 씨>는 다른 드라마들 속에서 차별화 전략을 내세워 틈새시장을 공략할 수 있었다.

성공전략은 '다큐드라마'라는 새로운 장르를 만든 참신한 기획, 시청자들의 공감을 얻어내는 캐릭터의 힘, 지상파에 비해 표현의 자유가 있다는 점, 저예산이기에 다양한 실험정신을 반영한 것이 시즌제 드라마로서 롱런을 하게 만든 저력이다. 무엇보다도 <막돼먹은 영애 씨>는 일상에서의 공감과 웃음을 만들어내기 위해 캐릭터와 에피소드에 절대적으로 의존하지 않는다. 그들은 지상파에 비해 턱없이 부족한 예산이라는 약점을 다양한 실험정신으로 덧칠하며 근본적 약점을 승화시킨다. 그래서 <막돼먹은 영애 씨>를 보면 공감과 웃음을 극대화하는 실험적인 장치가 곳곳에 있다. 다큐적인 요소를 강조하기 위해 VJ들이 쓰는 6mm카메라를 사용해 다양한 각도에서 흔들리는 카메라 앵글은 극의 리얼리티를 살린다. 또 시간, 장소, 상황에 대한 재치와 풍자 있는 자막은 색다른 재미를 선사한다. 가령 영애가 출근길에 운전을 하며 얼굴보다 큰 빵을 맛있게 먹는 장면에서 "사실……영애는 아침도 먹고 나왔다"라는 자막은 단조로운 일상을 그리는 다큐드라마에서 자칫 지루하게 느껴질 수 있는 점을 보완하며 웃음을 유발시킨다. 또한 홀로 텔레비전을 보며 가족들을 기다리는 아버지의 화면 밑으로 "TV보다 나은 자식 노릇 하고 계십니까?"라던가, "아버지를 위한 나라는 없다"라는 패러디 자막은 결코 가볍지 않은 농담을 던지며 쉽게 외면해오던 사회적 문제를 시사한다. 거기다 안정된 톤의 성우의 내레이션은 때로는 따뜻하게, 때로 날카롭게 위로와 충고를 하며 극에 힘을 싣는다. 이 같은 모든 요소들이 한데 어우러진 실험적인 드라마 <막돼먹은 영애 씨>는 아직은 시청자들의 채널 선택권에서 뒤쳐진 케이블에 거대 지상파와 견주어도 손색없는 비전 있는 대안을 제시하며, 그 가능성의 폭을 넓혀 주는 좋은 선례로 남을 것이다.

하지만 여전히 반짝 시청률에 의존하여 폭력적이고 선정적인 소재의 한계에서 벗어나지 못하는 것이 대다수 케이블의 현실이다. 이는 높은 시청률 아래 묵인되는 안일한 방송의 행태이며 미래지향적이지 못한 악습의 반복일 뿐이다. 따라서 다양성을 찾는 시청자들의 요구와 지상파 프로그램 못지않게 높아진 질적 수준을 맞추는 것이 케이블의 남겨진 숙제이다. 다만 케이블 채널들이 유념할 것은 '어떻게 보여줄 것인가'보다 '무엇을 보여줄 것인가'에 대한 진지한 고민과 성찰이다. 예를 들어 '메디컬 기방 영화관'(OCN)이 성의학을 다룬 민감한 소재라고는 하지만 그 안에서 보여주려는 깊이 있는 성의식과 주제는 신선함과 작품성을 더하며 소재에 대한 거리감을 조금씩 해소했다. 이는 소재와 표현이 자유로운 케이블만이 지닌 장점이다. 또한 <막돼먹은 영애 씨>가 여타의 드라마처럼 아름답고 화려하게 또는 선정적이고 폭력적으로 보이는 것을 과감히 버리고, 우리의 포장되지 않는 일상 속으로 파고 들어와 삶의 진정성을 보여주며, 인생의 소박한 행복과 참된 의미를 되짚어준 것은 현 시점의 케이블 드라마 시장에 새로운 희망의 대안일 것이다.

갑남을녀가 주인공인 <다큐멘터리 3일>

황명화

1. 사람이 개를 무는 이야기가 넘치는 TV

신문방송학이나 매스미디어에 관한 개론에서는 '무엇이 뉴스가 되느냐'는 질문에 '사람이 개를 물면 뉴스가 된다'는 명제로 쉽게 답을 한다. 개가 사람을 무는 것은 워낙 흔해 뉴스가 되지 못하지만 사람이 개를 물면 뉴스거리가 된다는 것이다. 최근의 TV 프로그램들은 이 공식에 너무나도 충실하다. <세상에 이런 일이>라는 제목을 달고 신기한 사람이나 장소를 보여주는 프로그램은 그래도 양반에 속한다. 케이블 방송을 보면 바람난 남편을 현장 검거(?)하는 프로그램, 귀신에 빙의된 사람과 인터뷰하는 프로그램까지 나온다. 사람들의 시선을 끌기 위한 정도가 경쟁 수준을 넘어 과히 전쟁이라 하겠다.

사실 각종 채널들의 치열한 생존싸움을 이해 못하는 것은 아니다. 다매체 다채널 시대에 프로그램이 제 살길을 찾지 못한다는 것은 곧장 폐지된다는 것을 뜻한다. 지상파 방송도 예외가 아니다. 최근 종합편성이 가능한 채널

사업자를 선정하겠다는 방송통신위원회의 정책 등은 지상파 방송의 입지를 더욱 좁히고 있다. 이러한 미디어 환경은 프로그램 제작자에게 고스란히 전해져 압박된다. 교양 프로그램에 속하지만 내용을 뜯어보면 인포테인먼트(infotainment)라 비판받을 수밖에 없는 프로그램이 우후죽순 생겨나는 이유다.

다큐멘터리 영역도 마찬가지다. 최근 다큐멘터리의 큰 변화는 대규모로 시청자들의 눈을 잡기 시작했다는 것이다. 많은 양의 지식을 전달하기 위해 '대기획'이라는 말은 서슴없이 붙여 최소 5부작 정도로 제작되는 것은 예사다. 또 해외에 수출됐다, 선판매됐다는 등의 소식으로 홍보를 하는 것도 기본이다. 시청률이 따라주면서 극장판까지 나오는 다큐멘터리도 있다. 비슷한 주제로 방송사끼리 경쟁하듯 찍어내 소재에 대한 원조 논쟁으로 번지는 경우[1]도 있다. 또 다큐멘터리의 제작비가 20억[2]이 넘기까지 해 제작비 경쟁으로도 이어지며, 이로 인해 해외 방송사나 제작자들과 공동기획하는 경우도 늘고 있다.

그러나 모든 다큐멘터리가 이렇게 변하는 것은 아니다. 이런 추세를 역행하는 고집스러운 다큐멘터리가 하나 있다. 2007년 여름에 첫 방송한 KBS <다큐멘터리 3일>이 바로 그렇다. 이 프로그램은 저 멀리 북극까지 가지도 않는다. 우리가 매일매일 지나치는 장소에 죽치고 앉아 그 공간에 살거나 오고 가는 사람들을 담는다. 개를 물어버리는 특이한 사람이 아닌 매일 보는 옆집 아줌마, 아저씨 같은 평범한 사람을 주인공으로 내세운다.

---

1) "KBS-SBS, 차마고도 동시편성 '원조논쟁'", ≪OSEN≫, 2007.3.7.
2) "MBC 창사47주년 특집다큐 <북극의 눈물> 20억 들여 제작", ≪PD저널≫, 2008.12.17.

2. 철수 엄마, 영희 아버지가 주인공이다

처음 <다큐멘터리 3일>을 보았을 때는 2007년. '엄마, 아기를 만나다(2007.5.31)' 편이었다. 한 산부인과 병원에서 아이가 태어나는 장면을 담고 있었는데 처음에는 KBS의 대표 프로그램인 <인간극장>인 줄 알았다. 그런데 계속 보니까 이 사람도 조명했다가 저 사람도 비추는 것이 아닌가. <인간극장>이었다면 아마 주인공이 이번에 낳는 아이가 5번째 아이라던가, 혹은 혼혈인으로서 아이를 낳는다던가 하는 조금은 낯선 상황이었을 게다. 그런데 그것이 아니었다. 매우 흔한 사람. 타이틀 그대로 엄마가 아기를 낳는 장면의 연속이었다. 괜스레 눈물이 났다. 이렇게 흔한 일인데 이야기가 된다는 게 신기했다. 기다리고 기다리던 특정한 주인공은 나오지 않고 끝이 났는데도 한동안 머리에 계속 남았다.

제작진은 흔하고 흔한 이야기를 담기 위해 동네에 하나쯤은 있는 고물상을 찾기도 한다. '인생 만물상 고물상 72시간(2008.11.1)' 편에서는 정말 흔히 보는 사람들이 나온다. 막걸리 한잔이나마 남에게 손 안 벌리고 먹을 수 있어서 폐휴지를 모은다는 할아버지에서 고물상에 미래를 건다는 30세 청년까지. 그야말로 우리네 이웃의 얘기였다. 버스를 타고 가다보면 차창 밖으로 힘겹게 폐휴지가 가득 담긴 수레를 밀고 가는 노인들을 꼭 보게 된다. '인생 말년이 너무 힘들겠구나' 하는 생각을 하고 측은지심으로 바라보곤 했었다. 또는 휴일에 재활용 쓰레기를 정리해서 집밖에 내놓을 때, 폐휴지를 뒤적거리던 아저씨와의 어색한 조우. "안녕하세요"라는 인사를 건네기도 머쓱한 시대에 살고 있는 나에게 이 프로그램은 안부 인사를 건네기를 넌지시 알려준다. 이들이 특별히 가난한 사람이어서가 아니라, 자신의 밥벌이를 하는 나 같은 평범한 사람임을 보여준다.

또 이 프로그램은 사람을 병렬적으로 보여주는 것에 그치지 않고 특정 장소에서 사람들이 어떻게 어울려 사는지를 보여준다. 허리를 펴기도 힘든 할머니는 고물상 주인이 서비스로 주는 요구르트를 "줄 것이 없다"며 제작진에게 대신 내민다. 그 할머니를 리어카에 싣고 집까지 바래다주는 것은 고물을 모으는 또 다른 할머니다. 고물상이라는 하나의 생태계에서 사람과 사람은 먹이 사슬 구조로 돌아가는 것이 아니라 서로가 도우며 살고 있다는 것을 보여준다.

장소는 다른 데도 비슷한 사람이 나오는 것만 같은 착각이 들기도 한다. '섬진강 휴게소 3일(2009.4.25)' 편에서 커피를 파는 스무 살을 갓 넘긴 하정 씨와 '서민들의 인생분기점 구로역(2008.7.19)' 편에서 도너츠를 파는 리틀맘은 닮았다. 이 둘은 아직 사회 초년생이지만 많은 사람들을 만나면서 자신의 꿈을 키우고 있다. 20살에 꾸는 꿈이 어찌 그리 닮았는지. 우리는 모두 비슷한 사람이구나 하는 생각을 하게 한다.

<다큐멘터리 3일>은 대개 이렇게 평범한 사람이 주는 뭉클함을 전하다가도 유명한 사람을 평범한 사람으로 만들어버리는 묘한 재주도 보여준다. '대통령의 귀환 : 봉하마을 3일(2008.5.3)' 편에서는 전직 대통령의 퇴임 후 일상을 담았다. "5년 동안 외롭고 심심한 건 단련이 되어 있습니다. 여기 와 있으니 사람이 많아 좋네요"라는 권양숙 여사의 말은 그들도 외로움을 느끼는 '사람'들이라는 동질감을 갖게 한다. 대통령이 주인공도 아니다. 대통령을 돕는 비서관, 마을 사람들, 대통령을 보러온 관광객 모두가 같은 비중으로 담긴다. 유명한 스타의 이면에 집중해 평범한 모습을 보여주는 시도를 한 프로그램이 없었던 것은 아니다. 그러나 스타 한 명에게만 집중하고 만다. <다큐멘터리 3일>은 특별한 사람 뒤에 있는 사람도 놓치지 않는다. '투혼 : 태릉선수촌 72시간(2009.2.14)' 편에는 베이징 올림픽 주역

들도 등장하지만 선수촌 식당의 요리사나 후보 선수로 계속 머무르고 있는 선수 등 모두를 다룬다. 우리는 올림픽 금메달 영웅의 입에서 나오는 말과 계속 후보군에 머무르는 선수의 입에서 나오는 말이 크게 다르지 않음을 확인한다.

특별한 사람들은 평범한 사람들로 바꾸고, 평범한 사람들은 특별한 사람들로 바꾸어도 이야기가 된다. 커뮤니케이션학자 라즈웰은 "누가, 누구에게, 무엇을, 어떻게, 왜" 말하는지가 커뮤니케이션의 핵심이라고 말했지만, <다큐멘터리 3일>은 이것이 중요하지 않음을 보여준다. 다만 <다큐멘터리 3일>은 우리 모두가 영웅이라는 귀한 교훈을 '보여주는' 것에 충실할 뿐이다. 특별히 다를 것 없는 우리 일상에서는 자신이 바로 주인공이라는 것. 동정이나 측은지심을 요구하는 것도 아니다. "인간시장이에요. 여러 사람이 다 있어요" 구로역 편에서 등장하는 10년 동안 노점을 해온 아주머니의 말이 바로 이 프로그램이 전하고자 하는 핵심 메시지다.

3. 참신한 형식과 제작진의 노력이 가장 큰 강점

사람을 다루는 <다큐멘터리 3일>의 기본 메시지를 튼튼히 받쳐주는 것은 참신한 형식과 제작진의 노력이다. 타이틀에서도 알 수 있듯 '3일'간 특정 장소를 촬영한다는 것이 독특한 형식이다. 지금까지 프로그램 타이틀에 시간을 붙이는 경우는 <100분 토론>, <추적 60분> 등 방송 러닝타임을 말하는 경우가 대부분이었다. 그러나 <다큐멘터리 3일>은 '3일'간 오로지 그 공간에서 '살았던' 시간이다. 이 특성을 최대한 살려 장면을 이어나갈 때 정확한 날짜와 시각을 표시하는 것이 프로그램 전개의 주축이 된다. 타 프로그램에서 시간적으로 먼저 만난 사람이라도 구성상 뒤에

가야 하기 때문에 말을 앞뒤로 잘라 이리 붙이고 저리 붙이는 것과는 완전히 다르다. 여기서는 첫째 날에 등장했던 사람을 우연히 또 만나는 것이 자연스럽고 이것이 그대로 녹아 나온다. 마치 현장을 그대로 보여주는 CCTV 같기도 하고, 영상 다이어리 같기도 하다.

시간 경과 표시는 자연스레 긴장 고조로 연결되기도 한다. '제17대 대통령 당선! 운명의 72시간(2008.12.20)' 편에서는 공식선거 마지막 유세기한인 12월 18일까지의 마지막 3일을 담아 시간이 지나면서 그 긴장된 순간으로 서서히 다가간다. 이는 일상의 3일과 특정 상황에서의 3일이 얼마나 다른지를 별다른 설명 없어도 충분히 전달한다. 비록 대선 후보들의 3일이지만 우리네 일상 속에서도 중요한 시험을 앞두고의 3일, 중요한 행사를 앞두고의 3일 등을 연상시키는 것이다.

또 특징적인 부분은 등장인물들이 거리낌 없이 VJ 또는 PD와 "안녕하세요", "수고하세요"라는 인사를 나눈다는 것이다. 이는 큐사인이 떨어지고 동작에 들어가는 일반 프로그램과 가장 큰 차이점이다. "안녕하세요", "수고하세요", "밥 먹었어요" 등의 말은 일상에서 가장 많이 듣는 말이다. 이런 일상의 인사를 굳이 편집하지 않고 넣어 등장하는 사람이 마치 이웃에 살고 있는 사람으로 다가오게 한다. 일반적인 프로그램에서는 이 부분을 커뮤니케이션 학자 셰넌이 말한 원활한 소통을 방해하는 노이즈(noise)라고 생각해 빼버릴지도 모르지만, <다큐멘터리 3일>은 일상의 대부분을 차지하는 이 노이즈를 반복함으로써 '이것이야말로 일상이고 한 편의 드라마'라는 메시지를 전달한다. 나는 이 부분이 제작진이 인물들과 끊임없이 소통했던 노력의 결과라 본다.

그 연장선상에 있는 것이 대부분의 촬영이 아래에서 인물을 위로 비춘다는 점이다. 이는 카메라맨이 무릎을 꿇고 촬영한다는 얘기다. 인물이 최대한 카메라를 부담스러워하지 않도록 배려하는 것이기도 하고, 인물의 표정을 더욱 세밀하게 드러내기 위함이기도 하다. 별것 아닌 것 같지만 제작자와 등장인물의 간극을 극도로 좁혀, 시청자와 등장인물의 간극을 좁혀주는 큰 역할을 한다. 이러한 노력은 전문가 한 명 등장하지 않아도 유수한 명문장이 술술 흘러나오게 한다. 피맛골에서 만난 만개떡 장수는 어디에서 장사하느냐는 물음에 "사람 냄새 나는 곳으로 찾아다닌다"라고 자연스레 답한다('사라져가는 골목길의 추억 : 종로 피맛골(2009.3.21)' 편). 또 처음에는 카메라에 적대적이었던 사람이 3일째에 접어들면 먼저 말을 걸어오기도 한다. '모국으로의 첫 여행 : 입양인 뿌리찾기 72시간(2008.12.20)' 편에서 입양아 전성준 씨는 처음에는 미국 이름 존이라고 부르라 냉정하게 강조하더니 3일째 되는 날에는 한국 이름인 '성준'으로 부르라 일러준다.

　제작진은 3일 동안 단 한 명이라도 놓치지 않기 위해 구석구석을 다닌다. 그러다 보면 우리가 생각지도 못한 사람들의 이야기도 만나게 된다. 구로역 편에서는 우리 일상을 조용히 지원하는 지하철 기관사의 모습도 보여준다. 우리에게는 사고가 나서 지하철이 연착되어 짜증났던 하루가 한 기관사에게는 선로에 뛰어든 승객을 친, 충격적인 하루였음을 전한다. "비도 오는데 왜 들어왔을까"라고 계속 넋두리하며 우는 기관사를 보며 우리는 서로에게 무관심했던 자신을 반성한다. 뉴스에 30초짜리 단신으로 처리되던 누가 몇 호선에 뛰어들어 사망했다는 소식, 또는 누가 뛰어들었는데 누가 구했다라는 영웅담으로 취급되던 사건의 이면을 보게 된다. 작년 중국 스촨성 대지진이 났을 때 <다큐멘터리 3일>은 그곳에 파견된 우리나라 119 구조대를 밀착 취재(2008.5.31)해, 같은 시기 타 방송사에서 집을 잃고 울고 있는 중국인만을 비추는 데 머물렀던 그 한계 지점을 훌쩍 뛰어넘었다. 타국에까지 가서 사람을 구하는 구조대원들을 보면서, 특정 장소에서 삶을 함께하는 감동적인 스토리는 한 장소를 비추는 데 카메라의 시선이 얼마나 중요한지를 보여준다.

4. 어쩌면 무책임하다고 느낄 수 있는 3일

<다큐멘터리 3일>에도 아쉬운 점은 있다. 시사 프로그램도 아니고 정보를 주는 다큐멘터리물도 아니다 보니 애매한 지점에 위치해 있다는 것이다. '촛불, 대한민국을 밝히다 : 서울 시청광장 촛불집회 72시간(2008.6.7)' 편이나 '사라져가는 골목길의 추억 : 종로 피맛골(2009.3.21)' 편이 바로 그렇다. 이런 첨예한 이슈에서 단순히 사람들을 스케치하는 것으로 끝나는 것은 어찌 보면 무책임하다. "너무 화가 나서요"라며 촛불을 든 거리의 여고생을 담는 것만으로 촛불 정국 3일이라 말할 수는 없다. "문을 닫았을 줄 알고 조마조마한 마음으로 왔는데 열려 있어서 술 한잔하고 간다"는 취객의 인터뷰만으로 재개발로 인해 몇백 년의 역사가 엎어지는 피맛골을 담아냈다고는 말할 수도 없다. 르포이긴 하지만 어디까지나 문제의 핵심을 비켜가서는 안 된다고 본다. 굳이 심각하게 시사 프로그램처럼 담아낼 필요는 없지만 적어도 시위를 막는 전경이나 피맛골을 철거하는 용역직원, 공무원의 인터뷰까지 담아내면서 대립지점을 드러내야 했던 것은 아닐까. 화물연대 파업이 한창일 때 방송된 '짐칸에 실린 인생별곡(2008.6.22)' 편에서 고유가를 걱정하는 화물 운전수들은 구로역에서 물건을 파는 노점상이나 고물상에서 크게 떨어진 고물 값으로 한숨 쉬는 사람과는 분명히 다른 시각으로 접근했어야 했다. 단순히 상황과 장소를 훑는 방식이라면 <다큐멘터리 3일>은 소소한 일상을 담아낸다는 스스로 놓은 덫에 걸려버리는 셈이다.

이는 결과적으로 타 프로그램과의 차별성이 보이지 않는 아쉬운 결과물로 연결된다. 대표적인 것이 '좁은문: 캠퍼스 취업전쟁(2009.4.4)' 편이다. 지방의 한 캠퍼스를 담았지만 비슷한 시기에 방송됐던 MBC 스페셜 <첫인상>이나 SBS 스페셜 <인재전쟁> 등 취업을 다룬 무수한 프로그램들 중에서도 별다른 주목을 받지 못했다. 독특한 시각, 장소 선정 없이 시청자들의 뻔한 예상에 너무나도 충실했기 때문이다. 그렇다고 <다큐멘터리 3일>이 <무한지대>나 <VJ특공대>, <달인>처럼 소재를 가볍게 다룰 수도 없다. 시사 프로그램과 인포테인먼트 사이에서 명확한 자리를 잡는 것이 <다큐멘터리 3일>의 딜레마이자 과제다.

미디어가 공동체 저널리즘 또는 시민 저널리즘을 향하고 있는 상황에서 이 과제는 반드시 고민해봐야 한다. 언론인, 방송 제작자들이 공공생활을 잘 돌아가게 하기 위해 프로그램을 만든다고 할 때, 갈수록 증가하는 대립 상황을 중립적인 태도로 쉽게 끝맺으면 시청자들에게 외면받기 쉽다. 단순히 문제점이나 모순에 대해 생각하는 데만 그치는 것이 아니라 그 해결책도 생각하도록 구성해야 한다. <다큐멘터리 3일>은 이 부분에서 지금처럼 단순히 '보여주기(showing)'로 어디까지 감당할 수 있을지를 냉정히 따져야 한다. 한두 번은 신선한 충격으로 시청자들에게 다가갈 수 있지만 반복되면 틀 자체에 질려버릴 수도 있기 때문이다.

5. <다큐멘터리 3일>에 대한 기대

앞서 말한 <다큐멘터리 3일>의 과제는 사실 다큐멘터리물 전체의 고민이기도 하다. 대규모로 기획하는 다큐멘터리가 아닌 이상, 시사 프로그램과 차별을 지으면서 이야기를 구성해내는 것은 매우 어렵다. 극적인 부분만을 강조하다 보면 자칫 인위적인 요소가 가미될 수도 있다.

　이러한 상황에서 <다큐멘터리 3일>이 앞으로 나아갈 방향은 '3일' 자체에 주목해서 3일 동안 촬영한다는 형식에 머무르지 말고 같은 3일이라도 누구에게는 다른 3일이 될 수 있다는 그 지점을 강조했으면 한다. 또 소재가 되는 장소 선정의 경우에도 주목을 받지 못하는 곳도 신경 썼으면 좋겠다. 인천국제공항 대신에 매년 큰 폭의 적자를 내고 있는 무안공항을 갔으면 어땠을까? 그랬다면 무릎을 꿇고 카메라를 들이대는 <다큐멘터리 3일>의 가장 큰 강점인 소통에 대한 노력이 더욱 빛이 났을 것이다. 폐지를 줍는 꼬부랑 할머니가 내미는 그 요구르트처럼 사람 냄새 나는 내용이 가득한 프로그램으로 남을 수 있기를 기대한다.

21세기 다이내믹 코리아 '내조'를 재조명하다
월화 드라마 <내조의 여왕>

윤성진

'내조'를 재조명하다

'내조'라는 단어는 그동안 다소 부정적이고 시대착오적인 의미를 내포해왔다. 한국은 1980~1990년대를 거치면서 민주화라는 급박한 시대적 과제 앞에 유교 문화의 가부장적 사회가 주부 역할의 금과옥조로 내세우는 '내조'를 대신하여, 남자와 평등하게 자신의 능력을 당당하게 발휘하는 '일하는 여성'을 그 대체 가치로 삼아왔다고 해도 과언이 아니다. 굳이 페미니스트들이 아니더라도 이러한 여성들과 주부들의 염원을 대변하듯이, 최근까지도 일하는 여성, 특히 전문직 여성의 삶과 사랑을 다룬 드라마들이 인기리에 제작되고 방영되었다.

자신이 좋아하는 일을 찾아 부단히 노력하고 능력을 발휘하여 일정한 성취를 이룬 여성이 되고 싶은 것은 거의 모든 여성의 로망이라고 할 수 있다. 그러나 현실은 여성에게 그리 친절하지 않다. 우리나라는 경제협력개

발기구(OECD) 국가 중 최하위(22~55세 대졸 이상 고학력 여성 100명 가운데 일자리를 갖고 있는 여성은 55명)에 불과하고 여성 전문직의 비율이 16.5%(2004년 기준)에 지나지 않는다.

마땅한 정규직에 입문하기 위해 젊은 남자도 십여 년에 걸친 교육과 다양한 자격증을 갖추어도 들어갈까 말까한 상황에서 주부가 들어가기란 낙타가 바늘구멍을 뚫는 것만큼 어렵다. 설사 결혼과 육아 후 복직을 하거나 재취업을 했더라도 가부장적 가치가 회사에 반영되어 있는 한국의 특수한 직장 풍토와 육아와 가사의 부담을 덜어주는 사회적 인프라가 선진국에 비해 터무니없이 부족한 한국 사회에서 기혼 여성이 자신의 직업을 지키기란 여간 어려운 일이 아니다.

여태까지의 드라마가 소수의 '일하는 여성'이라는 판타지로 주부들의 욕망을 충족시켰다면, <내조의 여왕>은 내조를 정면으로 다루어 그 의미를 적극적으로 끌어냈다는 데 그 의의가 크다. 드라마의 주 시청자 층이 주부이기 때문에 그들의 관심사를 소재를 다룬 드라마는 셀 수 없을 정도로 많았던 반면, 정작 대부분의 주부가 자신의 정체성으로 삼고 있는 '내조'를 조명한 드라마가 현재까지 거의 없었다는 것은 아이러니가 아닐 수가 없으며, 이것이 최근 <내조의 여왕>에 주부들이 열광한 이유이기도 할 것이다.

깨어진 신데렐라의 꿈, 그 성장통

많은 여성들이 신데렐라를 꿈꾼다. 겉으로는 신데렐라를 꿈꾸는 여성을 비난하기도 하지만, 여전히 신데렐라가 나오는 드라마가 끊임없이 반복 재생산된다. 그뿐 아니라 최근 선풍적인 인기를 기록했던 <꽃보다 남자>에서는 이젠 10대 재벌을 대상으로 어린 소녀들까지 신데렐라 환상에 도취

됨으로써, 이제 한국 여성들은 가히 세대를 불문하고 신데렐라 열풍에 휩싸여 있다고 해도 과언이 아니다.

<내조의 여왕>의 주인공 천지애(김남주) 역시 전형적인 신데렐라형 여성이었다. 그러나 왕자라고 믿었던 남편 온달수(오지호)가 서울대 출신에 멘사회원 등 외적인 조건만 멀쩡하지 사실 사회적 성공에는 부적격자임이 드러남에 따라 천지애는 자신의 내조의 힘으로 남편을 대기업 정규 사원으로 만들겠다고 결심한다.

신데렐라에서 평강공주로 드라마틱하게 급선회하게 데서 이 드라마의 복선이 숨어 있다. 이 복선은 결혼으로 신데렐라를 꿈꾸지만 결국 현실에는 스스로 평강공주가 되어야만 혹은 될 수밖에 없는 많은 기혼 여성들의 성장통을 상징하는 것이다.

결혼에 대한 신분상승 환상이나 자신이 삶이 확 달라질 거라는 기대를 갖는 여성들이 예전보다는 훨씬 적어진 것이 사실이다. 그런데도 결혼이 여전히 여성의 삶을 바꾸어놓는 가장 큰 사건임은 부인할 수 없기에 많은 여성들이 크든 작든 결혼에 대한 환상을 품는다. 그러나 드라마에서처럼 이는 곧 여지없이 깨지고 만다.

평강공주로 전락한 천지애는 남편을 출세시키기 위해 온갖 굴욕을 감내한다. 학교 동창의 미용실 비용을 대주면서까지 회사의 인맥에 대한 정보를 얻거나, 김홍식(김창완) 이사 부인인 오영숙(나영희)에게 우연을 가장해 접근하여 환심을 사기도 한다. 퀸즈푸드 그룹 아내들의 모임인 '평강회'에서 상사 아내에게는 온갖 아부와 뇌물 공세를 퍼붓고, 라이벌에게는 견제와 신경전을 벌이는 장면들은 마치 남자들의 직장 세계를 고스란히 옮겨 놓은 듯한 착각이 들 정도로 리얼하다. 전업주부는 집만 지키고 있는 게 아니라 남편들과 마찬가지로 아내들 역시 생존과 출세를 위해 정글에서 전쟁 중임을 시사하고 있다.

과거 학창 시절 가장 형편없었던 양봉순(이혜영)이 부장 부인이 되어 완전히 역전된 상황에서 다시 만나게 되고, 자신이 양봉순에게 주었던 멸시를 고스란히 되돌려 받는 상황에서 천지애의 굴욕은 그 절정을 이룬다. 이 장면들은 특히 주부 시청자들에게 큰 공감을 불러일으킨다. 자신보다 성적, 미모, 집안, 성격 등 여러 면에서 뒤쳐졌던 친구들이 결혼 후에 화려하게 변신하여 자신보다 훨씬 나은 지위와 부와 행복을 만끽하는 것을 목격했을 때 억울함, 분노 등으로 인해 느꼈던 추락감은 주부들이 결혼 이후 한두 번 이상은 겪는 뼈아픈 경험담일 것이다.

10대 청소년들이 세상과의 관계 속에서 자신을 객관화하면서 자신의 정체성을 형성하는 성장통을 겪는다면 주부들은 결혼을 통해 기존에 자신이 구축했던 정체성이 남편이라는 세상과 접하면서 깨지는 제2의 성장통을 경험한다.

천지애가 생활비를 대주는 시어머니에게 받는 구박과 동서 간의 차별, 생활비 때문에 결혼반지를 팔고 심지어는 접촉사고를 빌미로 보상을 요구하는 장면들은 '생활'이라는 거대한 공룡 앞에 신데렐라의 환상이 신기루처럼 사라지고 마는 허상이라는 것을 주부들은 자신의 현실에서 이미 뼈저리게 체험했을 것이다.

환상은 깨지게 되어 있지만 그러나 그 대가가 상처만은 아닐 것이다. 드라마에서처럼 그 상처 뒤에는 인간과 세상에 대한 더 깊은 이해를 갖게 되는 정신적 성장이 기다리고 있다. 이는 분명히 예전과 다르게 인간과 세상을 바라보게 하는 힘을 생기게 하고, 그 힘은 더욱 원만하고 완성된 인간을 만들어준다. 결혼으로 인한 여성의 성장통 과정을 잘 그려내고 있는 것이 이 드라마의 미덕 중 하나일 것이다.

주부, 멘토(mentor)가 되다

현실에서는 대한민국 주부의 내조는 남편에 대한 내조 이외에 시댁 식구 챙기기, 자녀 뒷바라지라는 나머지 2대 과제가 있음에도 <내조의 여왕>이 남편에 대한 아내의 내조 역할에만 포커스를 맞춘 것은 결혼의 가장 기초 단위인 부부 관계를 집중 조명함으로써 그 의미를 근원적으로 되짚어보는 데 있다고 하겠다.

드라마에서 천지애는 남편보다 연상이다. 이러한 설정은 최근의 연상녀·연하남 트렌드를 반영하기 위한 장치일 수도 있지만, 천지애가 여러 면에서 남편보다 정신적 우위에 있음을 유도한 장치로 볼 수도 있다. 남편의 장단점을 가장 잘 알고 세상살이의 이치를 잘 아는 데는 나이가 큰 의미를 가지며 이는 남편을 가장 잘 내조할 수 있는 조건으로 이해할 수 있다.

천지애는 명문대학을 나오고 IQ만 높은 온달수를 오히려 여러 면에서 리드하는 것으로 묘사된다. 사내 축구대회에서 끝가지 정석으로 경기를 운영해 상사를 이기고 마는 순진하다 못해 바보스러운 온달수에 비해, 천지애는 목적을 위해 자존심을 굽힐 정도로 유연한 처세 감각을 가지고 때에 따라 남편을 북돋아주거나 구슬리기도 하고, 심지어 협박까지 하는 멘토 역할을 해낸다. 남편 온달수도 그녀의 이런 내조를 흔쾌히 받아들이고 따르며 의지한다. 천지애의 이런 멘토적 활약은 전통적인 유교 양반 사회에서 아내가 남편보다 2~4살 연상이었으며 남편에게 조언자 역할을 했던 사대부 가문의 현모양처형 여성과 상당 부분 오버랩된다.

특히 <내조의 여왕>에서는 부부의 정서적 교감을 기초로 하는 내조에 주목하고 있다. 결혼이 부부 공동의 이익을 목표로 하는 파트너십이긴 하지만, 서로에 대한 이해와 소통이 전제하지 않는 내조가 얼마나 허망한 것인지 양봉순의 경우를 들어 보여준다.

드라마 초반 양봉순이 남편의 출세와 성공을 위해 고군분투하며 남편을 내조하는 장면은 감탄을 자아낼 정도로 완벽하다. 그러나 그녀의 눈물겨운 희생적 내조는 남편의 사랑을 받기 위한 처절한 몸부림이었으며, 그녀가 남편을 얻기 위해 한 거짓말에 배신감을 느껴 남편이 집을 나가자 오랜 내조의 공이 순간에 무너진다. 그녀가 심한 스트레스로 얻은 뇌혈관확장증이라는 병으로 수술을 받게 되자 그제서야 남편은 조강지처의 소중함을 깨달으면서 다행히 해피앤딩으로 끝나지만, 자신이 전부를 바쳐 내조를 했음에도 단지 거짓말 하나 때문에 모든 공로를 깡그리 무시하는 남편에게 느꼈던 양봉순의 배신감과 허탈감은 이해와 소통을 기반으로 하지 않는 내조가 얼마나 공허한지를 역으로 보여준다.

이에 비해 천지애와 온달수는 정서적인 교감과 유대가 매우 강하고 끈끈하다. 물론 남편의 성공이 곧 공동의 이익이라는 기본 목표는 동일하다고 해도 양봉순의 경우와 그 내용과 방식이 다르다.

양봉순은 처절할 정도로 남편 위주로 살고 있지만 정작 자신을 잘 표현하지 못하고 남편과도 잘 소통하지 못한다. 겉모습은 화려하고 처세에 능한 것처럼 보이지만 사실은 자신의 눈물겨운 희생만이 부부를 이어주는 끈이라고 생각하는 피학적 여성상에서 한 치도 나아가지 못하고 있으며, 이 심리적 억압상태는 결국 신경증적 질병으로 나타나고 만다.

그러나 천지애는 자신의 감정이나 생각을 자유롭고 거리낌 없이 표현한다. 남편이 연하라는 이유도 있지만 좀 너무하다 싶을 정도로 편하고 솔직하게 대한다. 그러나 이를 잘 살펴보면 남편을 막 대한다기보다는 남편을 가장 잘 알고 이해하고 있으며 굳이 잘 보일 필요도, 감출 일도 없는 깊고 오래된 교감에서 나온 것임을 알 수 있다.

온달수가 성공을 위해 김 이사와 동조하여 모략을 꾸며 성공을 하려 하자 천지애는 이혼 직전인데도 눈물로 만류하고, 위기 직전에 메시지를 보내 온달수에 대한 신뢰감을 끝까지 놓지 않자 온달수가 자신의 옳지 않은 선택을 포기하는 장면은 서로 간의 이해와 소통을 바탕으로 한 부부의 내면적 유대가 얼마나 중요한가를 보여준다 하겠다.

신현모양처의 탄생

<내조의 여왕>도 여느 드라마처럼 배우자의 외도를 다루고 있다. 결혼이 두 남녀의 사랑을 조건으로 성립하듯이, 역으로 그 사랑이 위기에 봉착했을 때 결혼은 무너질 수밖에 없다. 실제에 비해 TV 드라마에서 배우자의 외도와 이혼이 너무 쉽게 이루어진다는 비판도 있지만 예전에 비해 부부간의 성도덕이 흔들리는 것은 부인할 수 없는 사실이다.

<내조의 여왕>은 대담한 수위로 부부간의 성도덕을 다루고 있다. 우선 두 커플, 네 남녀 간의 엇갈린 애정 구도이기 때문에 표면적으로 부부 스와핑의 가능성을 암시하고 있다. 또한 바람둥이 허태준이 정략결혼이라는 핑계로 섹스리스 부부로 살며 여러 여자를 번갈아 가며 아내를 방치해두자, 이에 아내 은소현이 아무나 하고 맞바람을 피우겠다고 선언하는 데서도 부부간 성도덕의 현주소를 엿볼 수 있다.

은소현과 허태준이 상당히 노골적으로 자신의 감정을 표출하는 반면, 온달수와 천지애는 그들의 애정 공세에 미온적인 태도를 보인다. 유부녀 천지애에게 재벌 2세이며 매력적인 허태준이 품는 연정은, 한 번쯤 이혼을 꿈꾸는 기혼 여성에게 또다시 신데렐라적 장치를 이용하여 재혼에 대한 판타지를 충족시키고 있다는 데서 비판을 받을 수도 있다. 그러나 천지애가

요즘 드라마에서 여자 주인공이 취하는 자유로운 태도와는 상반된 선택을 하는 데서 그 의외성이 눈에 띤다.

허태준의 아버지 장례식장에서 천지애가 그에게 "설레거나 남자로 본 적이 없다"고 밝히는 장면에서 일부 여성들은 아쉬움을 느꼈을지도 모르지만, 오히려 쾌감을 느꼈을 주부가 더 많지 않았나 한다. 만약 천지애가 조금이나마 허태준에게 끌렸거나 흔들리는 모습을 보였다면 이 드라마에 대한 주부들의 열광은 반감되었을 것이다.

드라마에서 허태준의 대사처럼 연애와 바람을 이분할 만큼 현재 우리 사회의 부부간의 성도덕이 얼마나 자유롭고 관용적이 되었는지는 모르지만 사랑과 성, 이 두 가지 모두를 지키는 것은 여전히 아름다운 가치이며 미덕이다. 성도덕이 땅에 떨어지고 불륜이 게임처럼 쉽고 간단하게 이루어지고 있다고 해도, 드라마에서 유부녀인 천지애가 일방적인 애정을 보이는 남자와 그 흔한 손 한 번 잡지 않으면서 자신의 순결을 지켜나가는 모습은 주부들의 깊은 공감을 이끌어냈을 뿐만 아니라 더 나아가 21세기 신현모양처의 한 단면을 제시했다고 볼 수 있다.

KBS 시사 프로그램의 연성화 경향에 대하여

정재원

1. 신뢰받는 방송 KBS의 위기

2008년 이명박 정부의 출범 이후 미디어 환경도 여러 가지 변화를 겪고 있다. 신문 방송 겸영을 허용하는 「미디어법」 논의가 시작되어 국회에서 격론을 거치고 연기된 바 있으며, KBS, YTN 등에서는 이른바 낙하산 인사 논란이 제기되며 사회적인 파문을 일으킨 바 있다.

문제의식은 이런 외적인 상황 변화와 시사 보도 프로그램의 보도 방향은 독립적으로 존재해야 하는데, 이런 상황과 조건들이 서로 얽혀 영향을 주고 있다는 데서 출발한다. 대표적인 예가 이미 여러 차례 논란을 빚은 바 있는 KBS 보도의 연성화 경향이다. KBS의 9시 뉴스는 방송 3사 가운데 가장 높은 시청률을 자랑해왔고, KBS 또한 모든 신문, 방송 매체 가운데 2008년까지 가장 높은 신뢰도를 유지해왔다. 대표적으로 국민의 사랑을 받아왔던 신뢰성 있는 매체 KBS는 지난 노무현 대통령 서거 정국 때 9시 뉴스 시청률에서 MBC에 밀렸고, KBS 취재기자가 봉하마을에서 시민들에게 둘러싸여 봉변을 당하는 등 위기를 나타내는 여러 가지 징후를 보여왔다.

이명박 정부 들어 친이명박 성향의 이병순 씨가 사장으로 취임한 이후 KBS의 보도물들은 이미 여러 차례 논란을 겪었다. 타종 행사 때 시위하는 시민들의 음성을 효과음으로 가린 것, 최근 노무현 대통령 추모식 때 추모식의 분위기를 제대로 전달하지 않은 것 등이 여론의 지탄을 받았다. 여기에 더해, 지금은 없어진 프로그램인 <미디어 포커스> 제작진은 정권 비판적 내용을 빼라는 압력을 받았고, 작년 촛불시위 자료화면에서는 '이명박 아웃' 손팻말이 다른 화면으로 대체되기도 했다.[1] 이 글에서는 KBS에서 제작한 보도물의 정권 비판적 내용의 순치, 연성화 경향이 KBS를 대표하는 심층 취재 시사 프로그램에도 나타나고 있는지 확인해보고자 한다.

2. 분석의 대상과 비교 기준

논의를 구체화하기 위해 근래 사회적으로 폭넓은 논쟁을 불러일으킨 세 가지 소재들을 선택하여 이 사안에 대한 KBS의 시사 프로그램 제작 경향을 살펴보고자 한다. 검토 시기는 KBS에 이병순 사장이 취임한 2008년 8월 27일에서 약 한 달여 후인 2008년 10월에서 2009년 4월까지이다. 이병순 사장의 취임 이후 KBS 내부에 일어난 변화가 충분히 일선 제작에 반영될 수 있을 만한 시간을 한 달 정도로 설정한 것이다. 또한 KBS와 같이 공적 소유구조를 가진 MBC에서 제작한, 같은 소재의 시사 프로그램과의 비교를 통해 KBS 시사 프로그램의 연성화 경향을 살펴보고자 한다.

시사 프로그램들은 보통 두 가지 기준에 따라 분류할 수 있다. 첫째는

---

1) "이병순 사장 취임 뒤 정권비판 보도 삭제 압력", ≪한겨레신문≫, 2008.11.11.

신속성, 둘째는 심층 취재를 통한 의제 발굴과 제기 기능이다. KBS뿐만 아니라 모든 종합 편성 방송사들은 이 두 가지 요소를 어느 정도 비율로 결합하는가에 따라 다양한 시사 프로그램들을 제작하고 있다. 신속성을 가장 중요한 기준으로 삼고 있는 방송은 물론 밤 8~9시 정도의 프라임 타임에 시작하는 메인 뉴스다. 반면에 우리가 잘 모르는 사이에 흘려 넘길 수 있는 시사적인 사안들을 포착해 심층적 취재를 거쳐 의제화하고 사회적 공론장에 이를 수렴시키는 언론의 역할을 가장 중시하는 프로그램도 있다. 이런 예로는 KBS <시사기획 쌈>, MBC <PD수첩> 등을 꼽을 수 있다. 여기에 좀 더 신속성을 담보하여, 한 시간 단위의 시사 프로그램에 약 3개 정도의 꼭지를 담는 프로그램으로는 KBS <취재파일 4321>, MBC <시사매거진 2580> 등이 있다.

이 밖에도 각 사에는 다양한 기획 의도와 형식을 가진 시사 프로그램들이 존재하나, 비슷한 제작 의도와 형식으로 만든 양 사의 대표적 시사 프로그램으로 비교의 대상을 한정하겠다.

3. 사안별 검토

세 가지 이슈를 가지고 검토해보겠다. 이슈 선택의 기준은 이명박 정부의 대응이나 정책 방향이 국민의 여론과 대립해 큰 논란을 불러일으킨 경우로 삼았다.

1) 용산참사 · 재개발 관련

KBS	MBC
〈시사기획 쌈〉 2009년 3월 31일 방송분	〈PD수첩〉 2009년 2월 10일 방송분

뉴타운의 숨은 두 얼굴, 공익사업법 78조 4항	폴리시아 의혹 : 누가 방패를 들었는가
〈취재파일 4321〉 2009년 2월 22일 방송분 재개발과 철거용역	〈PD수첩〉 2009년 2월 3일 방송분 용산 참사, 그들은 왜 망루에 올랐을까?
〈취재파일 4321〉 2009년 2월 1일 방송분 밀려나는 세입자들	〈시사매거진2580〉 2009년 2월 1일 방송분 용산참사, 그 후

용산에서 참사가 일어난 원인은 주로 경찰의 과잉한 진압과, 농성을 하던 세입자들의 과격한 시위 방식 두 갈래로 나뉜다. 다만 경찰이 충분한 시간을 가지고 안전을 확보하면서 진압을 시도했더라면 6명의 목숨을 잃는 일까지는 가지 않았을 것이라는 점에서, 여론은 경찰의 책임 쪽에 더 무게를 두고 있다.[2]

재개발이 그 지역에 정착해 살던 철거민의 삶을 위한 것이 아니라는 데는 별다른 이견이 없다. 재개발을 통해 이익을 얻는 세력이 있고, 그들의 무리한 사업 진행이 이와 비슷한 여러 번의 철거민 문제를 불러일으켰다는 것이다. 용산참사를 소재로 한 위의 프로그램들에서도 이런 점을 비슷하게 이야기하고 있다. 하지만 이런 분석은 이번 용산 참사와 관련해서는 부족한 감이 있다. 이런 분석은 재개발과 관련한 문제가 있을 때마다 늘 반복됐다. 언론은 이번 용산 참사에서 사상자가 나온 원인에 초점을 맞추고 이를 규명해야 했다.

경찰은 현장에 인화성 물질이 많다는 것을 알고서도 화재 위험에 전혀 대비하지 않았다. 설령 공무집행이라 하더라도 공권력이 국민을 위해 존재한다는 것을 기억하고 위험 가능성에 대비해야 했다. 이와 함께 불을 지르고 철거민을 위협했다는 용역업체 직원에 대해서도 이렇다 할 명확한 해명이

---

2) 사회동향연구소 여론조사, 2009.1.22. 무리한 진압을 강행한 경찰 책임이 더 크다 60%, 과격 시위를 벌인 철거민 책임이 더 크다 31%.

없다. 종종 발생하는 재개발 문제가 아닌 인명을 잃는 '참사'가 용산에서 일어날 수밖에 없었던 이유를 구분해서 살펴보면, 언론이 무엇에 초점을 두어야 하는지 알 수 있다.

<시사기획 쌈>의 2009년 3월 31일 방송분과 <취재파일 4321>의 2009년 2월 1일 방송분에서는 용산 '참사' 이전의 재개발·철거민 문제에 초점을 맞추고 있다. <취재파일 4321>의 2009년 2월 22일 방송분 '재개발과 철거용역' 편에서는 용역업체 직원들의 폭력성에 초점을 맞추고 있으나, 근본적인 문제를 살피고 있지는 않다. 중간에 김남근 변호사의 인터뷰를 통해서만 잠시 관할 경찰서와 이들의 유착 의혹을 제기하고 있을 뿐, 리포트의 대부분은 용역들의 심각한 폭력성과 그로 인한 피해를 보여주는 데 할애하고 있다. 용역들의 폭력이 심각하다는 사실은 이미 국민들이 충분히 인지하고 있다. 궁금한 것은 어떻게 이들이 경찰과 함께 움직였는가, 폭력적 행위를 거듭해도 제지받지 않았는가 하는 사실이다.

반면에 MBC <PD수첩>은 2009년 2월 3일과 2월 10일에 거쳐 용산참사를 조명하고, 경찰 및 용역업체 직원들과 관련하여 제기되는 여러 가지 의혹들을 상세하게 취재해 담아냈다.

또 하나 용산참사 관련 방송에서 놓치지 말아야 할 것은 '피해자'인 유가족 들이다. 이들은 농성자들의 과격한 시위 여부와 무관하게 어찌됐든 평생 함께해온 가족을 잃은 이들이다. 경찰의 과잉 진압 여부가 논쟁이 되고 있는 상황, 게다가 검찰이 경찰이 아닌 일부 유가족에게 용산 참사의 책임을 물어 수사를 하고 있는 상황에서는 더욱 '약자'로서 이들의 목소리를 조명해야 했다. 유가족의 입장을 전달하는 것, 그리고 공권력과 용역 폭력의 유착 실태를 알리는 것, 이것이 용산 참사와 관련해 가장 민감한 부분이었던 만큼 KBS 시사 프로그램에서는 이를 찾아보기 힘들었다.

2) 4대 강 정비사업/대운하/녹색뉴딜 정책 관련

KBS	MBC
〈시사기획 쌈〉 2009년 4월 28일 방송분 2009 낙동강 대탈출	〈PD수첩〉 2009년 1월 20일 방송분 녹색뉴딜은 희망인가?

이명박 대통령의 대선 공약이었던 한반도 대운하는 작년 촛불을 든 민심에 가로막혀 좌초하는 듯 했다. 하지만 촛불이 꺼지고 어느 정도 시간이 지나자 경인운하, 4대 강 정비사업 등 여러 가지 이름으로 대운하 구상이 다시 가시화하고 있다. 지속가능한 성장을 내걸며 추진하는 녹색뉴딜 정책의 핵심인 이 4대 강 정비사업은 이전의 한반도 대운하 구상과 많은 부분 공통점을 가지고 있다.

이것이 정말 많은 사람들의 우려처럼 난개발 공약 중의 하나로 환경만 파괴하고 별다른 경제성도 없이 끝날 것인지, 아니면 환경도 살리고 주변 지역의 일자리도 창출할 수 있는 1석 2조의 사업이 될 것인지는 아직 아무도 모른다. 문제는 이 '아무도 모른다'는 데 있다. 충분한 검증이 되지 않았다는 것이다. 녹색뉴딜 정책 중 하나인 경인운하에 대해서는 국책연구기관에서도 경제성을 두고 이견이 있었고[3] 사업 전반에 대해 제대로 된 공청회나 충분한 사회적 논의 절차도 없었다.

이명박 대통령은 2009년 경제 구상의 핵심으로 녹색뉴딜 정책을 이야기했고, 본격적인 4대 강 정비사업을 추진하고 있다. 이런 시점에서 언론은, 이 사업이 정부가 이야기하는 만큼의 성과를 가져올 것인지를 비판적으로 검토하고 이를 우리 사회의 공론장에 제기하는 작업을 해야 한다.

<시사기획 쌈> 2009년 4월 28일 방송분은 낙동강 취수원 이전을 소재

---

3) "재정부 '경인운하 경제성 없다' 내부보고서 작성", 《한겨레신문》, 2009.4.29.

로 삼고 있다. 방송을 보면 후반부에 취수원 이전과 관련하여 4대 강 정비 사업에 대한 언급이 나오기는 하나 그 근본적인 방향에 대한 검토로서는 부족한 수준이다. 반면, 녹색뉴딜 정책에 대한 이명박 대통령의 발표 후 얼마 지나지 않아 나온 <PD수첩> 2009년 1월 20일 방송분은 녹색뉴딜 정책에 대한 포괄적 접근을 시도하고 있다. 양 사 모두 꾸준한 의제 제기를 하고 있지는 않으며, 다른 시사 프로그램이나 뉴스를 통한 짧막한 리포트를 전하는 데 그쳐 아쉬운 점이 있다. 하지만 KBS의 녹색뉴딜 정책, 4대 강 정비 사업 등에 대한 태도는 일방적인 정부 정책 받아쓰기 정도에서 그치고 있으며, 이런 경향은 시사 프로그램에서도 나타난다.

3) 언론 미디어 관련

KBS	MBC
없음	〈PD수첩〉 2009년 3월 3일 방송분 직권상정이 뭐길래? 〈PD수첩〉 2008년 10월 21일 방송분 YTN, 마이크 빼앗긴 기자들 〈시사매거진 2580〉 2008년 12월 28일 방송분 묻지마 방송법 〈시사매거진 2580〉 2008년 12월 21일 방송분 재벌 방송 출현

작년부터 이명박 정부와 한나라당은 언론, 미디어 환경과 관련한 여러 가지 법안들을 개정하거나 입안할 것을 시사해왔다. 이 과정에서 MBC, KBS2 등의 민영화가 이슈화되었고, 기존 거대 신문사의 종합편성 채널 진출이 문제가 되기도 했다. 일자리 창출을 위해 기존 방송시장에 거대 산업 자본의 진입을 허용하겠다는 정책은 경제적 실익이 없는 '재벌 방송'

탄생 가능성이 점쳐지기도 했다. 이런 언론 관계법 문제뿐만 아니라, 이명박 정부 들어 단행된 YTN, KBS의 사장 인사에서는 친이명박 성향의 인물이 임명되어 '낙하산 인사' 논란을 낳았다.

지금 이 글에서 중심에 두고 있는 KBS뿐만 아니라 MBC, YTN 등 유수 언론사들이 이런 언론 관계법의 개정과 인사 문제 등을 겪고 있다. 문제는 이처럼 자신들과 직접적인 연관이 있는 사안을 다루는 태도가 방송사마다 사뭇 다르다는 데 있다.

작년 8월 말 이병순 사장의 임명 이후, 논란이 계속되고 있는 올해 여름에 이르기까지 KBS는 정부의 입장을 전달하는 뉴스 리포트를 제외하고는 거의 침묵으로 일관했다. 온 사회에서 YTN 기자들의 투쟁이 이슈화되었을 때에도 이에 대한 별다른 언급이 없었으며, 「미디어법」이 논란이 되었을 때 KBS2 민영화 등이 이슈로 떠올랐음에도 별다른 공을 들여 이를 반박하는 취재 프로그램을 제작하지 않았다.

KBS에 재직 중인 언론인들의 직접적인 이해가 걸려 있고, 사회적으로 언론 관계법의 개정에 대한 우려의 목소리가 높은 상황이었음을 고려해보면, KBS가 대표적인 시사 프로그램을 통해 논의에 참여하지 않았다는 것은 그리 자연스러운 상황이 아니다.

반면 MBC는 <시사매거진 2580> 2008년 12월 21일 방송분에서 거대 산업 자본이 미디어를 소유하게 될 경우 발생할 위험성에 대해 심도 있게 검토했고, <시사매거진 2580> 2008년 12월 28일 방송분에서는 사회적으로 중요한 변화를 불러일으킬 수 있는 언론 관계법이 졸속으로 추진되고 있는 현실을 비판했다. <PD수첩> 또한 사회적 합의 없이 한나라당이 무리하게 언론 관계법을 밀어붙이려고 하는 현실을 고발했고, '낙하산 인사'에 반대하는 YTN 기자들의 입장을 알려 여론의 균형을 맞추고자 했다.

4. 마무리하며

앞서 살펴본 사안들뿐 아니라 인권위 축소 문제, 교과서 개편 문제, 사이버 모욕죄, 집시법 개정 등 지난 기간 사회적으로 폭넓은 논란을 불러일으킨 문제와 관련해서도 KBS는 정권과 민감한 충돌 지점이 내포되어 있을 경우 상당 부분 함구했다. 리포트를 하더라도 입장을 담기보다 단순한 사실 전달에 그쳤다. 이미 여론이 정권 비판적으로 기울어져 있는 사안의 경우 아예 의제 자체를 회피함으로써 외면하기도 하고, 외면할 수 없는 경우 '형식적 다양성', '기계적 균형'을 앞세워 정부의 입장을 전달하는 데 상당한 공간을 열어주기도 했다.

신뢰도 1위인 KBS가 이런 지경으로 추락하게 된 데에는 무엇보다 친정권의 낙하산 인사와 뒤이은 자기 사람 심기가 가장 큰 원인이라고 할 수 있을 것이다.[4] 특정 정치적 성향이 그 직후 제작되는 모든 방송에서 나타나고 있으며, 일각에서 "다소 좌편향이다"라는 비판을 받아온 정연주 사장 이후 보여지는 변화이기에 더욱 그것이 확연하게 드러나고 있다.

무언가 변화가 필요한 시점이다. 최근 KBS 기자와 PD들 사이에서도 이런 자성의 분위기가 일어나고 있다고 한다. 보도본부장과 보도국장에 대한 불신임 투표도 있었고, 높은 참여율과 압도적인 찬성율로 가결되어 그동안 KBS의 신뢰를 만들어온 구성원들이 순치되지 않았음을 외부에 보여주었다. 아래로부터의 변화를 통해 본래 KBS의 건전한 모습을 되찾을 수 있기를 기대한다.

---

4) "'언론장악 논의' 파문 윤명식PD …… KBS, 외주제작국장으로 발탁", 《경향신문》, 2008.12.30.

위원석에게서 얻은 열등감, 신요섭이 들어내다
EBS-TV <공부의 달인>

류지원

"공정택 서울시교육감 항소심도 무효형, 자율·경쟁 중시 교육정책 중대
기로……."

어제(6월 10일 수요일) TOP 10에 들었던 뉴스다. 하루도 빠짐없이 교육관
련 정책이 나오고 찬반이 엇갈리고, 대학교수들은 그 틈에서 시국선언을
하고, 선생님들은 교육청 앞에서 시위를 하고, 학원전단지가 신문에 꽂혀
집에 들어오고, 친구들은 과탐 보습학원에 등록을 하고, 학교 교무실엔
5월 모의고사 등수가 사진과 함께 나란히 붙고, 교무실에 슬쩍 갔다 온
아이들은 말이 없다.

2009년 대한민국에서 인문계 고등학교 2학년으로 살아간다는 것은 잘
알지도 못하는 수많은 사람들에게 비교당하고 가까운 사람들을 미워하게
되고 이렇게 저렇게 쌓아올리던 꿈을 하루에도 수없이 포기하고 결심하고
절망을 되새기는 하여튼 이상하고 서글픈 삶이다.

위원석을 만나다

2009년 2월부터 EBS에서 방송되고 있는 <공부의 달인>은 전국 최상위권의 중·고생 및 대학신입생 등 공부 달인들의 생활을 밀착취재해 구체적인 공부법과 최고 수준에 오르기까지 고된 노력의 과정을 소개하는 미니다큐멘터리형식의 시리즈물로 매주 화요일 밤(10:40~11:10)에 30분간 방송된다.

2월 24일에 방송된 서울대 의예과 정시모집 수석합격생 위원석의 '한 번의 결심이 성적을 바꾸다' 편에선 시청 내내 부러움과 질시와 그리고 스스로의 한계를 다시 한 번 느끼게 만드는 불편한 30분이었다.

광주 동성고등학교 졸업식장, 교장 선생님의 흡족한 표정과 칭찬 속에서 위원석은 최우수졸업생 상을 받는다. 그리고 그가 서울대 의예과 정시모집 수석합격생이고 일본 도쿄대 물리학과 합격생이며 한일국비유학생 선발시험 합격생이라는 내용이 나오면서 채널을 다른 곳으로 돌리고 싶어졌다. 그의 일상이 카메라 속으로 들어오고 부모님들의 인터뷰에선 아들에 대한 자부심이 묻어나고 그의 침대 머리맡에 놓여 있는 일본대학 수학교재에선 넘보지 못할 아우라가 느껴진다. 대부분의 고등학생들이 한글판 수학 교재 앞에서 좌절하고 있을 때 그는 일본대학의 수학교재로 스스로 공부하며 물리학 교재를 막힘없이 읽어내려 간다. 카메라를 바라보며 하품을 하고 체력이 약해 학교에서 돌아와선 침대에 누워 공부를 한다는 지극히 평범한 내용에서도 내 자신과 비교하게 되고 스스로를 비하시키기에 충분하다.

이쯤에서 또 다른 한 가지가 궁금해오기 시작한다. 그의 배경은 어떨까 하는 것. 카메라 속 그의 집은 넓은 거실, 있어 보이는 소파……. 그러면 이런 아들을 만들 수 있는 부모님은 어떤 직업을 가졌을까 대한민국 최고의 대학이라는 서울대 신입생의 학부모 70%가 전문직 종사자라는 사실은 대한민국에 살고 있는 귀 달린 사람이라면 누구나가 알고 있는 사실이다. 부모님의 인터뷰에선 성명과 연령만 간단한 자막형식으로 표시될 뿐 어떤 구체적인 내용은 없다. 그러나 부모님이 화면에 비칠 때마다 궁금하다. 숨은 그림 찾기를 하듯이 화면 속에서 하나의 단서를 찾는다. 어머니는 흰 가운을 입고 두꺼운 영어원서로 가득 차 있는 책꽂이 앞에서 그의 중학생 시절을 이야기한다. 역시나 맞구나. 그래 그는 IQ 150은 될 것 같은 수학과 물리 천재이면서 의사인 어머니를 둔 세상에 부러울 것이 없는 그런 사람이었어…….

이렇게 되기까지 그의 노력과 학원에서 수학을 가르치는 그의 진지하고도 선한 모습, 서울대와 도쿄대 두 곳 중 한곳을 선택해야 하는 갈등이 있었지만, 그것을 눌러버리는 그가 가진 너무 많은 것들 앞에서 부러움만이 가득했다.

교사·부모·친구의 취재를 통해 구체적인 공부방법을 찾아내고 분석해 실질적이며 응용 가능한 공부방법을 전달하여 공부 의욕을 고취시키겠다는 제작진의 의도와 상관없이 열등감을 느끼게 한 내용이었다.

신요섭에게 위안을 얻다

3월 3일 화요일 밤, 지난주 위원석에게 받았던 열등감의 강펀치를 원광대 의예과 신입생인 신요섭의 '선생님이 되어라!' 편을 시청하면서 회복과 가능성을 얻었다.

카메라가 찾아간 신요섭의 작은 방 침대는 눈에 익숙하며 그의 옷차림이나 그 밖의 모습 또한 너무나 친숙하다. 그를 깨우는 어머니의 모습은 바로 우리들의 어머니가 아닐까. 너무나 일반적이고 평범하다.

졸업식 시즌이었기 때문인지 지난주와 이번 주 모두 졸업식장을 찾아갔다. 공주 한일고의 들뜬 졸업식장과 교실 분위기, 친구들과의 친숙한 모습과 동아리 활동을 했던 밴드 후배들이 전하는 그의 학교생활, 그를 지도했던 선생님들은 인터뷰에서 그의 공부 능력에 대한 언급보다는 공주 한일고를 이야기하고 싶어 하셨으며, 공부 이외의 그의 여러 가지 활동에 대해 칭찬일색이었다. 이 모든 것들 속에서 신요섭, 그가 <공부의 달인>에 알맞은 주인공인가라는 의구심이 들기 시작한다.

공주 한일고는 자립형사립고로 교문에 걸린 플랜카드만 봐도 그가 진학한 원광대 의예과는 중심에 설 수 있는 위치의 대학이 아니다. 서울대 입학생 숫자가 그러하며, 지방의대의 수석합격생들 이름도 쉽게 찾을 수 있다. 카메라에 비친 그의 집은 평범한 서민형 아파트이며, 고등학생인 여동생에게 생물과목을 과외해주는 그의 모습은 웃음을 자아낸다. 지난주에 방송된 위원석의 영향도 있겠지만 대부분의 사람들에게 <공부의 달인>에 나오는 주인공은 이러저러해야 한다는 전형이 생겨나고 있을 즈음 그의 등장은 고개를 갸우뚱하게 만든다. 프로그램이 진행되는 내내 그는 평범하다 못해 외국어영역 8등급이라는 최악의 카드까지 가지고 있었다. 이런 그에게서 희망과 용기를 찾는다면 남의 불행을 자기위안으로 삼는 인간의 간사함일까.

동생에게 과학탐구영역을 가르치는 그의 교습방법은 암기해야 될 모든 내용을 노래로 만들고 노래를 부르면서 공부하는 것이었다. 정말 즐겁고 맹랑한 공부다. 과탐 영역에서 오답노트를 활용하는 방법은 실질적이며 응용 가능한 공부방법으로 당장이라도 적용시켜보고 싶은 방법이다. 외국어영역 8등급에서 2등급으로 올리는 노력의 과정과 방법, 선생님이 되어 언어문제를 출제하면서 그가 느끼고 얻은 점 등이 공부방법의 롤 모델이 되어준다.

'선생님이 되어라!' 방송 내내 이렇게 공부해보자는 새로운 계획이 세워지고 꿈을 이루기 위해 아직도 희망이 있다는 생각에 텔레비전을 끄고 나서 할 일이 많아졌다. 그리고 신요섭에 대한 한 가지 확신이 생겨났다. 그는 훌륭한 의사가 될 수 있을 것이라는 것, 아니 최소한 원광대 의예과에 진학하면 모두가 힘들다는 의대공부를 재미있게 할 수 있을 것이라는 확신을 그의 모든 행동에서 찾을 수 있었다.

눈높이를 맞춰라

'한 번의 결심이 성적을 바꾸다'와 '선생님이 되어라!'의 두 주인공 위원석과 신요섭 두 사람 중 누가 공부의 달인일까? 이것은 우문일 수도 있다. <공부의 달인>을 시청한 사람들마다 다른 답이 나올 수 있기 때문이다.

사람들 모두는 자기만의 눈높이를 가지고 있으며, 그 눈높이만큼 받아들이고 자기 것으로 만들려고 한다. 이는 대부분의 사람들이 자신은 평범하고 중간(?)이라고 말하는 것을 봐도 알 수 있다.

위원석은 평범한 사람들에게선 찾아볼 수 없는 너무나 많은 것들을 가지고 있다. 부러움의 대상일 뿐, 위원석의 공부방법을 응용해보고 싶다는 생각은 쉽게 할 수가 없다. 그도 많은 노력을 통해 지금의 그 자리에 우뚝 설 수 있었겠지만, 그의 그런 공부방법을 따라한다고 해도 위원석처럼 될 수 없다는 것을 누구나 알 수 있기 때문에 그의 노력은 배경 속에 숨어버린다. 반면 신요섭은 우리 자신이다. 저렇게 하면 저 정도는 될 수 있겠다라는 자신감을 주고 그처럼 행동하게 만든다.

프로그램을 제작하는 사람들에겐 눈높이 문제가 항상 따라다닐 것으로 생각된다. 시청자의 계층은 천차만별이다. 한 학급 36명 속에서도 수많은 계층이 생긴다. 하물며 전 국민을 대상으로 하는 지상파 텔레비전 프로그램은 어떤 눈높이에 맞춰야 할까. 답은 하나가 아닐까. 그것은 시청자들이 편한 자세에서 볼 수 있는 위치를 찾아내는 것이라고 생각된다. 천재의 등장이 아니라 우리들 속에서 노력으로 일궈낸 작은 것들이 '발전'이라는 모습으로 비춰질 때 우리들은 희망을 찾고 노력도 시작되기 때문이다.

EBS-TV는 상업 방송이 난무하는 현실 속에서 방송이 나아가야 할 방향을 제시하는 유일한 방송이다. <공부의 달인>은 하루하루를 힘들게 보내고 있는 대한민국의 중·고생들에게 스스로를 돌아보며 시청할 수 있는 프로그램이며 방송시간대도 알맞다고 생각된다. 주인공을 선택할 때 좀 더 낮은 자세로 시청자들을 한 번 더 생각해보는 배려만 있으면 중·고생이 없어지는 그날까지 가능한 방송이 되지 않을까.

대세는 리얼 버라이어티?!
SBS <패밀리가 떴다> vs. KBS <1박 2일> vs. MBC <무한도전>

노효선

만장일치(滿場一致) 리얼 버라이어티

2006년에 리얼 버라이어티를 처음으로 선보인 <무한도전>을 시작으로 우리는 리얼 버라이어티라는 단어를 각종 쇼 프로그램, 버라이어티 프로그램에서 들어왔다. 과연 리얼 버라이어티는 무엇일까? 이는 리얼(real)과 버라이어티(variety)가 합쳐진 말로 각본이 거의 쓰여 있지 않고 실제 상황을 그대로 보여주는 버라이어티 쇼를 일컫는다. 지상파뿐 아니라 케이블 등에서도 다양한 리얼 버라이어티 쇼를 선보이고 있다. 그 중에서 가장 선두를 달리고 있는 지상파 방송의 프로그램들은 SBS <패밀리가 떴다>, KBS <1박 2일>, MBC <무한도전>이다. 2006년 <무한도전>을 시작으로 2007년 8월 <1박 2일>, 2008년 6월 <패밀리가 떴다>까지 이어져 왔다. 그리고 이 3개의 프로그램은 동시간대 시청률 1위를 매번 고수하고 있는 국민적인 프로그램이라고 할 수 있다. 나도 마찬가지로 3개의 리얼 버라이어티 쇼를 모두 좋아한다. 리얼 버라이어티 프로그램은 우리 가족 모두가 유일하게 좋아하는 프로그램이라 주말마다 함께 시청하고 있다. 또 학교에서도 친구들과 방송 장면에 대해 이야기를 나눈다.

신선한 충격! 참신한 시작

처음 <무한도전> 또는 무모한 도전을 봤을 때, 정말로 신선했다. 무한하게 무모한 도전을 하는 것이다. 인간과 전철의 달리기 경기, 카레이싱하기, 스턴트하기 등 5~6명의 전 국민적으로 알려진 허약한 체질의 사람들이 하기에는 엄청난 무리라고 생각이 되었다. 그러나 해를 거듭할수록 <무한도전>은 MC와 스타일을 계속 바꾸기 시작했다. 처음에는 정말 무모한 도전을 했고, 그 뒤에는 유명 스포츠 선수나 연예인과 함께 경기를 했으며 최근에는 각자 다른 미션을 수행하는 등 변화를 거듭해왔다. 특히 5월 30일 방송에서 6명의 MC(유재석, 박명수, 정준하, 정형돈, 노홍철, 전진)들이 서로 손을 묶은 뒤 함께 움직여 미션을 수행하면 하고 싶은 것을 스태프들이 무조건 들어주기로 했다. 그래서 그들은 처음으로 협력하는 모습을 보여주었는데 정말 연예인들도 하고 싶은 것이 있으면 우리들처럼 열심히 한다는 것을 알 수 있었다. 그리고 제7의 멤버라고 불리는 김태호 PD. 그는 보통 다른 버라이어티에서 사용하지 않는 자막을 사용해 '편집'이 프로그램의 또 하나의 묘미가 될 수 있다는 것을 보여주었다. 예를 들어 "형님~"을 3번 말하면 그것을 3번 쓰는 대신 ×3이라고 표현했다. 또 MC들의 말을 그대로 옮겨 적는 것이 아니라 시청자들에게 말하듯이 하는 것도 새로운 도전이었다.

<무한도전>에 이어 나온 <1박 2일>은 <무한도전>과 다른 방향의

리얼 버라이어티로 MC들이 지방 곳곳을 찾아서 돌아다니는 것이다. 그들이 여행하는 모습과 함께 한국의 여러 고장을 소개시켜준다는 것이 매우 참신했다. 그리고 야외취침, 실내취침을 결정하는 게임과 아침에 일어나서 아침밥을 먹으러 가는 장면 등 도무지 '짜고 치는 고스톱'이라고는 생각할 수 없는 모습을 보면서 웃음이 절로 나올 수밖에 없었다. 그뿐 아니라 <1박 2일>의 가장 특이한 점은 스태프들도 프로그램에 참여한다는 것이다. 가장 대표적인 예로 5월 31일 방송에서 MC들(강호동, 이수근, MC몽, 은지원, 김C, 이승기)과 스태프들이 운동경기를 벌여 야외취침과 실내취침을 정했다. 보통 스태프는 프로그램 밖에서 일을 하고 화면에 비치지 않지만, <1박 2일>에서는 모든 스태프가 새로운 멤버가 될 수 있다.

<패밀리가 떴다>는 가장 늦게 시작했지만 제일 인기가 많다. 이 프로그램은 농촌에 있는 할머니, 할아버지가 여행을 다녀오는 동안 집을 대신 봐주면서 할머니, 할아버지께서 시키신 일을 하는 것이다. 보통 농사일을 하거나 어촌에서 일을 하면서 그와 동시에 게임을 한다. 예를 들어 볏짚을 옮기거나 썰매를 타는 게임을 펼친다. 처음에는 농촌을 배경으로 하는데 얼마나 재미있을까 하면서 기대하지 않았지만, 도시에서만 지내던 연예인들이 농촌 일을 하는 모습을 통해 인간미를 볼 수 있었고 도시가 아닌 농촌에서 자란 연예인들이 농촌 일에 익숙한 새로운 모습도 볼 수 있다. 특히 아침을 하기 싫어하는 연예인들이 서로 회피하거나 아침에 비몽사몽한 그 모습은 <패밀리가 떴다>가 아니면 보기 힘든 장면이다.

공중파 3사의 대표 리얼 버라이어티 프로그램은 각자의 개성을 살리고 참신한 접근을 통해 대중들의 흥미를 끌고 있다. 여기에 재미있는 자막과 놀라운 편집기술, 연예인들의 진정한 인간미가 보태지면서 대중들은 리얼 버라이어티에 점점 빠져들고 있다.

<표 1>

무한도전	
2008.11	1달 동안 에어로빅 관련 방송
2008.1.26(기계체조) 2008.3.15(레슬링) 2008.5.24(핸드볼) 2008.8(리포터)	올림픽 관련 방송 (레슬링, 기계체조, 응원, 리포터)
2008.10.11(서울 디자인 올림픽 2008) 2009.3.28(프로젝트 런웨이)	디자이너 도전기
2008.9.20 / 2009.4.4	지. 못. 미(지켜주지 못해서 미안해)
1박 2일	
밥과 잠을 위해 매일 스태프와 벌이는 게임, 협상(매회 반복)	
패밀리가 떴다	
어촌에 가면 항상 고기잡이: ex. 권지용 편(2007.7.27), 비 편(2008.11.9), 이준기 편(2009.5.17), 추성훈 편(2009.6.7)	
나물 캐러 가기: ex. 장혁 편(2008.12.21), 차태현 편(2008.11.23), 탑 편(2009.2.8)	

아이디어 고갈, 계속되는 리플레이(replay), 고정된 이미지

항상 장점이 있으면 단점도 있듯이 리얼 버라이어티에도 한계는 존재하기 마련이다. 첫 번째로 진부하고 반복되는 이야기이다. <표 1>을 보면 더 쉽게 이해할 수 있을 것이다. 그 외에도 '친해지길 바래' 등 반복적으로 나온 코너들이 있다.

두 번째로 너무 고정된 이미지를 사용하여 새로운 패널들이 왔을 때 원래 이미지를 변화하기가 힘들어 새로움을 추구할 수가 없다는 것이다. <표 2>와 같이 리얼 버라이어티의 특징 중 하나는 각자 캐릭터를 가지고 다른 캐릭터들과 조화를 이루어가는 것이다. 그러나 문제는 패널들이 바뀌게 되면 그 균형이 깨져 시청들에게 주었던 인상과는 다른 인상을 주게

무한도전		1박 2일	
유재석	국민 MC	강호동	권력자
박명수	2인자 + 악마	이수근	잡일 하는 사람
정준하	식신	MC 몽	재주꾼 + 광대
정형돈	도니 + 無 존재	은지원	은초딩
노홍철	시끄러움	김C	無 존재 + 노숙자
전진	가장 정상	이승기	허당
패밀리가 떴다			
유재석	게임 돌이 + 덤 + 국민남매	김수로	김 계모 + 게임마왕
이효리	국민남매 + 털털함	이천희	천데렐라 + 엉성
윤종신	어르신 + 주워먹기	대성	더머 + 막내 + 실눈
박예진	달콤 살벌 + 아씨	김종국	근육맨 + 효리와 싸움+ 실눈

된다는 것이다. 그 결과 대체적으로 패널이 바뀐 후에는 시청률 하락을 보이고 있다. 예를 들어 <무한도전>에서는 하하가 입대한 뒤 전진으로 대체되었지만, 하하가 가지고 있던 이미지까지 대신할 수는 없었다. <1박 2일>도 김종민, 지상렬이 다른 멤버로 대체되면서 이미지의 변화가 있었고 따라서 그 전과 같은 시청률을 보이고 있지 않다. <패밀리가 떴다> 또한 박예진과 이천희가 박시연, 박해진으로 교체되면서 고정된 캐릭터들의 변화로 시청률이 떨어질까 하는 우려를 안고 있다.

세 번째는 스타 파워를 지나치게 사용하는 것이다. 유재석, 강호동과 같은 MC 파워를 사용하여 처음에는 인기를 얻었다. 현재 유일하게 게스트를 받는 <패밀리가 떴다>는 뜨고 있는 가수 등 연예인들을 초대함으로써 스타들의 홍보용 출연이 많고 스타 파워에만 의존하려는 것처럼 보인다. 과거 <무한도전>에서도 샤라포바, 앙리, 최지우, 이영애 등 특급 연예인과 스포츠 선수들을 초대해 순간적인 시청률을 올리려고 했다.

네 번째로는 리얼 버라이어티가 '진짜 리얼한 것인가'의 문제다. 리얼 버라이어티인 만큼 MC들의 임기응변이 가장 중요한 부분을 차지하게 된다. 지난 1월, <패밀리가 떴다>의 대본이 공개되면서 리얼 버라이어티에 대한 문제가 다시 재기되기 시작했다. 진정한 리얼 버라이어티가 존재하는지 그렇지 않은지에 대한 시청자들의 문의가 빗발쳤다고 한다. <패밀리가 떴다>뿐만 아니라 <1박 2일>의 대본에도 각 연예인들의 대사와 행동까지 쓰여 있어 논란을 일으켰다. 이 말은 시청자들이 연예인들의 실제 모습을 본 것이 아니라 작가들에 의해서 꾸며진 연예인의 모습을 보았다는 것이다. 이로써 시청자가 받는 실망감은 이루 말할 수 없다. 다섯 번째는 리얼 버라이어티의 프로그램 문제라기보다는 리얼 버라이어티를 둘러싼 편성에 문제가 있다. <패밀리가 떴다>, <1박 2일>, <무한도전>가 3개 지상파 방송의 메인 프로그램이고 가장 광고를 많이 받는 프로그램이기는 하지만 너무 띄워주기 식의 편성, 반복되는 재방송은 도리어 시청자에게 거부반응을 일으킬 수 있다. 예를 들어 <무한도전> 팀이 카메오로 <내조의 여왕>에 출연하는 등 MBC에서 밀어주고 있고, <패밀리가 떴다>도 2008년 11월 비가 출연했던 편을 3~4번 반복해 재방송했다는 지적이 나오고 있다.

진정한 버라이어티(variety) = 다양성

앞에서 말한 문제점들이 고쳐지면 가장 이상적인 리얼 버라이어티가 될 것이다. 그러기 위해서는 대형 스타만을 너무 고집하지 말고 새로운 신인 등을 기용할 필요가 있다. 예를 들어 KBS의 <천하무적 야구단>은 아주 유명한 연예인들은 없지만 그들이 만들어가는 조화로 재미를 불러일으키고 있다. 이처럼 스타 파워에만 의존하지 않고 신선한 신인들을 포함시켜 새로움을 추구하는 것이 좋다고 생각한다.

또한 리얼 버라이어티라고 해도 버라이어티인 만큼 다양성을 추구했으면 한다. 회마다 대본보다는 그 회의 분위기, 게임의 다양성을 추구하면 더욱이 독창적인 프로그램이 될 것이다. 마지막으로 연예인들의 지나치게 과한 행동은 리얼 버라이어티의 현실감을 떨어뜨리는 것 같아, 조금은 자제해주었으면 한다. 예를 들어 한 연예인만 심하게 놀리는 등의 행위, 또는 너무 한 연예인만 띄워주기 식의 방송은 도리어 눈살을 찌푸리게 만드므로 그러한 점은 자제해주었으면 한다. 다양한 에피소드와 반복되지 않는 연예인 출연, 적절한 수준의 장난은 시청자에게 더 많은 호감을 얻을 수 있을 것이다.

2009년 현재, 리얼 버라이어티는 계속된다.

리얼 버라이어티 프로그램이 남녀노소가 모두 좋아하는 프로그램으로 자리를 잡고 있는 만큼, 리얼 버라이어티는 계속될 것이다. 그러나 높은 시청률에 자만하게 되는 그 순간, 다른 새로운 리얼 버라이어티 프로그램들에게 자리를 빼앗기게 될 것이다. 처음에 시작한 <무한도전>은 <일요일 일요일 밤에>의 부속 프로그램에서 독립적으로 발전했으나, 아이디어 고갈 등 진부한 에피소드가 반복되면서 <1박 2일>, <패밀리가 떴다>등에게 밀리고 있는 추세다. 이처럼 현존하는 리얼 버라이어티가 다양화를 추구하지 않으면 새롭게 등장하는 다른 리얼 버라이어티 또는 쇼 프로그램들에게 쉽게 자리를 빼앗길 수 있다. 전 연령층이 즐길 수 있는 프로그램인

만큼 과하지 않고 편중되지 않은 스타 패널, 새로운 이미지와 에피소드를 가지고 범국민적인 장수 프로그램이 되었으면 한다.

TV, 세상과의 만남을 시도하다

신혜연

프롤로그 : TV, 세상과의 만남을 시도하다

한때 <땡전뉴스>라는 웃지 못 할 코미디극이 있었더랬다. '오늘 전두환 대통령 각하'와 '또한 이순자 여사'의 시선을 만방에 알리는 텔레스크린 역할을 하던 그것은 보는 이에게 무언가를 주입시키려고만 드는 권력의 하수인에 불과했다.

그로부터 수십 년이 지나 이는 흘러간 역사로 기록되었고 TV는 고립된 세상에서 걸어 나와 세상과의 만남을 시도하고 있다. <스타킹>과 <생활의 달인> 등 일반인들과 함께 꾸려나가는 프로그램은 셀 수 없이 많아졌고 시청자의 역할은 <가족오락관>의 방청객에서 프로그램의 중심으로 자리를 옮겨왔다. 이로써 다양한 사람들이 TV를 통해 소통할 기회를 가졌는데 여기에는 시청자와 소통하고자 하는 방송의 노력이 잘 담겨 있다. 바야흐로 TV가 만인의 미디어로 자리 잡게 된 것이다.

그러나 기뻐하기에 앞서 오늘날의 TV가 우리의 눈과 귀를 대신할 '만남의 장'으로 받아들여질 가치가 있는지는 냉철히 살펴볼 필요가 있다. 더 다양한 시선으로 시청자들에게 만족을 주고자 하는 노력은 방송매체로서 긍정적인 발전이지만 동시에 그것이 진실 되고 가치 있는 만남이었는지에 대한 성찰이 없다면 이는 '시선의 권력'을 이용한 폭력에 지나지 않기 때문이다. 진정한 세상과의 만남을 원한다면 짧은 스침이 아니라 깊은 관심으로 상대를 대할 줄 아는 '소통의 미학'이 필요하다.

1. 이웃과의 새로운 만남 <생활의 달인>

이러한 시각에서 보면 SBS에서 2005년 4월부터 방영되고 있는 <생활의 달인>(이하 <생달>)은 꽤나 인상적이다. 여기 나오는 달인들은 개그콘서트의 '김병만 달인'만큼이나 얼핏 보기에 별것 아닌 분야의 달인들이다. 꼬챙이 3개를 한방에 꽂아 문어빵을 담는다는 '문어빵의 달인'(169회), 손목 몇 번 뒤틈으로써 하루 천 개의 동그랑땡을 만든다는 '동그랑땡의 달인', 번호만으로 주소를 맞추고, 목소리만 들어도 몇 호차인지 알아맞힌다는 27살 '택시 콜센터의 달인'(167회) 등 상상을 초월할 만큼 다양한 분야의 달인들이 등장하지만 그동안 우리가 인정하던 '달인'들과는 성격이 너무나 달라 '아니, 저런 걸 가지고 달인이라고!'하는 생각이 드는 것도 사실이다.

<생달>은 이러한 사람들의 생각을 바꾸는 편집의 마술을 부린다. 화면에 담긴 달인들의 표정은 진지하고 일하는 얼굴에는 어느새 땀이 가득하다. 그들의 능력이 발휘되는 순간을 놓치지 않고 과학적 원리와 노하우를 들어 그 '기술'을 파헤치는 것은 제작진의 노하우다. "0.8mm로 무를 깎는 기술은 달인의 엄지손가락에 있다!"(롤의 달인 189회)며 느린 화면으로 보여주는 연출은 그들의 행위를 '기술'로 만들고 그 속에 담긴 땀방울을 다시금

떠올리게 한다. 보이는 것 이상을 비추는 마술이다. 달인은 특히 공장에서 많이 탄생하는데, 회색 벽 너머의 세계를 비춤으로써 그들을 기계와 다른 우리 이웃으로 느끼게 하고 그 노력과 땀방울을 인정하게 한다는 데서 이 '낯선' 만남은 진정한 만남의 의미를 갖는다.

200회를 바라보는 <생달>을 거친 달인 중에는 우리의 이웃들도 포함되어 있기 마련이다. 나 역시 의정부우체국에서 봉사활동을 해본 학생으로서 '우편집중국의 달인'으로 나와 전동차를 모는 분을 보고 '우리 동네에도 달인이 계셨구나' 하고 신기해했던 적이 있다. <생달>에 나오는 달인들은 사회적으로 대단한 인물들은 아니다. 평범하다면 평범하다고 할 수 있는 우리 주변의 이웃들인데 그들을 일터에서 잡아내는 것만으로 누구도 대체할 수 없는 달인으로 탄생시키는 것이다. 달인으로 재조명된 이웃은 낯설지만 지루하거나 나약하지 않다. 자신에 대한 자부심으로 뭉친 당당한 달인으로 존재할 뿐이다.

하루 7,500개 리코더의 불량을 체크하느라 쉴 틈 없이 눈을 돌리는 '리코더 불량 찾기 달인'(42회)은 자식들이 엄마가 달인 걸 아느냐는 PD의 질문에 "걔들이 뭘 알겠어요"라며 뻑뻑한 눈을 문지른다. 아마도 <생달>이 아니었다면 우리 또한 아무것도 몰랐을 것이다. 우리 주변에 얼마나 다양한 사람들이 있는지, 그들 각자가 얼마나 대단한 사람들인지, 물건 하나하나에 어떠한 노력들이 담겨 있는지 결코 알지 못했을 것이다. 이렇듯 <생달>은 사람들이 쉽게 지나치고 일상적으로 느끼는 만남의 소중함을 다시금 깨닫게 하면서 세상에 대한 '낯설게 보기'를 시도하고 있다.

누빔 이불을 도안도 없이 박아내는 '이불의 달인'(66회)의 설명을 듣지 않았다면 그림에 맞게 예쁘게 박아져 나온 이불이 기계의 솜씨일 수 없다는 것을 알 수 있었을까? 누빔 이불에 스며 있는 달인의 땀을 볼 수 있는 사람이 많아질수록 <생달>의 만남은 달인과 시청자 모두에게 소중한 만남으로 발전한다.

2. 설레는 길 위의 만남 <걸어서 세계 속으로>

<생달>이 우리 주변과의 만남이었다면 <걸어서 세계 속으로>(이하 <걸세>)는 제목에서 알 수 있듯 세계와의 만남이다. 2005년 11월 첫 방송을 시작한 이래 '여행자의 시각으로 보는 도시'라는 테마로 개성 있는 여행 프로그램으로서 자리를 굳혀 왔다. 주말 아침 집에서 세계 여행의 설렘을 즐길 수 있다는 점과, 아름다운 풍경과 감미로운 음악을 만끽하면서 동시에 여행정보와 세계상식까지 얻을 수 있다는 점은 전 연령층에게 여전히 사랑받는 이유 중의 하나다.

하지만 <걸세>의 진정한 가치는 색다른 만남을 시도했다는 데 있다. '여행자'의 마음으로 촬영에 임한다는 프로그램의 취지대로 <걸세>의 여행은 생동감이 넘친다. 발길 가는 대로 걷다가 길을 잘못 들거나, 거리의 예술가와 마주치거나, 현지인의 집으로 초대받아 그들의 사연을 듣는 일은 (중국 귀주성 편) 세계 여행의 긴장감을 살리면서도 인간미 넘치고 자못 감동적이기까지 한 여행의 면면을 잘 보여준다.

거리의 만남은 여행 다큐 이상의 따뜻한 체온을 불어넣는다. 관광객을 위해 보수해놓은 18세기 건축물 앞에서 서성이는 것이 아니라 21세기 그 도시만의 향기와 빛깔을 찾기 위해 사람들에게 다가는 것을 망설이지 않는 노력은 매번 재래시장을 찾는 모습에서 잘 드러난다. 과거의 형태를 간직하면서도 현재의 사람들에 의해 지속되고 있는 재래시장은 그 도시의 거의 모든 생활 속 이야기를 담고 있으니 색다름을 찾는 여행자로서도,

도시의 향기를 전하려는 PD로서도 끌리는 것이 어쩌면 당연한 일일지도 모른다. 실제로 재래시장에는 백년의 역사를 지닌 골동품에서 식사용 닭까지 없는 것 없이 진열되어 있는데, 진기한 물건들보다도 기억에 남는 것은 그곳 사람들과의 만남이다. 한국에서 좀처럼 볼 수 없는 과일을 파는 아주머니, 전통 타악기를 직접 연주하는 상인, 집안 대대로 골동품 시장에서 장사를 해왔다는 아저씨 등 각기 사연을 지닌 사람들로 북새통을 이루는 시장은 도시를 바라보는 새로운 시각으로 삼기에 손색이 없다. 알고 보면 다를 것 없지만 각자 뚜렷한 개성을 지닌 재래시장들을 구경하는 것만으로도 그 도시의 숨겨진 한 부분을 발견했다고 할 수 있다.

<걸세>는 '여행자의 시각으로 세계의 도시를 본다'는 취지에 걸맞게 방송시간 내내 도시와의 깊은 만남에 주력한다. 도시에 다가가는 가장 기본적인 방법은 그곳의 역사를 아는 것. 기나긴 세월에 걸쳐 생성된 도시의 특성상 그곳을 거쳐 간 사건들에 대해 공부하는 것은 도시를 배우는 데 필수적이다. 유럽의 경우 공원에 서 있는 동상이나 거리 이름 등에 전쟁 영웅의 자취가 남아 있고, 박물관과 미술관은 도시마다 한때 과학과 예술의 본거지였던 역사를 추억하고 있다. 카메라가 도시의 역사를 비추는 이유는 단순히 과거의 사실이어서가 아니라 현재 사람들의 생활과 생각에 역사가 스며있기 때문이다.

스웨덴 사람들은 여전히 린네를 존경하고(14개 섬들의 도시에서 삶을 디자인하다 : 스웨덴 스톡홀름 편), 오스트리아의 거리 곳곳에는 모차르트와 베토벤의 선율이 흐른다(봄, 음악, 그리고 비엔나 : 오스트리아 비엔나 편). 체 게바라의 티셔츠를 파는 쿠바의 상인에게 혁명의 그 날은 과거의 한 페이지에 머물지 않는다(매혹의 질주 : 쿠바 편).

이렇게 도시의 역사를 훑는 과정에서 만남에 대한 <걸세>만의 시각이 돋보이는데, 흔히 일컬어지는 서구식 역사뿐 아니라 원주민과 흑인 노예 등 역사 속 약자의 이야기까지 두루 담아낸다는 것이다. 아름다운 카리브 해 연안의 자메이카에는 흑인 노예들이 목숨을 건 탈출을 감행해 숨어 살던 '런어웨이 케이브'가 있다. 언덕 위에 처량하고 생뚱맞게 서 있는 그들만의 교회를 보면서 절박한 마음으로 신의 존재를 묻던 흑인들의 모습을 어렵지 않게 떠올릴 수 있다(카리브 해의 붉은 진주, 자메이카 킹스턴 편).

특히 문화에 있어서, 모차르트의 음악뿐 아니라 마오리족 원주민들 사이에 전해오는 슬픈 전설에 귀 기울이고(축복받은 자연, 여유로운 사람들: 뉴질랜드 웰링턴 편), 중국 소수민족인 묘족의 환영 행사를 따르고 춤을 함께 즐기며 그들의 문화를 배운다(중국 귀주성 편). <걸세>가 만나는 도시의 문화는, 여행자의 시각이기에 과거에 기인한 문화일 수도 있다. 시각에 따라서는 마오리족의 춤과 유럽의 식당에서 열리는 전통 춤 공연을 관람하는 것이 만남이라기보다 낯선 것에 대한 '구경'으로 보일 수도 있는데, 이 역시 문화를 향유하는 방법 중의 하나일 뿐이다. 한 도시에 오랫동안 자리 잡아온 음식을 먹고 전통 옷을 입어보는 것은 그 도시를 이해하기 위한 방법의 하나다.

<걸세>가 도시 변방에 자리 잡아온 약자의 역사를 들려주는 이유는 그들 역시 도시의 구성원이었다고 생각하기 때문이고, 이들의 역사를 살피는 것은 신선함을 추구하는 여행자의 시선과 TV를 통해 새로운 만남을 맛보고자 하는 시청자의 의도 모두를 충족시킨다. 또한 <걸세>는 과거를 그들의 역사로서 존중하고 조명할 뿐, 과거에 메여 현재와 미래를 놓치는 우를 범하지 않는다. 오히려 도시의 현지인들이 자신들의 역사와 자연환경을 어떻게 이용하는지 설명하는 것을 넘어 최근의 정치나 경제상황 역시 짧게나마 언급하는데, <걸세>가 걷는 곳은 21세기 현재의 도시이기 때문

이다. 특히 남미에서 혁명가들의 전설과 현재까지 미치는 여파를 설명하거나, 천상의 자연을 가진 작은 섬에 들어온 자본에 대해 말하는 것은 현재를 이해하려는 맥락에서 나온 결과다. 경제 상황과 관련해서는 주로 각 도시마다 그들만의 자원과 역사를 이용해 어떤 관광산업에 종사하고 있는지 다루며, 축제·음식·관광지 등의 가능성을 대신 점쳐준다.

이렇듯 각 도시의 현재와 미래에 대해 언급하는 것은 <걸세>에서 빠질 수 없는 부분인 것이다. "선조들의 문화로 먹고 산다"는 유럽이나 "오랜 시련 끝에 축구밖에 남지 않은" 남미, 아프리카의 제3세계 국가들이나 각기 모양은 다르지만 공평하게 가지고 있는 '희망'이라는 미래를 짚어낸다. <걸세>가 본 살바도르의 모습은 비록 흑인 노예의 역사와 끝없는 수탈 등 어두운 과거로 점철되었을망정 아프리카와 유럽, 남미를 융합시켜 창조한 그들만의 문화에서 진정한 예술을 느끼게 하는 아름다운 도시다. <걸세>의 이러한 순수한 도시예찬에는 그 도시에 대한 이해와 애정이 깔려 있으며 그렇기에 각 도시를 비교하는 것은 무의미하다. 단지 나긋하고 평화로운 어조로 시청자와 도시 간의 깊은 만남을 매개할 뿐이다.

교통이 발달하고 세계가 좁아지면서 TV 프로그램 또한 자연스레 세계를 배경으로 촬영하는 것이 흔한 풍경이 되었다. 웬만한 쇼 프로그램들도 여름, 겨울만 되면 해외 특집을 준비하는 것이 추세일 정도니 해외 탐방 다큐와 그 비슷한 자료들이 넘쳐나는 현실이 짐작이 갈 것이다. 그런데도 <걸세>가 고유한 영역을 가진 의미 있는 프로그램으로 자리 잡고 있는 것은 그만의 만남을 선보이기 때문이다. 앞서 살펴본 복합적인 탐구과정을 거쳐 도시의 면면을 뜯고 사람들과 부딪히는 것은 새로운 만남을 위해 거쳐야 할 수고스러운 일이지만, 시청자는 이로 인해 유익하고 흥미로운 고단백 교양 보양식 한 편을 누릴 수 있게 된다.

<걸세>는 여행 프로그램이다. 길 위는 만남으로 점철된 장소이고, 가는 곳마다 이야기로 넘쳐난다. 이를 확고한 신념에 따라 자신만의 만남을 만들어내니 그들의 카메라가 가는 곳마다 만남을 꽃피웠고, 시청자들은 한 주 간 설레는 마음으로 새로운 만남을 기다린다.

에필로그: TV는 더 이상 고립되지 않는다

안방을 차지하고 앉아 목청 높여 떠들던 독재자에서 손안의 만남의 장으로 그 역할을 옮겨온 TV는, 더 이상 현실과 유리되는 것을 거부한다. 이러한 노력의 발로로 이웃과의 만남을 재조명한 것이 <생달>이고, 세계의 도시들과 깊은 만남을 시도한 것이 <걸세>다. 물론 시청자들의 새로운 만남에 대한 욕구는 끝이 없고 진정한 만남은 긴장의 연속인 만큼 항상 완벽할 수 없다. 그래서 우리의 관심과 성찰이 더욱 필요한 것이다.

<생달>의 경우, '달인'이 상업적으로 왜곡되지 않도록 신경을 써야 한다. 요리와 관련된 달인의 경우 손님들이 맛있게 먹는 걸 찍는 건 좋지만 <맛 대 맛>을 찍으면 곤란하다. 그보다는 달인의 노력과 인간적인 면에 초점을 두고 원래의 취지를 살려야 한다. 만약 본래 취지를 잃고 장기자랑 위주의 쇼 프로그램으로 변질된다면 <스타킹>과 다를 것이 없어지는데 아이돌이 패널을 채우고 'F4 선발대회' 수상자가 달인이랍시고 나올지도 모른다. 물론 <스타킹>과 같은 프로그램도 대중성 등 다른 면에서 본다면 필요하지만, 적어도 시청률 때문에 새로운 시각의 만남을 소홀히 한다면 TV는 강력한 자기부정의 누를 범하게 되는 것임을 깨달아야 한다. 따라서 <생달>은 달인들의 땀을 통해 그들의 노력과 소중함을 느끼게 하고 감동의 울림을 주고자 했던 의도를 잊지 않아야 하며 그들이 비추는 것은 기능인

이 아닌 달인이라는 시각으로 바라본 '이웃'임을 알고 본질을 퇴색시키지 않아야 한다.

<걸세>는 '여행자'라는 비교적 일관된 시각을 가지고 있지만 몇 가지 아쉬운 점도 있는데, 첫째는 동아시아 국가들이 유난히 자주 등장한다는 것이다. 일본은 여섯 번, 중국도 (홍콩 포함) 일곱 번 방영되었으며 그 외에도 적지 않은 수가 동아시아 근방의 나라들이다. 촬영 경비와 시간, 우리나라에 미치는 영향을 고려해 방영 주기를 두더라도 소재가 겹치는 것은 시청자로 서 다소 아쉬움으로 남는다. 또한 '한국사람' 프레임을 벗어나지 못한 것이 보이는데, 한 예로 알프스 산꼭대기 마을에 사는 중년 남성에게 한국을 아느냐고 물었다가 "(내가 아는 한국에 대한 것은) 지금 손에 들고 있는 음료수 뿐이다"라는 대답을 듣는 장면을 굳이 방송에 실은 이유는 무엇이었을까. 물론 한국의 여행자로서 우리나라와 관련된 것들이 눈에 띄는 것이 인지상 정이지만 '여행자는 국적이 없다'는 점을 고려해 길 위에서 조금 더 자유로 워질 것을 주문한다.

고인 물이 썩는다는 것은 진리다. TV가 새로운 만남의 비전을 제시하지 못하고 천편일률적인 시선만을 고수한다면 시청자들의 시선을 사로잡을 수 없다. 시청자들 또한 TV에게 끊임없이 만남에 대한 성찰을 요구하지 않는다면, 앞서 말했듯 다양한 만남을 누릴 권리를 잃는 것이다. 만남은 언제나 설레고 즐거운 일이지만 진정한 만남을 위한 준비과정은 서로에게 까다롭고, 다소 부담스러운 일이다. 하지만 누군가 말했듯 용기는 두려움이 아니라 두렵지만 더 소중한 것이 있음을 아는 것이다. TV는 이제 심호흡을 마치고 더 넓은 만남과 소통의 장으로 발전할 한걸음을 내딛어야 한다.

<과학카페>와 연애하다

심혜원

내가 <과학카페>라는 프로를 처음 접한 것은 오래전이지만 인터넷에서 다시보기까지 찾아가며 볼 정도로 가까워진 것은 이공계열 쪽에 관심을 가지기 시작했을 때, 그러니까 작년 여름부터였을 것이다. 그 후 1학년 겨울방학 때는 그동안 보지 못했던 <과학카페>의 지난 방송분들을 찾아보는 일이 정말 습관처럼 몸에 배어 있었다. 처음 텔레비전에서 이 프로그램을 처음 봤을 땐 단지 무슨 프로그램인가 하는 호기심에 3분 정도 보았을 뿐 바로 손이 리모컨을 향했던 기억이 난다. 하지만 이과로 진로를 정한 지금 내 상황은 그때와는 확연히 다르다. 주말 저녁이면 예능 프로그램의 유혹을 피하기 위해 틀지 않았던 TV를 틀어 예능 프로그램이 아닌 교양, 다큐멘터리를 보면서 그것이 주는 깨달음에 즐거워하고 있는 내 모습이 때론 낯설게 느껴질 정도이다. 나에게 이제 <과학카페>는 토요일 저녁을 기다리게 만드는, 나의 지식을 쌓아주는 나의 좋은 친구이자 선생님이 되어버렸다. 그런 만큼 동시간대 방송되고 있는 <무한도전>의 인기에 빛을 발하지 못하고 있는 것이 시청자의 한 사람으로서 정말 안타까운 일이 아닐 수 없다. 그런데 어느 프로그램이든 각각의 장점이 있기 마련인데 왜 이런 현상이 나타나는 걸까? 우선 그동안 <과학카페>를 보면서 아쉬웠던 점 몇 가지를 말해볼까 한다.

　무엇보다 프로그램에 대한 홍보가 너무나 부족했다는 생각이 든다. 요즘은 예능이고 드라마이고를 떠나 많은 방송 프로그램들이 서로 광고 한 번 더 하겠다고 하는 판인데다 바로 전날 했던 방송의 재방송도 하루에 오전 오후 시간대로 나누어 기본 두 번 이상은 방송되고 있어 자연스럽게 시청자들의 눈에 익숙해지고 있다. 그러나 지금 거의 방송 3주년을 향해 달려가고 있는 <과학카페>라는 프로그램에 대해 잘 알고 있는 사람은 과연 얼마나 될까 하는 의문이 든다. 물론 지금까지 나보다도 더 많은 관심을 갖고 지속적으로 지켜보고 있는 마니아 층도 있겠지만 내 주변엔 이런 프로그램이 있는지조차 모르는 사람도 많이 있고 이름은 들어보긴 했는데 언제 어디서 방송되는지를 몰라 본 적은 없다는 사람들도 있다. 이런 사람들에게 <과학카페>라는 프로그램을 알리기 위해서는 광고도 당연히 중요한 해결책이지만 시간대 편성 자체에 대해서도 생각해볼 수 있다. 주말 저녁 7시쯤이면 이 프로그램의 주 시청자 층이 되어야 하는 십 대들은 예능 프로를 보면서 웃고 즐기며 무의미하게 시간을 보내고 있을 것이다. 하지만 그렇다고 해서 이런 십 대들의 마음을 모두 돌려놓는 것은 정말 무모하고도 힘든 일이기 때문에 아예 주말 아침 시간이라든지 평일 저녁 등 학생들의 생활을 고려해 방송시간대를 결정하는 것이 좋을 듯싶다.

　<과학카페>는 딱딱하고 지루하기만 한 다큐멘터리의 전형적인 형식에서 벗어나 조금 더 다가가기 쉽고 재밌는 내용으로 만들었다는 점에서 호감이 간다. 또 50분가량의 시간을 한 가지 내용으로만 구성하지 않고

시간을 나눠 실생활에 필요한 과학 상식을 알려주는 구성 또한 참신하고 신선하게 다가왔다. 하지만 문제는 통일성과 내용의 깊이에 있었다. 특히 정말 뜬금없다는 생각이 가장 많이 들었을 때는 '연쇄살인범을 잡는 과학'이라는 주제로 유영철 사건을 다룬 방송이었다. 내용상 아무래도 그냥 웃고 즐기며 볼 수 있는 것이 아닌 만큼 긴장하며 시청하고 있었는데 갑자기 스튜디오로 화면이 바뀌더니 앞에 무슨 방송을 했었냐는 듯 아무런 정리도 없이 당근이 건강에 좋다는 내용과 친환경 자동차에 관한 소개가 나왔다. 시청자들에게 지루함을 주지 않고 제한된 시간에 많은 것을 알려주고 싶은 의도는 이해가 가지만 뭔가 흐름이 끊어지는 듯한 느낌이 들었고 이젠 익숙해져서 어느 정도 시간이 되면 내용이 바뀌겠거니 하고 자연스럽게 넘어가지만 처음에 이런 구성을 몰랐을 때는 리모컨을 건드렸나, 방송사고인가 하고 혼자 갖가지 생각을 했던 기억이 난다.

유영철 사건에 대한 얘기가 나온 김에 몇 가지 더 말해본다면 먼저 모방범죄의 위험성을 들 수 있다. 요즘은 범죄도 지능화되어 일단 사건이 발생하면 범인을 빠른 시일 내에 검거하기란 쉽지 않다. 그렇기 때문에 한 명의 살인이 자연스레 연쇄살인으로 이어지는 것이고 방송에서는 범죄 사건을 너무나 적나라하게 다루다보니 살인 방법이라든지 사체처리 방법 등이 갈수록 교묘해져 사건이 더욱 더 미궁 속으로 빠져들게 되는 것이다. 그러다 보니 연쇄살인범 한 명을 잡기 위해서 국립과학 수사대와 프로파일러 들을 동원하는 등 경찰 측과 범죄자 간의 미묘한 심리전이 이어지게 된다. 다음으로는 소재의 선택에 대해 생각해볼 수 있다. 연쇄살인 사건 하면 모든 사람들이 쉽게 떠올리는 것이 강호순 사건과 유영철 사건이어서 그런지 여기서는 유영철 사건을 중심으로 연쇄살인 사건에 대해 다루었는데 과연 올바른 선택이었을까 싶다. 물론 요즘 세상에 강호순 사건과 같이 한번 큰일이 터지면 한동안은 그것에 대해 모든 사람들의 관심이 쏟아지기 마련이고 나 또한 평소엔 정말 살인에 대한 책만 봐도 소름이 끼칠 정도로 싫어하지만, 이런 일만큼은 무서워서 눈을 가리고 볼지라도 관심을 가지고 보게 되는 것이 사실이다. 하지만 이제쯤 잊힐 만한 사건인데다 최근에 강호순 사건 때문에 아픈 기억이 되살아나고 있을지 모르는 피해자의 유가족들에게 이 방송은 또다시 상처를 주는 일이 될 수도 있다. 다시 말해 과거의 좋지 않은 사건을 끄집어내 다룬다는 것은 단순히 이런 사건에 관한 궁금증을 풀기 위한 우리들의 이기적인 행동일지도 모른다는 것이다.

다음은 내용의 깊이에 대한 문제인데 예전부터 방송을 보고 나면 머릿속에 뚜렷이 기억되는 것이 없다는 느낌을 종종 받았었다. 아무래도 여러 가지 내용을 한꺼번에 보여주다 보니 각각의 소재에 대한 내용은 자세히 다루지 못하는 경향이 있는데, 이보다는 소재 하나를 다루더라도 좀 더 세부적인 내용까지 깊이 있게 구성하여 적어도 그 방송을 본 후에 시청자들의 머릿속에 그날 다룬 내용에 관해서는 무언가 분명하게 남는 것이 있어야 한다고 생각한다. 또한 하나의 내용에 대해 결론을 내릴 때에도 단순히 소개형식으로 하는 것보다는 예를 들어 습지 보존에 관한 이야기라고 하면 결국 우리가 습지 보존을 위해서 무엇을 어떻게 해나가야 하는가에 대한 내용, 즉 우리가 꼭 알아야 하는 근본적인 내용을 마지막에 다시 한 번 생각해보면서 정리하는 것이 좋지 않을까 하는 생각이 든다.

소재의 선택에 대해 한 가지 더 생각해본다면, 지금껏 방영된 방송분들이 다양하면서도 남녀노소 누구에게나 유익할 만한 내용들로 구성되었던 것은 사실이다. 하지만 이런 내용들이 과연 시청자들의 소재 재보를 얼마나 반영했는가 하는 것이다. 홈페이지에 있는 시청자 소재 재보라는 게시판을 보면 내가 직접 올린 것은 아니지만 마치 누군가 내 머릿속을 엿보기라도 한 듯 평소에 내가 궁금했던 것들이 많이 올라와 있다. 그렇지만 방송에 채택되지 않는 것이 대부분이다. 물론 시청자들의 의견을 하나하나 존중하여 늘 방송을 구성할 순 없다는 것은 잘 알고 있지만 그래도 어떻게 해서 또 어떤 기준으로 그 많은 의견 중에서 채택이 되는 것인지 공개적으로 보여주는 것도, 또는 투표를 통해 결정하는 것도 시청자들에게 좀 더 다가갈 수 있는 좋은 방법이라고 생각한다.

오프닝 또한 게스트를 포함한 전 출연진 또는 MC들만 나와서 시끌벅적하면서도 재밌는 입담으로 분위기를 살리며 시작하는 예능 프로들과는 달리, 가상 스튜디오에 MC인 백승주 아나운서만 혼자 나와 그 날의 메인 주제와 관련된 내용으로 오프닝을 시작하며 중간에 내용이 바뀔 때에는 또 색다른 내용에 맞게 화면이 재구성된다. 예능 프로그램의 인기가 한창 높아져가고 있는 때에, 더군다나 한 프로그램에 MC들만 여럿 나오는 프로그램들이 많은 요즘 MC 한 명, 게다가 아나운서라니 이러한 구성은 예능 프로에 익숙해져 있는 십 대들에게 특히나 딱딱하고 고리타분한 형식이라고 생각될 수 있으며 나도 십 대이기에 늘 보는 프로이지만 나에게도 이 부분은 아직은 좀 어색한 부분이다.

이런 점에서 연예인들이 아닌 실제 중·고등학생 또는 이 프로그램에 관심이 있는 사람들을 매주 몇 명씩 뽑아서 백승주 아나운서와 함께 스튜디오에서 직접 방송도 보고 간단한 질문으로 궁금증을 풀어보는 시간을 갖는 것은 어떨까. 또 체험이 가능한 내용인 경우 직접 체험도 해보고 아니면 리포터를 활용하여 현장에 직접 나가 대화도 해보고 모든 시청자들에게 간접체험의 기회를 주는 등 시청자들에게 일방적으로 지식을 전달해주는 그런 프로그램에서 벗어나 시청자와 함께할 수 있는 기회를 많이 만들어주었으면 하는 바람이 있다.

과학의 진정한 의미를 발견하고 모두가 그것에 공감할 때 비로소 과학은 우리와 함께하는 친구가 될 수 있을 것이며 현재<과학카페>는 이러한 선두주자로서 한발 앞서 많은 노력을 기울이고 있으나 앞으로 더욱 더 다양한 소재와 깊이 있는 내용으로 시청자들의 관심과 기대에 부응하며 항상 발전하는 프로그램이 되었으면 한다. 이와 더불어 과학이라는 분야가 전 세계적으로 더 많이 확대되어, 현재 많은 사람들의 인식 속에 자리 잡고 있는 '과학은 단순히 어렵고 힘들다'는 등의 편견을 과학은 우리와 가까이 있고 친근하며 우리에게 도움이 되고 우리에게 정말 필요한 존재라는 인식으로 바꿀 수 있었으면 좋겠다.

지금도 나는 <과학카페>와 함께 그들이 이끄는 세상 속으로의 긴 여행을 하고 있는 중이다.

"여자, 섬 밖으로 나오다"
SBS <달콤한 나의 도시>와 KBS2 <엄마가 뿔났다>

강보라

존재를 인식하는 방법에는 여러 가지가 있다. 내부를 통해서 외부로 이르는 방법이 있는가 하면, 거꾸로 외부에서 출발해 내부에 다다르는 방법도 있다. 그러나 그 단계에 앞서 선행되어야 할 것이 하나 있다. 그는 바로 내부와 외부, 즉 안과 밖을 구분하는 일이다. 이전까지 '하나의 통일된 것'으로 알고 있던 시공간을 분리할 수 있는 무언가로 인지하게 된다면, 그는 바로 존재를 파악해가는 훌륭한 첫 발걸음이 된다. 당연했던 것이 더 이상 당연하지 않음을, 자연스러운 것이 어떻게 보면 부자연스러울 수 있음을 깨닫는 것은 불온한 만큼 값진 속내를 가지고 있다.

1879년 코펜하겐의 한 무대에서 '노라'는 처음으로 세상과 마주했다. 자신이 단순히 남편의 '인형'으로 살아왔음을 깨닫고, 그 '인형의 집'에서 탈출을 감행했다. 꼭 4년 후인 1883년 노르망디의 '잔'에게도 변화가 찾아왔다. 아름답고 선한 장면들로만 가득찰 것 같았던 자신의 삶에 남편과 아들로 인한 고통이 잇따르자, 그녀는 '여자의 일생'에 절망한다. 이로부터 약 130년 후의 한국에서도 별반 다르지 않은 풍경이 연출된다. 자신에게 '방학'을 또는 '방황'을 허락하는 여자들. 바로 '김한자'와 '오은수'가 여기 있다. 그리고 그들은 더 이상 관계 안에서의 여성이 아닌, 독자적인 존재로서 자신을 구체화하기에 이른다. 늘 안에서만 보던 내가 아닌, 밖으로 나간 나를 발견한 것이다.

아내와 엄마

아내 또는 엄마라는 호칭은 여성 스스로 붙이기보다는 남편에 의해 그리고 자식에 의해 부름을 당한다. 이는 물론 여성이 가정을 꾸리게 됨과 동시에 내리는 인지된 선택이라고도 할 수 있지만, 상대의 편의성에 의거한 강요 아닌 강요일 수 있다. 갓 환갑을 넘긴 '김한자'에게는 자신의 이름보다는 '엄마', '여보', '(며늘)아기'로 불리는 일이 더 많다. 그녀조차 수십 평생 결혼생활을 영위해오면서 그에 대해 어떤 불만을 품어본 적이 없었다. 각자 문제가 조금씩 있기는 하지만, 잘 성장해준 삼남매와 후덕한 남편, 어릴 적 친구인 시누이와 친정아버지와 같은 시아버지까지 겉으로 보기엔 영락없이 행복한 대가족의 풍경이다. 그러나 문득 그녀는 '나는 뭔가'라는 생각이 들기 시작했고, 어느 시점부터는 갑자기 변한 사람처럼 굴어 주변사람들을 당황시킨다. 큰딸은 이혼남과 결혼하고, 큰아들은 가정을 꾸렸지만 제대로 자립하지 못하고, 작은 딸은 호된 시집살이를 하고 있는 와중이다. 티격태격하면서도 우애 좋은 시누이와 갈수록 아이 같아지는 남편, 그리고 뒤늦게 사랑에 빠진 시아버지까지 그녀의 손길을 필요로 하지 않는 이는 아무도 없다. 이렇게 보면 모든 것이 아내 또는 엄마로 불리는 '김한자'라는 한 여성의 존재로 인해 얼기설기 가까스로 그 관계를, 그로 인한 삶의 무게를 지탱하고 있는 건지도 모른다. 그런 상황에서 불현듯 그녀가 '방학'을 선언한다. 그저 엄마로 또는 아내로서의 자신이 아닌, 본래의 '김한자'로서의 자신을 찾고자. 책만 읽으며 평생을 살고 싶다던 소박한 소망을 간직한 채, 잠시 동안만이라도 모든 관계에서 벗어나 오롯이 자신만이 존재하는 시공간으로 이사하고 싶다는 그녀의 바람은 그렇게 '방학'으로 실행된다.

서른의 여자

한편 서른한 살의 직장인 '오은수'는 다른 방식의 탈출을 감행한다. 그녀에게 하루빨리 '엄마'와 '아내'로서의 관계를 구축할 것을 강요하는 사회에서, 정해진 시대의 타임라인대로 살아갈 것을 종용하는 관습에서의 탈출을 말이다. 그저 습관으로만 얽힌 가족 관계와 변변치 않은 연애사, 엇비슷한 고민을 안고 살아가는 친구들 사이에서 그녀의 하루하루는 숨 막힌다. 나를 위해 살아왔다고 믿었지만, 그 또한 시간의 흐름에 수동적으로 몸을 내맡긴 것일 뿐이었음에 좌절한다. 그렇다면 그녀의 자아는 어디에 있었던 것일까. 과연 있기는 한 것일까. 만약 찾고자 한다면, 어디서부터 어떻게 시작해야 하는 것일까. 스무 살 때는 근사해보이기만 했던, 그래서 더욱 아득했던 서른을 넘기고 나니 찾아온 건 안정이 아닌, 또 다른 불안이었다. 십 대 무렵에, 또 스물에 겪었던 불안의 그림자는 잠시 잊혔던 것일 뿐, 늘 그 자리에 있었던 것이다. 그리고 그 불안은 '서른의 여자'를 무차별하게 공략한다. 일에 기대보려 하지만 세상은 호락호락하지 않다. 사랑에 희망을 걸어보지만, 그녀의 남자들은 그녀보다 유약하다. 결국 그녀는 '서른'을 살아내기 위해 다시 여자로 돌아가기로 결심한다. 정형적인 틀에 자신을 끼워 맞추는 여자가 아닌, 스스로 자신의 상을 만들어가는 여자로 거듭나기로 한다. 그렇게 '오은수'는 자신을 찾아 나서기 위해 '방황'을 시작한다.

갇힌 성(性)을 열다

환갑을 넘긴 '김한자'와 서른을 넘긴 '오은수'는 하나의 같은 목표를 가지고 있다. 스스로 쌓은 성, 아니 스스로 쌓았다고 착각하게 만드는 그 성(性)을 무너뜨리는 것. 오랫동안 닫혀 있던 빗장을 풀고 '김한자'로 '오은수'로 다시 태어나는 것. 그것은 비단 살아온 삶에 대한 반성이나 후회가 아니다. 원래 있었던 것을 잠시 잊고 살았음을 깨달아가는 과정, 그것을 인정하는 과정, 다시 재발견하는 과정인 것이다. 주변인들은 자칫 그들의 '방학'과 '방황'이 관계를 와해시키고 나아가 질서를 저해한다고 여기지만, 그녀들은 오히려 조용히 타이른다. 견고하게 쌓은 블록 그 가장 중앙에 있던 조각을 하나 빼내도 괜찮아요 무너지지 않으니, 걱정 말아요 오히려 그 조각이 닳아 없어지는 게 더 무서운 거예요. 전체에 의해 스스로 갇혀 있다고 생각하면서 조금씩 마모되는 게 말이에요 혼자만 그러는 게 아니라, 주변에까지도 균열이 미칠 수 있어요, 그렇게 된다면. 그러니 걱정 말아요 내가 없어지기 전에 나를 찾으려는 것뿐이니까요.

나를 되찾아 가는 여정

KBS의 <엄마가 뿔났다>와 SBS의 <달콤한 나의 도시>는 모두 주인공 여성의 목소리를 따라가는 데 충실하다. 순종적이고 평범하게 보이는 두 여자의 반란(?)은 주변에 적잖은 파장을 불러일으키지만, 드라마는 다시 본래의 목소리를 따른다. 나이가 많은 여성에게도 젊은 여성에게도 삶이 버거운 것은 마찬가지다. 세상이 예순의 세월과 서른의 세월에 기대하는 바도 적지 않다. 그런 두 여성에게 '왜 불현듯 나를 찾아 떠나야 되느냐. 너는 그냥 여기 쭉 있었고, 그게 바로 네가 아니냐'라고 반문할지도 모르겠다. 그러나 그것은 엄밀히 말해, 외부에 의해 규정된 형상이었을 뿐이다. 물론 '김한자'와 '오은수'의 삶에도 그 부분이 어느 정도는 차지하고 있다. 그러나 분명 전체는 아니다. 문제는 이 일부의 모습을 그녀들의 전체라고 구분 짓는 선에서 시작된다. 가족이라는 제도, 사회라는 구조는 일탈하려는 여성을 강경한 어조로 저지한다. 편의성과 효율성, 그리고 당위성에 크게 문제가 발생하기 때문이다. 그런데도 두 여성은 '방학'과 '방황'을 일삼는다. 그것만이 자신의 존재를 내부에서 외부로가 아닌, 외부에서 내부로 가다듬는 길이기 때문이다. 관계를 통한 존재의 확인, 노동을 통한 능력의 인정은 그들에게 더 이상 의미를 가지지 못한다. 그 또한 시스템이라는 내부에서 완결된 룰인 까닭이다. 다른 어떤 호칭도 아닌 '김한자'와 '오은수'로만 존재할 수 있는 순간. 타인에 의해서가 아닌 자신이 스스로를 호명할 수 있는 자유. 그것은 바로 그녀들이 그토록 원하던 '나를 되찾아가는 여정'의 모습이다. 그리고 그 여정을 마칠 때쯤, 그녀들은 이름이 없이도 존재할 수 있을 것이다. 일말의 의심도 품지 않은 채.

'섬'에 살고 있는 여자가 있었다. 그 섬이 세상의 전부라고만 알았다. 선택이 아닌, 운명이라고 여겼다. 온갖 기대를 안고 섬을 갈고 닦았지만, 기대의 키만 한 결핍의 그늘이 드리워졌다. 그런데도 여자는 섬과 자신을 동일시했다. 섬의 행복이 곧 자신의 행복이고, 섬의 불행이 꼭 자신의 불행인 것 마냥 살았다. 그러나 문득 여자는 깨달았다. 자신은 섬이 아님을, 섬이 될 수 없음을. 또한 섬 밖에도 또 다른 세상이 펼쳐 있음을. 그리고 여자는 다시 자신을 '여자'라고 부르기 시작했다.

가해자와 피해자를 보는 새로운 시각
드라마 <태양의 여자>

고은지

1. <태양의 여자>의 시작

2008년 5월 28일 처음 방영해, 7월 31일 막을 내린 KBS2-TV 수목드라마
<태양의 여자>. 사랑과 욕망, 복수와 용서를 그리고 싶었다는 작가의
말처럼 이 드라마는 복수를 그리고 사랑을 말한다. 사실 세상에 존재하는
모든 드라마가 전부 사랑을 말한다. 그것을 어떻게 풀어나가느냐에 따라
드라마 제목이 달라지고 내용이 달라지는 것뿐이다. 사랑을 이야기하는
설정 중 하나로, 한국에서 유독 자주 쓰이는 것이 '혈연'이다. 단적인 예로
형제간 또는 사촌 간에 한 여자(남자)를 두고 삼각관계를 형성해나가는
이야기가 있다. 그러나 여기서 말하는 사랑은 남녀 간의 사랑만을 이야기하
는 다소 좁은 의미이며, 혈연관계도 신체적인 것에만 한정되어 있다. 그러니
까 우리는 좀 더 시야를 확장해 더 넓은 의미의 혈연과 더 큰 의미의
사랑에 관해 이야기해보려 한다. "친남매가 아닌 두 사람이 부모의 재혼으

로 만나 이루지 못할 사랑을 하는 드라마가 있었다, 자식이 없어 입양한 아이와 이후 태어난 친자식을 차별하는 부모의 이야기가 있었다"라고 많은 사람들이 이야기할 것이다. 이 외에 다양한 혈연관계가 있겠고 더 큰 범위의 사랑이 있겠지만……. 그만! 거기서 멈춰도 좋다. 왜냐하면 지금부터 말하려는 드라마 속 '혈연' 그리고 '사랑'이 이미 나와 버렸기 때문이다.

<태양의 여자>는 입양아와 친자식, 즉 법률상 혈연관계이나 피가 한 방울도 섞이지 않은 두 자매를 그린 본격 멜로드라마, 그리고 복수극이다.

2. <태양의 여자> 그 드라마 속 이야기?

피가 한 방울도 섞이지 않은 자매가 있었다. 언니는 입양아고, 언니가 입양된 후 동생이 태어났다. 동생이 태어나기 전, 언니는 양부모의 사랑을 듬뿍 받고 자랐다. 그것은 친부모에게 버림받은 상처를 지울 만큼 큰 것이었다. 그러나 동생이 태어나자 사정이 달라진다. 양부모는 동생과 자신(언니)을 차별하기 시작했다. 부모는 같은 잘못을 저질러도 동생 편에서 언니를 나무랐고, 동생에게 더 큰 애정을 보여주어 언니를 슬프게 했다. 언니는 그것을 참을 수 없었다. 동생이 태어나서 모든 일이 잘못된 것만 같았다. 언니는 동생만 없으면 그 전처럼 부모의 사랑을 한 몸에 받을 수 있고, 동생과 자신(언니)을 차별한다는 느낌도 지울 수 있을 거라 생각했다. 그래서 어느 날, 부모가 집을 비우고 동생과 단 둘이 있게 된 어떤 날, 언니는 의도적으로 동생을 잃어버린다. 동생을 서울역에 데리고 간 언니가 그의 손을 놓고 혼자 집에 오는 것이다. 그로부터 20년 후. 자매는 각기 아나운서와 퍼스널 쇼퍼라는 위치에서 서로의 얼굴을 알아보지 못하고 재회한다.

표면적으로 보면, 언니는 죄를 지은 가해자고 동생은 언니로 인해 20년 동안 부모와 생이별을 한 피해자다. 그러나 웬일인지 <태양의 여자>가 보는 이 둘의 관계가 이처럼 간단치만은 않다. 드라마는 선과 악 이분법을 넘어 누가 가해자고 피해자인지를 애매하게 규정한다. 이는 시청자를 동생인 지영의 편 못지않게 언니인 도영의 편에 서게 한 작가의 의도가 엿보이는 부분이다. 가해자를 절대적 가해자로서 보지 않으려는 새로운 시각. 이 시각의 정당성을 둘러싼 논의를 <태양의 여자>는 이야기하고 있다.

3. 도영에 대한 변명

20년 전 언니인 도영(김지수)은 동생 지영(이하나)을 의도적으로 잃어버린다. 그래서 20년 후, 도영과 재회한 지영은 언니를 미워할 수밖에 없다. 도영을 사랑한 지영에게, 지영을 버린 도영의 행동은 가늠도 못할 큰 비수가 되어 지영의 가슴을 난도질한다. 그래서 지영은 긴 시간 부모와 떨어져 살게 한 언니를 파멸시키려 한다. 그런데 여기서 한 가지 문제가 발생한다. 도영이 지영의 손을 놓은 데 대한 책임규명이다. 드라마는 "양부모가 도영을 지영과 차별하지 않았다면, 아니 도영이 친부모 아래서 온전하게 클 수 있었다면 적어도 이런 일은 발생하지 않았을 것이다"라고 말한다. 즉, 도영의 죄를 그녀에게만 국한시키려 들지 않는다. 이는 도영의 아버지가, 사장이 저지른 살인죄를 뒤집어 쓰고 도영과 헤어졌다는 사실이 밝혀지면서 타당성을 얻는다. 지영은 도영을 파멸시키는데, 도영은 자신에게 온 이 비극의 서두를 누구에게 따져 물을 수 있는가. 비록 동생과 차별하긴 했어도 30여 년, 자신을 뒷바라지한 양부모에게 물을 수 있겠는가. 더군다나 도영은 아버지에게 죄를 씌운 사장의 존재조차 모르고 있지 않은가.

이유야 어쨌든, 도영은 확실히 두 번의 잘못을 저질렀다. 첫째는 20년

전 지영을 서울역에 혼자 두고 온 것이고, 둘째는 자신을 알아보는 지영을
끝까지 모른 척 하려 한 것이다. 그러나 도영이 지영을 외면하는 이유
또한 간단치 않다. 우선, 도영은 지영을 끝까지 부인함으로써 대한민국
최고의 아나운서이자 완벽한 남자친구 준세를 둔 현 상황을 지키려 한다.
그러나 그녀가 겨우 자신의 현재를 지키려고 동생의 존재를 부정하는 것이
라면 그녀는 나쁜 악녀, 그 이상도 이하도 아니다.

　도영이 지영을 외면한 또 하나의 이유는 그녀 내면에 있다. 그것은 바로
자신의 불행을 동생까지 겪게 만든 데 대한 죄책감이다. 도영이 동생과
차별당하긴 했어도 누가 뭐래도 지영은 그녀의 동생이었다. 동생은 그녀를
곧잘 따르고 하는 짓도 귀여워 굉장히 사랑스러워했다. 그런 지영의 손을
놓아버림으로써 도영은 지영을 자신과 같은 처지인 아이로 만들었다. 지영
을 불안한 가정에서 태어나 양부모 아래서 자란 고아로 만듦으로써 도영은
그녀의 쌍둥이를 인위적으로 만들어낸 것이다. 그래서 도영이 자신과 같은
처지인 지영을 대면하려면, 그리고 인정하려면 그녀는 숨기려 했던 자신의
어둠과도 마주쳐야만 한다. 자신을 잘 나가는 아나운서, 완벽한 남자친구를
둔 이 시대 최고의 여성으로 꾸며놓았지만 사실 그것은 다 허상이다란
자각이 그녀를 무섭게 한다. '고아', '입양아'라는 트라우마에 갇혀 사는,
그래서 그녀는 여리고 가여운 여성이다. 이쯤에서 중요한 인물이 등장한다.
그는 지영과 같은 보육원 출신이자 홍콩 길거리에 쓰러져 있던 도영에게
따뜻한 보금자리를 제공한 인물, 바로 차동우다.

4. 동우의 역할

　처음에 동우는 지영, 아니 윤사월을 사랑한다. 그는 보육원에서 만난

사월을 잊지 못하고 언제까지고 그녀 곁에 있길 바란다. 그러나 사랑을 말하는 동우를 사월은 정중히 거절한다. 그래서 친구로 남기로 한 동우와 사월. 그런데 언젠가부터 동우는 사월(사실은 지영)의 언니인 도영을 사랑하기 시작한다. 도영을 사랑하는 동우의 마음은 조심스럽기만 하다. 도영에게 문자 한 통을 보낼까 말까 고민하고, 도영의 얼굴이 안 좋아 보이면 배즙 등을 대령하며 그녀를 걱정한다. 도영이 남자친구인 준세에게 가도 동우는 자신을 사랑해 달라 어째 달라 매달리지도 않는다. 그저 묵묵히 도영의 뒤에 서서 준세 다음인 자신의 차례를 기다릴 뿐이다. 그러나 이런 동우는 철옹성 같았던 도영을 움직이는 매개체다. 겉으로 보기에 그는 지영(사월)에만 "도영에 대한 복수를 멈춰라"라고 말해 지영과 지영을 지지하던 시청자들을 실망시킨다. 도영이 지영을 버렸던 사실을 알았어도 그는 도영을 탓하지 않는다. 그저 감싸줄 뿐이다. 그러나 우리는 그를, 도영에 대해 무조건적인 신뢰와 사랑을 베푸는 남자라고 비난해선 안 된다. 그는 지영이라는 거울을 보지 않으려 발버둥 치는 도영을 일으키는 존재다. 안식처다. 도영에게 동우란 버팀목이 생기자, 그토록 냉정하고 악랄하게만 보였던 도영이 변화해가는 것이다. 물론 이 변화를 동우 혼자 해냈다고 말하고 싶진 않다. 동우가 도영이 지영을 인정하는 데 하나의 '촉진제'가 되었다고 말한다면, 지나친 억측일까?

5. 마지막 회의 의미

도영이 지영을 버렸었다는 사실이 알려지자 도영은 극단적인 자살을 시도한다. 드라마의 마지막 회는 도영이 병실에 누워 의식을 찾지 못하는 상황에서 시작하고 끝난다. 도영은 마치 꿈을 꾸는 듯, 의식이 몽롱한 상태에서 그녀의 친엄마를 만난다. 친엄마는 "너 또한 사랑받는 존재다, 울지 마라 아가야"라고 말하며 도영을 다독여준다. 친엄마는 그토록 사랑에 목말라한 도영의 손을 잡으며 그녀를 어루만진다. 그 다음 도영의 또 다른 엄마 최 교수가 병원에 입원한 도영을 찾아온다. 최 교수는 생사의 기로에 선 도영의 옆에서 끝없이 오열한다. 자신의 딸을 잃게 한 도영보다 도영을 외롭게 한 자신을 탓하며 그녀는 회한의 눈물을 보인다. 또 이제는 그의 친구인 준세가 와 도영의 곁을 지킨다. 최 교수와 준세가 오는 사이에도 도영의 감긴 눈은 떠지지 않는다. 이제 꿈속에서 그녀는, 바다가 보이는 언덕에 앉아 그녀의 동생 지영을 대면하고 있다.

"지영아 노래 불러줘"

도영의 부탁을 받은 지영이 아련하게 기타 줄을 튕긴다. 복수의 대상이자 화해의 대상인 언니를 향해 동생이 부르는 「비바람이 치던 바다」는 이승에 서의 마지막 눈을 감는 도영의 잊지 못할 자장가다. 지영은 차오르는 눈물을 삼키며, 그녀의 어깨에 기대 잠든 도영을 끝내 보지 못한다. 마지막 회의 전부는 도영은 미처 몰랐지만 도영 또한 무척 사랑받는 존재였음을 알리는 데 온통 집중되어 있다. 마치 "왜 목숨을 버리고서야 깨닫는가, 도영아"라고 타이르는 듯하다가도 그렇지 않다. 그들은 "내가 그동안 너(도영)에 대한 사랑을 많이 보여주지 못했구나"라고 말하며 스스로를 책망한다. 죽음을 선택한 그녀를 나무라기에 양엄마(최 교수)와 지영 또한 의도했듯 의도하지 않았듯 그녀를 사랑에서 소외시킨 가해자이자 피해자이니까 말이다.

6. <태양의 여자>는 누구일까?

태양의 여자는 활활 타오르는 태양 같은 여자를 말하는가. 아니면 태양

뒤에 숨겨진 그만큼의 그림자를 가진 여자를 일컫는가. 이유야 어쨌든 도영=지영이라는 관계가 성립하는 한 태양의 여자는 도영이고 지영이다.

그러나 아직도 많은 사람들이 <태양의 여자>를 두고 도영의 죄를 미화시켰다, 아니다라며 갑론을박한다. 도영의 편에 섰던 나는 이렇게 생각해본다. 도영과 지영 모두 불행한 삶을 살았다. 그런데 이 두 명 중 굳이 한 명의 더 약자를 뽑자면 그녀는 바로 도영이다. 물론 지영은 언니에게서 버려져 보육원에 들어갔고 그래서 몇십 년을 부모와 떨어져 살았다. 그러나 지영은, 보육원에서 그녀의 든든한 친구인 동우를 만났고 자신을 진심으로 보살펴주는 준세와 준세 아버지를 만날 수 있었다. 그래서 작가는 지영에 비해 상대적으로 진실한 관계를 맺지 못한 도영을 옹호한 것이 아닐까. 동생의 손을 놓은 도영에게 끝없는 동정심을 불러일으키면서까지 그녀 같은 사람을 대변해주고 싶었던 것 아닐까. 혹시 그녀가 그런 죄를 저지르게 된 시초에 다른 사람들의 욕망과 혈투가 개입했을지도 모르니까. 혹은 그렇지 않다 하더라도 우리라도 그녀 옆에 있어줘야 한다는 식.

가해자가 절대적 가해자가 아니고 피해자가 절대적 피해자가 아닐 수도 있다는 새로운 시각을 제시한 드라마 <태양의 여자>. 드라마가 끝나고 1년이 흐른 지금, 1년 전 나의 수요일과 목요일을 책임졌던 그 작품을 떠올리며 이만 글을 마친다.

행복한 가문 만들기 지침서
사람을 보라!

김선주

1. 들어가는 말

SBS 주말드라마 <가문의 영광>(2008년 10월 11일~2009년 4월 19일)은 50회였던 기획에서 4회를 연장할 정도로 시청자의 많은 사랑을 받은 작품이다. 시청자가 사랑받은 작품의 대다수가 작품성과 무관한 경우가 많은 근래, <가문의 영광>의 선전은 방송 제작자와 시청자 모두에게 의미 있는 일이라고 할 수 있다.

사실 <가문의 영광>은 제목만으로, '가문'으로 시작하는 <가문의 부활>, <가문의 위기> 등 코믹 영화 시리즈를 연상시킨다. 이러한 시리즈는 가문을 고리타분하거나 희화화하는 대상으로 인식시켰다. 이러한 인식이 전반적인 가운데 방송된 <가문의 영광>은 좀 다르다. 이 작품의 목표는 '좌충우돌 하씨 종가 살리기 프로젝트'이지만 이 과정에서 가문이 희화화되지도 않고, 고리타분해지지도 않는다. 가문은 고리타분한 것이 아니라 반드시 지켜져야 하는 조건으로 여겨진다. 가문이어서 지켜져야 하는 것이 아니라 가문 안에 사람이 있기 때문에 가문이 존속되어야 한다는 것이다. 그래서 초반이 무엇보다 중요한 드라마에서 2회 전부를 전통 장례식을 보여주는 데 할애했다. 장례는 형식이 아닌 부모를 보내는 마음을 나타내는 방식이었기 때문이다. 일반적으로 호상이라고 생각하는 부모의 죽음에도 눈물을 흘리며 애절해하는 하 회장을 통해 '효'의 의미를 다시금 생각하게 한다. 그뿐 아니라 드라마 내내 상청이 마련된 방은 등장인물들이 중요한 이야기를 나누고 소통하는 공간이 된다.

보고 싶은 것을 보는 것이 아니라 해야 할 것을 제대로 포착하고 그려낸 작가정신과 진정성이 <가문의 영광>의 핵심인 것이다. 이 작품에서 그려내고 있는 진정성과 작가정신을 중심으로 이 작품을 살펴보기로 하겠다.

2. 소통하는 가족 구성원과 탈이분법

'경축, 정 아무개 씨 차녀 사시 합격' 또는 '김 아무개 씨 장남 서울댁 합격'. 겨울이 되면 우리가 흔히 볼 수 있는 현수막이다. 경상도 산골이나 서울 강남 한복판을 막론하고 걸려 있는 현수막이다. 그런데 생각해보자. 사시를 패스하거나 서울대를 합격한 그들이 우리에게 무슨 교훈이나 감동을 줄 수 있는가. 그 현수막이 걸린 목적은 오로지 우리 가족, 우리 가문이 여전히 건재함을 알리기 위한 이기일 뿐이다. 그런데도 가문에 아무런 영광을 안겨주지 못한 작아진 자신을 느끼는 사람들도 많을 것이다.

가문을 유지하기 위해서는 내부의 융합과 외부로의 세력 확장이라는 두 가지 요건이 충족되어야 한다. <가문의 영광>은 이를 잘 지적하고 있다. 먼저 살펴볼 것은 가문 구성원의 결집이다. 한 가문을 제대로 유지하기 위해서는 안으로 가문 구성원들을 결집하는 것이 중요하다. 구성원 간의 결집은 집단이 붕괴되지 않도록 하는 최선의 방지책이라 할 수 있으며, 이때 작품은 가문의 붕괴가 초래될 수도 있는 사건들을 등장시켜 가문 구성원들이 이를 얼마나 잘 해결하는지를 보여주게 된다. 가문을 다룬 드라마에서 주요 갈등은 형제, 부부, 부자, 고부 사이에서 발생한다.

그런데 이 작품에는 형제, 부자, 고부의 갈등이 없다. 심지어는 구세대와 신세대의 갈등조차 없다. 더 나아가 1대 하 회장과 4대 하동동이 가장 잘 소통하는 세대로 그려진 만큼 내부는 잘 결집되어 있다. 부부는 갈등하는 대신 이혼을 하고 새로운 배우자를 맞아들인다. 여기서 갈등이 생긴다. 그런데 이때의 갈등이 치열하게 대립하지도 않는다. 그뿐 아니라 이마저도 새로운 배우자의 등장을 반대하는 집안 어른의 반대라는 구조로 이루어지지 않는다. 예를 들면 종손의 이혼은 가문의 존립기반을 뒤흔드는 중요한 일이지만 이 작품에서는 그 마저도 개인의 선택으로 맡긴다.

대신 선택된 것이 '하 회장/이천갑'의 집안을 중심으로 한 대비 구도이다. 두 가문을 축으로 서사가 진행된다. '가문이 있는/가문 없는', '돈 없는/돈 있는', '사랑 있는/사랑 없는' 두 집안의 대비는 극적 재미를 준다. 이를 더욱 잘 나타내기 위해 하씨 종가에는 사회적으로 성공한 아들을 배치하지 않는다. 아들들은 모두 할아버지 하 회장이 운영하는 건설사에 근무할 뿐이다. 이 건설사에는 하씨 종가의 모든 남성들이 근무를 하고 있다. 그렇기 때문에 건설사의 운명이 종가 남성들의 운명으로 치환될 수 있다. 그런데 건설사가 이천갑 부자에게 넘어갈 위기에 처한다. 특히 이천갑의 아들 이강석은 냉정한 기업 사냥꾼이다. 그런 그 역시 하 회장의 손녀인 하단아를 사랑하게 되면서 오히려 가문의 입지가 단단해진다. 하 회장은 "저는 천성 이 야박한 장사치입니다"라는 이강석의 말에 오히려 그를 신뢰한다. 이강석은 하 회장이 운영하는 건설사의 위기뿐 아니라 하씨 종가 전체를 위험에 빠트릴 수 있는 인물이다.

사실 이러한 간단한 대비 구도는 많은 드라마에서 있어온 것이다. 그러나 이 드라마에서는 일반적인 대비 구도에서 벗어난 것이 있다. 바로 선과 악으로 대변되는 명확한 이분법적인 대비이다. 외연은 돈만 밝히는 수전노이지만 내면은 풍부한 감수성으로 연속극을 사랑하는 사장 이천갑. 외연은 고리타분한 양반의 모습이지만 내연은 증손자인 동동이와 만화책을 두고 싸우기도 하는 하 회장이 두 집단을 잘 대표한다. 그러면서도 이천갑 사장이나 하 회장은 돈과 가문이라는 원칙을 상실하지 않으면서 세계와 소통하는 방법을 아는 유연한 인물들이다. 하 회장의 힘으로 이강석과 하단아가 결혼에 이르게 되고, 이를 바탕으로 두 집안은 가족의 소중함과 사랑을 깨닫는 구조로 마무리된다.

3. 상처는 상처를 극복하는 힘

가족은 구성원이 사랑하고 서로를 보듬는 것이 진리이자 존속 목적이다. 그래서 피는 물보다 진하다고 한다. 가족은 어떤 경우라도 사랑하고 아껴야 한다. 한 핏줄이기 때문이다. 그래서일까. 한국의 텔레비전 드라마는 혈연을 중요하게 생각한다. 내 아들, 내 집안, 가족주의, 이기주의가 과하다 싶을 정도로 직접적으로 제시되어 있다. 그래서 '같이 살고 같이 죽자'는 폭력적인 가족주의가 빈번하게 등장하기도 한다. 많은 드라마에서 가문이라는 이름으로 수많은 개인들이 억압당하고 희생당해온 것도 사실이다. 하지만 이 작품에는 이러한 폭력적 가족주의가 없다. 가문을 위해 가족이 존재하는 것이 아니라 가족을 위해 가문이 존재한다. 따라서 이 작품은 가문이 가족

인물	하석호	하수영	하태영	하단아	이영인	오진아	나말순	이강석
사연	사별	이혼	이혼	사별	이혼녀	처녀	처녀	처녀

구성원 개개인의 상처를 회복하는 힘을 준다. 따라서 이혼하거나 사별한 사람들이 찾아드는 곳도 종가이다. 이혼하거나 사별한 사람들을 가문의 수치로 생각해 감추려 하지 않는다. 자연 결혼이 가문의 명예를 드높이는 교환조건이 아니다. <표 1>은 <가문의 영광>에서 결혼하는 인물과 그들의 사연을 정리한 것이다.

하씨 종가에는 1대에서 4대까지 남성이 모두 5명인데 비해, 여성은 미혼 딸과 고모, 두 명밖에 없다. 동동을 제외한 남성은 결혼을 했으나, 사별하거나 이혼을 한 상황이다. 그야말로 이 집안은 솔로들의 집합이다. 솔로는 가문을 유지하는 데 가장 큰 적이다. 결혼을 통해 가문을 유지하고 번창시켜야 하는 임무를 이들은 도외시하고 있기 때문이다. 또한 이 작품에서는 결혼 상대자를 정하는 조건에서 결혼 유무가 중요하게 다뤄지고 있지 않다. 그래서 미망인과 총각의 결혼도, 스무 살이 넘는 나이 차이도 무의미하다. 의도적으로 사회적 관념과 제약을 깨고 있는 것으로 보인다.

가문의 구성원인 하석호, 하수영, 하태영, 하단아는 사별로 이혼으로 상처를 입은 인물이다. 그뿐 아니라 그들이 결혼하는 이영인, 오진아, 나말순, 이강석 등도 깊은 상처를 입었다. 이영인은 이혼을 하기는 했지만 젊고 능력 있는 여성이고, 오진아와 나말순은 결혼을 하지 않은 여성들이다. 오진아는 고아에다 불임여성이고, 나말순은 지독히 가난하고 사고뭉치인 가족이 있을 뿐이다. 그리고 이강석에게는 든든한 재력을 가진 가족이 있지만 그는 황금만능주의로 큰 상처를 받은 인물이다.

사람이 가지고 있는 상처가 이별의 계기만 되는 것이 아니라 사랑을 하게 되는 계기라는 접근도 이 작품이 가지고 있는 장점이다. 하씨 종가로 시집이나 장가를 오는 사람들은 과거에 연인 때문에 큰 상처를 받았던 사람들이지만, 이를 감추려고 하지 않는다. 즉, 스스로를 순수하고 순결한 사람으로 재포장하지 않는다. 오히려 새로운 연인이 이들의 상처를 따뜻하게 보듬어 연인의 과거가 새로운 사랑을 시작하는 원동력이 된다. 이 지점이 다른 드라마와 차별화된 지점이다. 여타 드라마에서는 연인의 과거가 서사를 전개하는 장애물이라면 이 드라마에서는 과거로 인해 사랑이 완성되어 가는 것이다. 가문의 영광이란 가족이 서로 아끼고 사랑하는 것이라는 진리를 일깨워준 드라마이다.

4. 결론을 대신하며 : 가문에 대한 새로운 비전 제시

가문은 왜 존재해야 하는가. 쇄락한 가문은 반드시 일으켜야 하나. 그리고 그 가문을 일으키는 인물은 적통이어야 하는가. <가문의 영광>은 다양하지만 민감한 질문을 던진다.

수많은 드라마에서 쇄락한 가문을 일으키는 일은 종부의 몫이었다. 적어도 종손이 건재한 가문은 쇄락하지 않았다는 의미였을 것이다. 남성 부재의 상황을 드러냄으로써 아이러니하게도 남성을 그리워하게 되는 것이다. <가문의 영광>은 이를 뛰어넘는다. 그렇기 때문에 핏줄을 이야기하기에 적합한 인물로 할머니가 아닌 할아버지 하 회장이 선택된 것이다. 하씨 종가에는 1대에서 4대까지 남성이 모두 5명인데 비해, 여성은 미혼 딸과 고모, 두 명밖에 없다. 하 회장은 가장 많은 사람들과 가장 깊은 곳까지 소통하려고 애쓰는 인물인 것이다. 종부의 불임사실을 알고도 결혼을 허락하는 인물도 1대인 하 회장이다.

물론 이 작품이 가진 한계도 있다. 개방적이고 진취적인 하 회장의 성격은 출생에서 비롯된 것으로 그려진다. 마지막 회에 하 회장은 가족들에게 자신이 불완전한 종손이라는 점을 밝힌다. 하 회장은 어머니가 외간남자에게 겁탈당해 태어난 인물로, 하 회장의 아버지는 하 회장이 자신의 아이가 아님을 알지만 사랑하는 여자의 아들은 자신의 아들이라고 한다. 핏줄에 얽매이지 않은 정이나 사랑의 중요함을 역설하는 것이다.

결국 가문의 중심에 서 있지만 적통이 아닌 사람으로서의 자의식이 표출된 것이다. 까마귀가 백조를 탓하기는 쉽다. 그러나 주위에서 까마귀의 주장이 정당성을 획득하기는 어렵다. 까마귀가 백조가 되지 못했기 때문에 백조를 욕하는 것으로 보일 수 있기 때문이다. 하 회장은 가문의 관점에서 보면 까마귀이자 이방인이다. 이방인이 가문의 정당성을 주장하는 것은 그래서 한계가 있다. 이러한 한계에도 <가문의 영광>에는 가문이 사람보다 중요할 수 없다는 너무나도 당연하지만 다들 잊고 있는 진리를 일깨운 힘이 있다.

PD 저널리즘과 두 갈래 길
<추적 60분>, <PD수첩>에 비추어본 <그것이 알고 싶다>

김지혜 A

들어가며

참 신기한 일이다. 건축물도 공산품도 아니고, 그렇다고 내가 수십 년한 직장에 몸담아온 달인인 것은 더더욱 아니건만, 자주 들여다보다보니이제는 보기만 해도 견적이 나온다. TV 브라운관 오른쪽에 있는 방송사로고를 발견하지 못할지라도, 진행자가 누구인지 몰라도 어느 방송사의프로그램인지 알 수 있다는 말이다. 아무래도 각 방송사들 사이에 '넘사벽'[1]이 있는 모양이다.

그 중에서도 유독 이 넘사벽의 존재를 확인시켜주는 프로그램이 있다.

---

1) '넘사벽'은 현재 널리 사용되고 있는 인터넷 신조어로, '넘을 수 없는 4차원의 벽'이라는 뜻이다. 주로 어마어마한 차이를 나타낼 때 부등호와 함께 사용된다.
   ex) 메이저리거 연봉 >> 넘사벽 >> 한국 프로야구 선수 연봉.

뉴스가 대표 격이고, 사극 또한 빼놓으면 섭섭하다 할 것이다. 그렇지만 개중 유독 눈에 띄는 것이 방송 3사의 피디 저널리즘 프로그램들, KBS <추적 60분>, MBC <PD수첩>, SBS <그것이 알고 싶다>(알파벳 순) 이다. 생김새조차 낯선 단어 넘사벽, 이들은 여기까지 이 신조어를 불러들였다. 3사의 대표적 시사 프로그램 간의 온도 차를 적나라하게 표현하기 위해서 꼭 필요했기 때문이다.

우선 이들 세 프로그램의 어디쯤에 넘사벽이 있는지 살펴보자. 그것은 결코 우리의 예측을 뛰어넘지 않는다.

MBC PD수첩 ≥ KBS 추적 60분 >>> 넘사벽 >>> SBS 그것이 알고 싶다

최근 1년 간 <PD수첩>이 종종 과열양상을 보이기도 하고, <추적 60분>의 온도가 빠르게 식어가고 있기는 하다. 그 때문에 둘 사이의 부등호는 어쩌면 수정되어야 할지도 모른다. 하지만 <그것이 알고 싶다>와 이들 두 프로그램 사이의 견고한 넘사벽은 여전히 허물어질 기미가 보이지 않는다. 이쯤 되면 컨테이너로 쌓은 장벽보다 높고 튼튼해 보이는 넘사벽의 정체가 무엇인지 궁금해지지 않을 수 없다.

<추적 60분>, <PD수첩>, <그것이 알고 싶다>의 기획 의도

1983년 시사 저널리즘의 서막을 연 <추적 60분>. <추적 60분>은 KBS의 대표적인 탐사보도 프로그램으로, 탐사보도를 통해 사회의 이슈나 다양한 사람들의 문제점을 다루고, 고발하겠다고 밝힌다.

<추적 60분>과 비교하면 <PD수첩>의 기획 의도는 꽤 긴데, 시사성과 심층성을 동시에 잡고, 진실을 향해 달리며, 더불어 시청자를 위한 애프터서비스까지 제공하겠다는 것으로 요약할 수 있다.

<그것이 알고 싶다>는 따로 기획 의도를 밝히지 않았다. 다만, 제작진들이 프로그램 홈페이지에 밝힌 각오를 토대로 살펴보면, 사회의 감추어진 진실을 밝혀 살기 좋은 세상을 만들기 위해 노력하겠다는 정도는 짐작할 수 있다.

기획 의도 등을 살펴본 결과, 세 프로그램의 제작진이 지향하고 있는 바에는 거의 차이가 없다. 그렇다면 같은 꿈을 품고 시청자 앞에 내놓은 세 프로그램은 왜 이렇게 다른 것일까?

문제는 소재 선정?

우선 방송 3사의 지난 3·4월 방송 내용을 살펴보자.

<표 1>을 보면 한 프로그램당 채 열 개가 되지 않는 방송 내용이 나열되어 있지만, 기간 내 중복되는 내용(진하게 표시)들을 제외하고 나머지 내용들을 분석하면, 3사가 선호하는 주제가 각기 다르다는 사실을 알 수 있다.

<추적 60분>은 선거에서 언론 문제, 노동계, 심지어 스포츠에 이르기까지 사회 전반의 문제를 프로그램의 소재로 삼는다. <PD수첩>은 주로 논쟁이 될 만한 사회 이슈들을 다룬다. 병원 측과 환자 측이 맞서는 병원비 문제, 인권위와 정부가 맞선 인권위 축소 방안, 전직 공무원의 복지 재단 가로채기 의혹 등이 여기에 해당한다. 등록금 문제나 직권 상정 문제는정부 및 여당에 문제를 제기했다. 한편 <그것이 알고 싶다>는 두 방송사와

<표 1>

방송사	방송 내용
KBS 〈추적 60분〉	4/24 4·29 재보선 현장, 민심은 어디에 있나? 4/17 혈세 100억 투자, 나노 칩 신기술의 진실 **깨끗한 정치? 노무현의 함정** 4/10 '충격 고백' 나는 접대용 신인이었다 노무현과 박연차 4/3 얼굴 없는 공포, 병원 감염 교복판촉전쟁, 영업사원이 된 아이들 PD수첩은 왜 검찰수사를 거부하나 3/27 **복지보조금은 눈 먼 돈인가** WBC의 기적, 김인식 감독의 위대한 도전 3/20 〈교육개혁 시리즈 1〉 대한민국 스타강사들 : "이래서 사교육이다" 최악의 가뭄, 목마름에 지친 사람들 3/13 한국타이어, 노동자 19명 왜 죽었나? 신영철 대법관 재판개입 논란 3/6 아이도저, 사이버 마약인가, 인터넷 상술인가? 다가오는 실업대란, 해고만이 살길인가?
MBC 〈PD수첩〉	4/28 한미 쇠고기 협상, 그 후 1년 4/21 대학가면 개고생? **박연차 쓰나미, 대한민국을 삼키다** 4/14 억울한 병원비, 두 번 우는 환자들 300만 원이 부른 父女의 죽음 4/7 어느 회사의 기막힌 해고 부자대학, 가난한 대학생 3/24 29살 진우, 오늘도 서울역에서 잠을 잔다 인권도 줄어드나요, 국가인권위 축소 논란 3/17 **시골공무원 11억 빼돌리기** 전직 공무원의 복지재단 가로채기 의혹 3/3 직권상정이 뭐길래
SBS 〈그것이 알고 싶다〉	4/25 턱의 비밀 4/18 누가 이 아이를 죽였습니까? : 범죄의 늪에 빠진 아이들 4/11 너는 내 운명? : 에이즈 테러의 실체를 밝힌다 4/4 아이는 혼자 크지 않는다 : 끝나지 않은 보육전쟁 3/28 당신의 기억력은 무사합니까? 3/21 명약인가, 마약인가? : 수면마취제의 두 얼굴 3/14 **왜! 나랏돈은 "눈 먼 돈"이 되는가?**

마찬가지로 사회적인 주제를 다루면서도, 그 소재가 개인적인 사안이나 범죄에 집중되어 있다. 시사 고발성 프로그램과는 약간은 어울리지 않아

보이는 턱 관절이나 기억력 등의 소재와 함께, 에이즈 테러, 청소년 범죄 등의 범죄 관련 내용이 위에 언급된 7편의 방송분 중 절반이 넘게 차지하고 있다. 또 <그것이 알고 싶다>는 민감한 소재를 절대로 건드리지 않는 센스를 보여준다. 특히 현 정권과 관련된 소재나, 찬반이 극명하게 갈릴 수 있는 사안들은 어김없이 피해갔다. 예를 들어 4월 중후반 박연차 리스트와 관련된 내용이 전국의 신문과 TV 뉴스를 휩쓸었음에도 <그것이 알고 싶다>는 이 문제를 다루지 않았다. 이미 수차례 다루어진 내용을 또다시 재생산하고 싶지 않다는 제작진의 생각이라고 이해하기에는 아쉬움이 남지 않을 수 없다.

문제는 방송 분량?

위의 표를 통해 분명히 드러나는 차이점이 또 하나 있다. 한 회 방송에서 다루는 사안의 수이다. KBS와 MBC는 하루에 최대 3개의 사안까지 다루고 있는 반면, SBS는 반드시 한 가지 이슈만을 다룬다. 방송 시간만을 고려한다면, 가장 깊고 넓게 사안을 다루는 프로그램은 <그것이 알고 싶다>임이 분명하다.

하지만 타 방송과 비교했을 때 <그것이 알고 싶다>가 더 깊고 넓게 보도하는 것은 아니다. 이렇게 된 원인으로는— 주요 원인은 뒤에서 따로 언급하겠지만— 타 방송에 비해 재연 장면을 많이 사용한다는 점을 지적할 수 있다. 물론 재연 장면의 삽입을 결코 나쁘다고만 할 수 없다. 시청자의 입장에서 재연은 어떤 사건에 대한 친절한 설명이자, 지루해지기 쉬운 시사 프로그램에 몰입할 수 있는 아이 캐쳐(Eye Catcher) 역할을 하기 때문이다. 그러나 과도한 재연 장면의 삽입은 사안을 다루는 데 할애할 시간을 줄이는 것은 물론 범죄 등을 재구성한 경우 선정성과 모방 범죄를 부추길 가능성에 관한 문제 제기를 피해갈 수 없다. 위에서 언급한 방송 분 중 4월 18일자 '누가 이 아이를 죽였습니까? : 범죄의 늪에 빠진 아이들' 편이 유독 거슬렸던 것도 과도한 재연 장면 때문이었다. 청소년들의 범죄 모습을 꽤 장시간 보여준 이날 방송은 시청자로 하여금 청소년 범죄의 심각성을 인지시키기보다는, 청소년 범죄자들 대한 불쾌함은 물론 공포까지 느끼게 했다.

문제는 접근 방식?

앞에서 <그것이 알고 싶다>가 시간이 충분한데도 사안을 다루는 데 부족한 점이 있다고 지적한 바 있다. 이러한 문제가 시작된 가장 큰 원인은 <그것이 알고 싶다>가 범죄 사실 묘사에 러닝 타임을 주로 할애하고, 개인적이거나 원론적인 방식으로 해결책을 모색하는, 즉 해결 방안의 마련 에서는 소극적인 태도를 보인다는 점이다.

우선 3사가 공통으로 다루었던 공무원의 복지예산 횡령 혐의 방송 내용을 비교해보자. <PD수첩>의 경우 3사 중에서 가장 짧게 이 사안을 다루었는 데, 약 15분 동안 사건의 전말만을 주로 다루었다. <추적 60분>의 경우 약 30분간 이 사안에 대해 방송했고, 복지 담당 공무원과 동행함으로써 횡령 사건이 일어날 수밖에 없는 행정 시스템의 한계를 직접 보여주었다. <그것이 알고 싶다>는 문제가 된 복지예산뿐만이 아니라 다른 국가 지원 금, 불필요한 SOC 투자 등에 대해서까지 폭넓게 살펴보았다. 서울시나 감사원 등 상위 기관의 허술한 관리 감독을 고발하고, 전문가 조언 등을 덧붙이는 등 해결 방안도 제시했다. 하지만 가장 시급하게 해결되어야 할 인력 확충 등 행정 시스템 자체의 한계에 대해서는 언급이 없었다. 즉, 시스템 자체에 대해서는 전혀 언급하지 않은 것이다.

청소년 범죄를 다룬 4월 18일 방송도 마찬가지였다. <그것이 알고 싶다>는 소년원과 그 사후 관리 시스템의 미흡함을 지적했다. 그러나 한 선량한 시민이 소년원 출신 아이들을 돌보고, 그와 함께 생활하는 아이들이 다시 범죄를 저지르는 일이 없었다는 장면과 함께 프로그램을 마감했다. 프로그램 중간에 전문가 제언을 첨부하고, 청소년들이 왜 반복해서 범죄를 저지르는지에 대한 문제 제기는 있되, 이 문제를 해결하기 위한 어떠한 직접적인 노력은 하지 않았다. 떠넘기는 듯한 인상을 받았다.

지난 2월 강호순 관련 방송에 대해서도 이야기하지 않을 수 없다. 강호순과 관련한 내용은 <추적 60분>(2월 6일)과 <그것이 알고 싶다>(2월 21일)가 다뤘는데, 같은 사안이었지만 완전히 다른 내용이 전개되었다. <추적 60분>은 강호순의 범죄 내용에 주목하기보다는 사이코 패스라는 새로운 범죄 유형이 등장한 데 집중했다. 사이코 패스를 양산하는 대한민국의 현실에 주목하며, 범죄의 내용보다는 사회상에 초점을 두어 방송했던 것이다. 반면 <그것이 알고 싶다>는 강호순의 범죄 방식에 포커스를 맞추었고, 많은 시간을 강호순의 범죄 방식 재연이나 현장 검증 모습을 보여주는 데 할애했다.

두 방송은 인터뷰 내용에도 큰 차이가 있었다. <추적 60분>은 강호순의 여러 주변인들의 입을 통해 강호순의 과거 모습에 대한 다양한 증언을 확보했다. 반면 <그것이 알고 싶다>는 강호순의 친구임을 밝힌 한 사람의 증언 외에는 모두 강호순의 평소 성격에 대해 긍정적인 증언 일색이었다. 그 인터뷰 내용을 통해 그려본 강호순은 완벽한 이중인격자였다. 그러나 곧 그를 부정적으로 묘사하는 증인이 단 한 사람이었고, 발언 내용이 믿을 수 없을 만큼 상충되어, 한 사람의 증언에만 의존해 그를 토대로 이야기를 만들어나가고 있는 것은 아닌가라는 의문이 들었다.

<PD수첩>은 강호순 사건을 다루지 않았지만, 비슷한 시기인 2월 24일 강호순의 체포를 계기로 CCTV가 급격하게 보급되고 있는 현실에 주목했다. '여성강력범죄, CCTV가 해결사?'라는 짤막한 방송을 내보냈는데, SBS나 KBS와 비교해서 독특한 시각으로 접근해 눈에 띄었다.

나오며

한국에서 PD 저널리즘 프로그램이 탄생한 지도 벌써 이십여 년 이상이 되었다. 하지만 여전히 피디 저널리즘에 대한 정의는 분명하게 내려진 바 없다. 즉, 누구의 방식이 옳은지 그른지 판단할 수 없을 뿐더러, 누구를 기준으로 세워 다른 이를 비판할 수도 없다는 뜻이다. 그래서 이 글은 처음 기획 단계부터 잘못된 것일 수 있다. 그러나 비슷한 기획 의도를 가진 세 프로그램 중 어느 한 프로그램이 유독 눈에 띈다면, 차이점은 유독 부각될 수밖에 없다.

앞에서 언급하지는 않았지만 <추적 60분>, <PD수첩>, <그것이 알고 싶다> 이 세 프로그램 사이에는 가장 먼저 눈에 띄는 단순한 차이점이 있다. 첫째는 진행자의 차이다. 딱딱하고 지루해지기 쉽다는 단점에도 불구하고 KBS와 MBC는 계속 책임PD가 프로그램의 진행자를 맡고 있다. SBS는 방송 초기부터 지속적으로 프로그램 제작과는 거리가 있는 외부 인사를 진행자로 내세운다. 두 번째는 방송사 자체의 프로그램 분류법이다. KBS와 MBC는 드라마/예능/시사·교양으로 프로그램을 분류하는 한편, SBS의 <그것이 알고 싶다>는 시사·교양 대신 교양·정보 프로그램에 속한다. 이 두

가지 차이점이 <그것이 알고 싶다>와 다른 프로그램들 사이의 넘사벽을 설명할 힌트가 되어줄 수 있지 않을까? 어쩌면 두 방송사와는 달리 SBS가 상업 방송국이라는 사실이 모든 것을 설명할 가장 근본적인 열쇠일지도 모르겠다.

그것이 상업적이든 공영을 추구하든 간에 언론은 제4의 권력이다. 언론 권력의 존재 목적은 다른 세 권력들을 비판하고 견제하기 위해서다. 물론 한계는 있다. 이 사회의 모든 문제를 다룰 수는 없을 뿐더러, 보도한 모든 사안들을 슈퍼맨처럼 해결할 능력이 없다. 하지만 탐사보도를 앞세워 현실이 가진 문제점을 파헤쳐 더 살기 좋은 세상을 만드는 것을 의도로 만들어진 프로그램이라면, 좀 더 적극적으로 사안을 파헤치고 문제를 해결해야 하는 모습을 보여주어야 하지 않을까? 세 프로그램 모두 언론 본연의 역할에 좀 더 충실하기를 바란다.

스포츠에 대한 방송의 참회록
KBS1 <시사기획 쌈> '슬픈 금메달' 편

김지혜 B

1. 서론

2009년 6월 7일 지상파 3사의 뉴스(SBS 8시, KBS·MBC 9시)에서 첫 번째로 나온 내용은 무엇일까? 힌트를 주자면 내용은 3사 모두 같았다는 것이다. 정답은 바로 대한민국 축구 대표팀이 7회 연속으로 월드컵 본선 진출을 확정했다는 것. 제일 먼저 나온 뉴스가 스포츠에 관한 것이었다. 지난 3월에 있었던 제2회 WBC 때도 그랬고, 2008년 여름에 열린 베이징 올림픽 때도 그랬다. 스포츠는 미디어와 공존하고 있으며, 시청자에게 비중 있는 문화 콘텐츠로 자리 잡았다.

특히 작년 베이징 올림픽은 시작 전부터 미디어의 대단한 관심을 받았다. TV 방송은 다양한 포맷을 통해서 올림픽 열기를 불러일으켰다. 시사·교양 프로그램을 통해서 베이징, 중국, 중국인에 대한 프로그램을 편성하기도 했고, 오락 프로그램을 통해서 올림픽과 출전선수들을 알리기도 했다. 올림픽 기간에는 좀 더 과감한 편성을 선보였다. 경기 당일마다 하이라이트를 보여주고, 특집기획물을 방영하며, 올림픽 특집 생중계 방송을 했다. 덕분에 몇몇 기존 시사·교양 프로그램은 몇 주 동안 결방하기도 했고, 드라마는 방송 시간대를 옮겨서 전파를 타기도 했다. 올림픽이 진행되면서 메달을 딴 선수들은 스포츠 스타가 되어 있었다. 시청자들은 올림픽이 끝나기도 전에, 베이징에 있는 스포츠 스타들을 방송으로 볼 수 있었다.

대한민국 대표팀은 올림픽에서 총 31개의 메달을 획득하면서 국가 순위 7위에 올랐다. 당초 예상보다 많은 메달과 높은 수위를 기록했다고 한다. 높은 순위는 더 많은 관심을 모았다. 베이징에서 시작된 열기가 선수들이 한국에 입국하는 순간 더 뜨거워진 것이다. 8월 말 스포츠 스타들은 화려하게 귀국한다.

9월은 복귀한 스포츠 스타들을 아침방송이나 예능 프로그램에서 많이 만날 수 있는 시기였다. 금메달을 따기 위해 얼마나 노력했는지, 그들의 사생활은 어떤지가 주를 이뤘던 것 같다. 이런 시기에 <시사기획 쌈>에서는 '슬픈 금메달'(2008년 9월 2일) 편을 방송했다. 이전 올림픽에서 금메달을 받았던 선수들이 스포츠에 대해 이야기하는 내용이다. 금의환향한 올림픽 스타가 주인공이 아닌 스포츠 프로그램이자, 스포츠 스타가 자랑스러워하는 금메달을 오히려 슬프다고 말하는 프로그램이었다. 그들이 지금 이 시점에서 하고자 하는 이야기는 무엇이었을까?

2. 본론

'슬픈 금메달'은 베이징 올림픽에 참가한 사람들에게 금메달이 어떤 의미인지를 물으며 시작한다. 물론 대답은 각자 다르다. 하지만 공통적으로 그들은 긍정적인 단어를 사용했다. 많은 선수들이 원하는 목표이자 쉽지 않는 일이라는 걸 느끼게 해주었다. 다음으로 제작진은 이전 올림픽에서 금메달을 땄던 사람들에게 금메달의 의미를 물었다. 이번에도 대답은 각자 달랐다. 하지만 그들은 베이징에서 들은 대답과는 다른 이야기를 하고 있었다. 긍정적이지만은 않았다.

베이징에서 말하는 금메달의 의미는 금메달을 따는 순간이나 따기까지의 과정에 대한 것이었다. '슬픈 금메달' 편의 금메달리스트들이 말하는 금메달의 의미는, 금메달을 딴 후의 일까지도 포함해서 말하고 있었다. 왜 금메달을 딴 후에는 금메달의 의미가 변하는 걸까? 이 질문이 프로그램의 시작과 끝이자, 한국 스포츠계에 던지는 화두다.

1) 뫼비우스의 띠 : 이데올로기, 시스템, 선수

한국에서 국가·민족 이데올로기가 강하게 드러나는 부분이 스포츠라고 한다. 베이징 올림픽에서도 예외는 아니었다. 일본과의 야구 경기에서 한국 타자의 홈런이 나오자, 어떤 해설자는 "공이 독도를 넘기고 대마도까지 갔다"고 말했다. 대표팀 선수들이 국가와 민족의 대변인이고, 국제대회에서의 승리가 국제사회에서의 지위 획득이자 정치적 승리라고 생각하는 것이다. 스포츠가 미디어와 공존하기 이전에도, 국가대항전과 같은 경기에서는 스포츠 국가·민족 이데올로기를 어렵지 않게 볼 수 있었다. 하지만 미디어와 스포츠가 결합하면서 국가·민족 이데올로기는 한층 강화되고 증폭되었다. 그 특징은 방송과 스포츠 최초의 결합에서 나타났다. TV 카메라로 녹화한 최초의 스포츠 경기는 1936년 베를린 올림픽이다. 히틀러가 올림픽 중계를 통해 독일의 경제력을 선전하고, 아리아인의 우월성을 알리고 싶어 했던 것이다. 지금도 여전히 국가·민족 이데올로기는 작용하고 있다. 메달수여식에서 금메달을 딴 선수는 국기가 달린 체육복을 입고, 가장 높은 곳에 선다. 해당 국가의 국기 역시 주변 어느 나라보다 높은 곳에 게양된다. 국가가 장내에 울려 퍼지면, 카메라는 금메달을 딴 선수의 얼굴을 클로즈업하고 국기를 클로즈업한 화면과 오버랩시킨다.

'슬픈 금메달'은 이러한 국가·민족 이데올로기에 대해 직접적인 비판을 하고 있지는 않다. 그들은 이데올로기에 대한 비판 대신, 그 이데올로기하에서 생겨난 제도에 대해 문제를 제기한다. 제작진은 문제 제기 방법으로 그러한 제도하에서 자란 선수들의 입을 선택했다. 국가·민족 이데올로기는 냉전시대 이후로는 점차 줄어드는 분위기지만, 단기간에 없앨 수 없는 뿌리 깊은 속성이기도 하다. 그 때문에 국가·민족 이데올로기에 대한 전면적인 부정이나 직접적인 비판을 하는 방법 대신, 선수를 통해 문제점을 보여주는 방법을 택한 것이다.

선수들의 증언은 꽤 의미 있는 일이다. 현재의 시스템 밑에서, 가장 성공했다고 볼 수 있는 금메달을 딴 선수들조차 슬프기 때문이다. 이데올로기가 제도에 영향을 미치고, 그런 제도가 선수에게 영향을 미친다. 그렇게 성장한 선수가 이데올로기의 문제에 대해서 생각하고, 현재의 제도를 보완하는 식의 구조가 되어야 한다. 하지만 세월이 흐르고 시대가 바뀌어도, 한국의 스포츠 시스템은 예전과 바뀌지 않았다. 프로그램은 이데올로기 - 제도 - 선수의 관계에서, 선수의 증언을 통해 스포츠에 대해 말하고 있었다. 사회에 문제점을 알리고, 시스템의 구조가 변하기를 바라고 있다. '슬픈 금메달'은 실질적이고 현실적인 부분에서 변화를 촉구한다.

2) 순간에 대한 미디어의 집착: 상업화와 스포츠 스타

TV로 중계되는 스포츠는 경기장에서 보는 스포츠와 다른 모습이다.

TV는 경기장의 관중은 볼 수 없는 부분을 찾아내 보여준다. 클로즈업, 슬로 화면, 정지 화면 등을 이용해 서사적 구조를 만들고, 드라마틱한 장면을 연출해낸다. 스포츠의 순간을 잡아 재미와 즐거움을 넣는 것이다. 이렇게 좀 더 재밌어진 경기는 TV 중계를 통해 시청자에게 전달되고, 방송사는 더 높은 광고 수익을 얻을 수 있다.

미디어는 스포츠 경기뿐 아니라 스포츠 스타를 통해 경제적인 이득을 얻는다. 스포츠 실력과 비쥬얼적 매력을 겸비한 개인에게 스포트라이트가 쏟아진다. 스포츠 스타는 미디어에서 여러 가지 장르의 콘텐츠로 활용된다. 대중이 스포츠 스타를 볼 수 있는 곳은 경기장으로 국한되지 않는다. 생활정보 프로그램, 인터뷰, 다큐멘터리, 예능 프로그램까지 무궁무진하다. 스포츠 스타에 대한 열기가 강할수록, 미디어의 상업화가 극으로 치닫는 경향이 있다. 예를 들면 서로 다른 방송국 또는 다른 프로그램에서, 같은 출연자와 비슷한 질문에 비슷한 이야기가 방송되는 경우가 나타나기도 했었다.

하지만 '슬픈 금메달'의 경우, 스포츠에 대한 이야기를 하면서도 상업적인 스포츠 열기에 편승하지 않았다. 오히려 한국 스포츠의 어두운 면을 보여줌으로써, 스포츠 열기가 수그러지게 될 수 도 있는 상황이었다. 최상의 가치처럼 여겨지는 금메달이 그렇지 않을 수도 있다는 내용이었기 때문이다. 하지만 그들은 중요하다고 생각하는 그 이야기를 했고, 더 발전적인 논의를 하고자 노력했다.

구체적으로 '슬픈 금메달'은 금메달리스트들이 이야기를 이끌어나간다. 현재의 스포츠 스타가 아니라 과거의 스포츠 스타들이 주인공이다. 미디어는 스포츠 스타라는 상징적인 기호를 통해 경제적인 이윤을 얻고 담론을 형성하며, 사회적인 영향력을 행사한다. 과거 스포츠 스타의 경우, 현재의 스포츠 스타에 비해서 얻을 수 있는 경제적인 이윤은 낮다. 하지만 스포츠

담론을 이끌어내는 데 중요한 역할을 한다. 그들은 스포츠 스타 이후의 삶에 대해 말한다. 스포츠 스타의 특성상 계속 좋은 성적을 유지하지 못하거나 은퇴를 하면 잊히기 쉽다. 또 다른 선수로의 대체도 빠르다. 과거의 스포츠 스타가 말하는 스포츠 스타 이후의 삶은, 현재 운동을 하는 선수들과 스포츠의 시스템의 변화에 중요한 목소리였다. 또한 금메달리스트의 사회와 미디어에 대한 목소리이기도 했다. 전 국민에게 환희와 영광의 이름으로 얼굴을 알렸던 이들이, 힘들고 어려웠던 과거사를 공개하는 것이 쉽지 않을 것이다. 사회에서 운동선수가 느끼는 편견과 소외에 대한 부분도 드러났다. 사회는 운동선수에게 운동만 하게 하는 시스템을 운영하면서, 이율배반적으로 운동선수는 다 무식하다는 인상을 심어준다. 또한 엘리트 체육으로 운동 이외의 것을 포기하게 하면서도, 은퇴 이후의 삶은 개인의 몫으로 방치해버렸다. 미디어 역시 마찬가지이다. 스포츠를 문화 상품으로만 보는 인식이 크다. 정작 스포츠 제도의 문제나 소외받고 방치되어 있는 스포츠인에 대해서는 방관하고 있었다. 스포츠인 역시 우리 사회의 일원이자, 하나의 주체로 보는 시각이 필요하다.

3) 올인 후에 남는 것: 승리지상주의와 엘리트 체육

승리지상주의는 상업화와 결합하면서 더욱 강해지고 있다. 상업적으로 보다 가치 있는 것이 이기는 게임이기 때문이다. 미디어는 승자, 점수, 기록에 관심을 집중시켜 승리에 최고의 가치를 부여한다. 승패에 상관없이 선의의 경쟁을 한다는 스포츠 이념보다, 상대는 싸워서 이겨야 하는 존재일 뿐이다. 한국의 승리지상주의는 선수들에게 희생을 요구했다. 금지약물을 복용하거나 경기 규칙을 위반하는 것이 아니라, 그들의 인생을 원했다. 엘리트 체육은 운동만 하는 스포츠인을 양성했다. 일반적인 교육과정을 거치지 못해 중간에 진로를 바꾸기 어려웠고, 무엇보다 은퇴 후의 삶은 불확실과 표류의 연속이었다.

'슬픈 금메달' 측에서는 금메달리스트를 대상으로 설문조사를 했다. 금메달을 따도 스포츠계에 남는 건 약 60% 정도 운동선수로서는 성공했다는 금메달리스트도 약 40% 정도는 다른 길을 가야 한다. 여성 스포츠인의 경우는 전업주부가 약 40%로, 여성 지도자는 선호하지 않는 까닭에 스포츠계에 발 붙이기가 더 어렵다고 한다. 엘리트 체육을 적용하는 곳이 줄어들면 얼마간 성적이 나오진 않겠지만, 스포츠 선수들의 미래를 생각한다면 충분히 고려해보아야 한다고 말한다. '슬픈 금메달'에서 제도에 대한 구체적인 이야기는 나오지 않았다. 시스템의 문제를 지적하고, 거시적인 측면에서 제도의 방향성을 언급하는 정도로 마무리 하고 있다.

3. 결론 및 제언

<시사기획 쌈>의 '슬픈 금메달' 편에서 말하고자 하는 주제가 새로운 것은 아니다. 이전부터 제기되어왔던 문제이다. 하지만 '슬픈 금메달' 편이 중요했던 것은 반드시 꼭 해야만 하는 이야기였기 때문이다. 지적을 많이 해도 고치지 못하니까 방관해버린다면 문제는 더 커질 수밖에 없다. 이미 식상한 상투적인 이야기가 아니라, 사회를 변화시키기 위해 몇 번이라도 다시 반복해야 할 이야기였다.

'슬픈 금메달'은 엘리트 스포츠 시스템의 문제를 사회 담론으로 확장시키기 위한 방법으로 금메달리스트들을 인터뷰했다. 금메달리스트들이 겪었던 문제가 어쩔 수 없는 불치병이 아니라, 스포츠 시스템에 의해 생겨난 치료 가능한 병이라는 것을 이야기했다. 프로그램은 인터뷰와 설문조사를

사용해 주장을 강화했다. 금메달리스트의 인터뷰로 시청자에게 인간적인 공감을 이끌어내려고 했고, 설문조사로 논지를 뒷받침했다.

올해는 축구계가 '공부하는 엘리트 선수'를 키우자는 모토로 '초중고 리그제'를 시행하는 원년이다. 축구를 시범으로 다른 종목으로까지 학원 스포츠 제도를 순차적으로 변화시킨다고 한다. 최저학력제 도입에 관한 논의도 시작된 상태다. 미디어는 스포츠와 공생의 시대에서 공존의 시대를 넘어, 상생의 시대로 넘어가야 한다. 미디어와 스포츠는 서로의 발전을 돕는 파트너이자 동반자로 인식할 필요가 있다. 잘못된 부분에 대해서는 저널리즘에 기반한 보도가 필요하고, 사회 구성원들의 의견이 필요한 지점에서는 공론장의 역할도 필요하다. 엘리트체육·학교체육·생활체육의 연계가 잘 이루어지기 위해서는 미디어의 역할도 매우 중요하다. 변화하고 있는 스포츠와 스포츠 제도에 대한 미디어의 동반자 역할을 기대해본다.

가면을 벗어던지다
<라디오스타>

민찬홍

1. 가면을 쓰며 살아가는 현대인

이 시대를 살아가는 현대인들은 가면을 쓴 채 살아간다. 교통과 통신의 발달은 개인의 교류 패턴을 확연히 바꾸어놓았다. 수많은 네트워크의 발달로 현대인들의 교류 범위는 넓어졌으며, 지역권에 한정되었던 과거의 사회 접촉 패턴이 세계를 넘나드는 현재로 전환되었다. 결국 전 세계를 아우르는 교류 형태의 변화가 개인으로 하여금 과거보다 훨씬 많은 사람들을 접촉케 한 것이다. 다양한 사람들과의 접촉은 교류의 범위를 넓힌다는 장점을 지니고 있었지만, 피상적인 성질도 가지고 있었다. 사회적인 만남을 강제당하는 현대인들은 친밀하고 개인적인 커뮤니케이션과는 다른 엄숙함과 진지함을 추구해야만 했다. 체면을 갖추고 예절을 중요시하는 사회적 관계를 유지하기 위해 현대인들은 어느 순간에 각자 역할에 맞는 가면을 쓰기 시작했다. 사회적 위치와 지위에 맞는 가면을 쓰고 사람들과 접촉하기 시작했고, 상대방을 기분 좋게 만드는 '하얀 거짓말'을 잘하는 능력이 사교성 평가의 중요 요소가 되었다. 어쩌면 현대인들은 가면을 쓰고 살아가는 역할극 시대에서 빈말의 성찬 속에 살고 있는 건지도 모른다.

기존의 방송 토크쇼에서도 우리는 이러한 엄숙한 모습들을 지켜봐왔다. MC들은 게스트의 외모를 칭찬하며 그들의 능력을 한껏 추켜세운다. 게스트들은 자신의 무용담을 얘기하고 MC는 어쩜 그렇게 대단하냐며 맞장구를 친다. 기존의 토크쇼에서 MC와 게스트는 일반인과는 다르고 또한 일반인과 달라야만 하는 자신의 사회적 위치를 망각하지 않기 위해 각자 가면을 쓰고 그 역할극에 충실했다. 하지만 이러한 가면을 벗어던진 토크쇼가 있었으니 바로 MBC의 <라디오스타>이다.

방송계의 새로운 트렌드를 선도하고 있다는 평가와 함께 막장 저질 토크쇼라는 악평도 동시에 받고 있는 <라디오스타>가 가진 새로움과 그에 따른 한계를 이 글을 통해 분석해보고자 한다.

2. 가면을 벗어버린 토크쇼

<라디오스타>는 가면을 벗고 날것의 토크를 하는 새로운 계보의 토크쇼이다. 기존의 토크쇼가 연예인들의 체면과 약간의 가식까지도 깨끗하게 포장해서 시청자에게 전달했다면, <라디오스타>는 스타의 가식을 용서하지 않는 솔직함을 보여준다. 바로 가면을 벗어버린 이 솔직함에서 <라디오스타>는 출발한다.

김국진, 윤종신, 김구라, 신정환 등 4명의 MC들은 게스트를 친절하게 대하지 않는다. 프로그램의 손님인 게스트를 공손하게 모셔야 하는 MC의 가면을 벗어던지고 스스럼없이 게스트를 대하는 것이다. <라디오스타>가

라디오 부스 형태를 취하고 있는 것도 등장인물들이 가면을 벗도록 유도하는 측면이 강하다. 텔레비전 화면에는 보이지 않는 라디오 부스 포맷은 등장인물들의 경계심을 해제시키고 편안한 토크를 가능하게 해준다. 게스트들은 처음에는 자신들을 '막' 대하며 심지어 '공격'까지 하는 MC의 모습에 당황한다. 하지만 점차 이런 분위기에 적응하여 게스트들도 라디오 부스 위에서 가면을 벗으면서 연예인들의 가식마저 함께 벗어던진다. 가면을 벗어버린 MC와 게스트는 같은 편마저도 공격하면서 스스럼없는 커뮤니케이션을 하고, 이러한 과정에서 더 친밀하고 가식이 없는 대화가 펼쳐진다.

각자의 가면을 벗어버린 첫 단계가 마무리되면, 이제 <라디오스타>라는 공론장에서 주도권을 잡기 위한 치열한 결투가 시작된다. 4명의 MC와 게스트들이 토크쇼의 주도권을 잡기 위해 사투를 벌이면서 <라디오스타>는 혼돈의 장이 된다. MC들이 토크로 게스트를 공격하는 것뿐만 아니라 MC들끼리도 서로 다투게 된다. 게스트들도 MC들을 공격하면서 자신을 방어한다. 즉, 서로가 어디서 치고 나올지 모르는, 정리가 되지 않은 혼돈의 장이 벌어지는 것이다. 혼돈의 장은 현실에서 자주 발견되는 '억지 화합'이 아니라 '자연스러운 불화'를 내재하면서, 현실의 층위와는 다른 모습을 드러낸다. 주목할 점은 4명의 MC들을 이른바 유재석, 강호동과 같은 정상급 MC가 아닌 비주류에 속하는 연예인들로 구성했다는 것이다. 게스트의 약점을 노골적으로 파고드는 '김구라'는 인터넷에서 막말 방송을 하면서 대표적으로 마이너 생활을 경험했던 연예인이다. 도박과 욕설 논란을 일으키면서 MC계의 주류에 오르지 못한 '신정환', 능력 있는 발라드 가수지만 마이너적인 인기를 누렸던 '윤종신', 그리고 극강의 전성기를 보냈지만 이혼과 사업 실패로 부진의 나날을 보냈던 '김국진'까지 모두 상처와 약점을 가진 비주류 연예인이었다. 주류의 유재석, 강호동처럼 강하지 않은

MC들이기에 스타 게스트들을 강하게 몰아붙이는 그들의 모습이 시청자 입장에서는 밉게 보이지 않았다. 비주류의 위치에 있는 그들이기에 스타 게스트들을 공격하는 당위성을 획득할 수 있었으며, 게스트들을 챙겨줘야 하는 MC의 역할에서도 벗어나 투쟁의 공간에서 '자연스러운 불화'를 창출할 수 있었던 것이다.

가면을 벗은 비주류 MC들이 투쟁의 공간 속에서 게스트들과 대결하는 두 번째 단계가 완성되면 이제 그 다음 단계인 관계의 전복으로 넘어간다. 기존의 토크쇼가 미사여구를 곁들이거나 에둘러서 질문을 던진다면, <라디오스타>는 직접적이고 거친 질문을 게스트에게 던진다. 지금까지는 MC가 게스트를 손님으로 공손하게 대접하고 스타 게스트는 MC보다 높은 위치에 서서 MC의 대접을 받아왔다면, <라디오스타>는 이러한 관계를 전복시키는 것이다. 질문권을 쥔 4명의 MC들은 날선 질문들을 던지면서 스타 게스트들을 공격하고, 게스트는 약자로 돌변하게 된다. 이러한 모습은 상식적인 사회적 관계에서는 볼 수 없는 현상이다. 하위에 속한 MC가 상위에 위치한 게스트를 공격함으로써 기존 관계의 전복이 일어나며, 시청자들은 비주류 MC들이 스타를 공격하는 것을 보면서 대리만족을 느낀다. 즉, '과장'이 '부장'에게 할 수 없었던 말을 비주류 MC들이 스타에게 하고, 이를 통해 시청자들은 '과장'의 입장에서 대리만족을 느끼게 되는 것이다. MC들은 상위에 놓여 있던 스타 게스트를 자신의 위치로 끌어내리고, 수동적 자세에서 공세적 위치로까지 전환하면서 관계의 전복을 완성하게 된다.

이렇듯 <라디오스타>는 가면을 벗어버린 솔직함에서 출발해 공론장에서의 어설픈 화합이 아닌 자연스러운 불화를 연출하면서 기존의 권력 관계를 유쾌하게 전복시키는 장점을 지닌 새로운 개념의 토크쇼라 할 수 있다.

3. 대안이 될 수 있지만 주류는 될 수 없는 <라디오스타>

<라디오스타>는 가면을 던짐으로써 솔직함을 획득했지만 그 반대급부로 '막말 방송'이라는 평가도 듣곤 한다. 가면은 우리를 가식적으로 만드는 측면도 있지만 밖의 공격에서 우리의 내면을 보호할 수 있다는 장점도 지닌다. 가면을 벗은 <라디오스타>는 그만큼 내면 보호를 포기하고 서로를 공격하는 막말에 치우칠 위험성을 내포하게 된다. 이미 자신의 보호막이 사라져 버린 스튜디오에서 등장인물들은 최선의 방어로서 상대를 공격하게 되고, 이때문에 막말의 위험성은 점점 커졌다. MC들이 대마초 사건과 같이 연예인에게 치부가 되는 아픈 과거를 거리낌 없이 언급하고, 열애설과 같은 루머를 아무렇지도 않게 얘기하면서 게스트는 무대에서 완전히 발가벗게 된다. 이러한 막말들은 그 순간만큼은 시청자들을 웃게 할 수 있지만 막말은 점점 독한 새로운 막말을 원하고, 시청자들이 불편을 느끼는 임계점으로 치닫게 된다. 2008년 방송통신심의위원회에서는 김구라와 윤종신을 반말, 비속어 사용 1위와 2위로 발표하고, <라디오스타>가 속한 <황금어장>에 주의조치를 내린 것은 이러한 측면을 보여주고 있다.

분명 <라디오스타>는 기존의 토크쇼 틀을 깬 새로운 트렌드를 선도하고 있다. 하지만 예능의 주류가 되기에는 부족한 모습을 드러낸다. 가면을 벗은 인물들이 솔직함 속에서 할 수 있는 것이 막말이라면, 그것은 프로그램의 역량 부족을 드러내는 것이기 때문이다. 예절과 배려를 중요시하며 고품격 토크쇼를 추구했던 <박중훈 쇼>가 등장한 것도 바로 '막말'에 대한 반발 때문이었다. 비록 새로운 트렌드의 흐름 때문에 <박중훈 쇼>는 실패했지만, <라디오스타>도 또 다른 트렌드에 밀리는 상황이 언제든지 올 수 있다. 막말로 지탱한 인기는 일시적이기 때문이다.

4. 본질은 진실한 소통

지금까지 꾸준한 인기를 얻고 있는 <라디오스타>도 앞으로 위기를 맞는 순간이 올 것이다. 비주류 MC로서의 역할에 충실했던 4명의 MC들이 어느덧 약자의 위치라고는 볼 수 없는 정상급 MC로 거듭나고 있다. 비주류 MC로서는 약자의 위치에 서서 게스트들을 공격할 수 있었지만, 이제 '비주류 - 주류'가 아닌 '주류 - 주류' 식의 공격은 시청자들의 거부감을 유발할 수 있을 것이다. 과거 <무한도전>에서 노홍철, 하하, 정형돈 등 마이너 스타들이 낮은 위치에서 도전하는 모습이 시청자들에게 큰 호응을 얻었지만, 이제 정상의 스타가 된 그들이 바보 역할을 맡는 것에 식상함과 작위성마저 느끼고 있는 것은 우연의 일치가 아니다. 가면을 벗은 <라디오스타>는 비주류의 MC들이 스타 게스트를 공격하면서 지금의 인기를 얻고 있지만, 그 가면을 벗고 해야 할 것은 막말이 아니라 진실한 소통이다. 물론 가면을 벗으면 사회적 위치에서 벗어난 막말을 행할 가능성이 높아지는 것은 사실이다. 하지만 프로그램의 포맷이나 내용의 건설적인 변경을 통해 이러한 막말의 악용을 반드시 막아내야만 한다. 막말로 얻는 인기는 한순간에 불과하며 이러한 트렌드는 식상함과 작위성으로 둔갑하여 새로운 트렌드에 밀릴 운명이기 때문이다. 일시적인 토크쇼를 지양하고 좀 더 지속적인 토크쇼가 되기 위해 <라디오스타>는 인물들의 허심탄회한 대화를 바탕으로 진실한 소통의 장을 추구해야만 한다. 시청자들이 원하는 것은 막말이 아닌 솔직함이다.

초창기 <라디오스타>가 막을 내릴 때 MC들이 꼭 했던 말이 바로 "다음 시간에 만나요. 제발!"이었다. 최고의 인기를 달리는 <무릎팍 도사>에 더부살이하는 프로그램의 위치를 자조적으로 표현한 말이다. '고품격 음악방송'을 자처하는 <라디오스타>가 가면을 벗은 후에 막말에 안주하지 않고 새로운 소통을 지향한다면 진정한 고품격 토크쇼로 자리 잡을 수 있을 것이다. '자연스러운 불화'와 '관계의 전복'은 새로운 소통 속에서 더욱 빛날 수 있다. <라디오스타>가 <무릎팍 도사>에 더부살이 하지 않고, 이제는 예능의 주류로서 당당하게 설 수 있는 날이 오기를 기대해본다.

TV 속의 FM 음악방송 <음악여행 라라라>

박선호

소박한 음악여행 '들리는 TV'

음악 산업이 오랜 시련기를 겪으면서 TV 속의 음악 프로그램들 또한 점점 사라져가고 몇몇 프로그램들만이 간신이 그 명을 유지하고 있다. 그래서였는지 MBC <음악여행 라라라>는 다른 여타 프로그램들의 시작과는 달리 그 등장부터 요란하거나 화려하지 않았다. 화려한 무대와 수많은 관객 대신 녹음 스튜디오라는 작은 공간을 음악인들만으로 채워, 오직 음악만을 위한 프로그램을 선보인다.

그동안 콘서트 형식의 여러 음악방송들이 관객들과 호응하고 출연한 가수들의 이야기와 쇼를 보여주는 'AM라디오'였다면, <음악여행 라라라>는 음악이 이 여행의 주인공이 되고 이야기보다는 고품질의 음악을 들려주는 TV 속의 'FM라디오' 같은 방송이다. 음악의 중심은 영상이 아닌 소리라는 면에서 그동안의 '눈으로 보는 음악방송'에서 벗어나 음악의 본질을 찾아 '귀로 듣는 음악방송'을 보여준다.

이는 소비자들의 고화질·고음질에 대한 욕구가 날이 갈수록 점점 커지면서 이제는 단순히 보고 즐기는 데서 그치는 것이 아니라 조금 더 고급스런 화면과 고급스런 음질을 추구하는 소비자들의 욕구를 충족시켜 줄 수 있는 프로그램의 등장이라고도 할 수 있다.

시작부터 소박함을 안고 등장한 이 여행은 음악의 시련기 속에 TV 음악 프로그램이 새롭게 추구해야 할 방향이 무엇인지를 제시해주고 있다.

쇼는 죽이고 음악만을 살린 무대

기존의 라이브 공연방식의 여러 음악방송들에서는 가수와 관객이 같이 호흡하는 쇼를 보여줄 수 있지만, 라이브 무대라는 여건 때문에 가수들의 목소리나 연주자들의 악기소리를 방송으로 담아내는 데에는 한계가 있었다. 하지만 고품질 음악방송 <음악여행 라라라>는 전문 녹음 스튜디오에서 관객 없이 진행되므로 가수의 목소리와 연주자들의 악기소리들을 음반 못지않게 방송으로 담아 시청자들에게 들려준다. 음악인들이 그동안 짧은 시간의 라이브 무대 여건에서는 보여주기 힘들었던 노래와 악기연주를 들려줄 수 있는 기회를 제공하는, 음악인의, 음악인에 의한, 음악인을 위한 프로그램이다. 결국 이러한 콘셉트는 그동안 TV에서 좀처럼 얼굴을 볼 수 없었던 여러 뛰어난 음악인들의 음악을 오랜만에 시청자들에게 다시 들려줄 수 있는 기회를 제공해주었다.

주연: 뮤지션, 조연: MC+시청자

지금까지 어떤 음악 프로그램이든 음악인은 항상 주인공이 아닌 어디까지나 손님이었다. 다른 경쟁 프로그램들은 아예 프로그램 이름부터 MC들의 이름을 딴 <유희열의 스케치북>, <김정은의 초콜릿>이다. MC가 그 무대의 주인이고 음악인들은 잠깐 그 무대에 들려서 몇 마디의 이야기와 한두 곡의 노래를 들려주고 떠나는 손님일 뿐이다. 여기서 <음악여행 라라라>와 다른 음악 프로그램과의 차별성을 찾을 수가 있다. 음악인을 위한 방송에 걸맞게 이 여행에서는 하나의 음악인이 그 무대의 중심이 되고 그들의 이야기를 듣고, 그들의 여러 음악을 듣는다. 또 그날의 게스트 역시 그날의 주인공인 음악인과 친분이 있는 다른 음악인들이 자리한다. 음악인을 위한 방송 <음악여행 라라라>에서 음악인은 잠깐 들렸다 가는 손님이 아닌 그 무대의 주연이고 MC는 단지 옆에서 그들을 돕는 조연의 역할만을 한다. 음악방송에서 중심이어야 할 음악이 서서히 중심에서 멀어지는 오늘날의 현실에서 음악을 프로그램의 중심에 세운 것이다.

어느 방송이나 마찬가지겠지만 모든 프로그램은 시청자나 관객을 위주로 돌아간다. 음악방송의 경우는 더욱더 시청자와 관객 중심으로 이뤄진다. 따라서 실연을 하는 가수나 연주자은 모든 것을 시청자의 편의에 맞춰서 노래를 하거나 연주를 할 수밖에 없다. 이는 곧바로 가수나 연주자들에게 부담으로 다가온다. 방송 무대라는 제한적인 공간과 라이브 현장이라는 여건은 제대로 된 노래나 연주를 들려주기 힘들게 하는 요인이 된다.

음악인을 위한 여행 <음악여행 라라라>는 관객이 없어 음악인들의 부담을 줄일 수 있다. 또한 음악인들에게 좀 더 익숙하고 편안한 녹음 스튜디오라는 공간을 제공하여, 노래와 연주에만 집중할 수 있게 하므로 좀 더 고품질의 음악을 제공한다.

그동안의 음악방송들이 시청자나 관객의 입장에 선 방송이었다면, <음악여행 라라라>는 뮤지션의 입장에 서 있는 방송이다. 이런 환경은 결국 뮤지션들이 고품질의 음악을 들려줄 수 있게 하고 이는 결국 다시 시청자들에게 돌아오게 되는 것이다.

영상은 늘 재방송?

전문 녹음 스튜디오는 고품질의 음악을 들려줄 수 있는 환경을 제공하지만, 그것이 이 프로그램의 독으로 다가오기도 한다. 매번 똑같은 스튜디오에서 카메라의 움직임을 보여주어 마치 노래방 기계의 배경화면을 연상시키는 식상함을 준다. 매회 새로운 음악인들로 음악은 바뀌는데 그 영상들은 늘 재방송인 것이다. 또한 스튜디오라는 정적인 공간은 가끔 차분함을 넘어 축 처지는 지루함을 보여주기도 한다.

지금처럼 너무 잦은 카메라의 움직임과 화면 전환은 영상의 지루함을 없애기보다는 오히려 시청자들의 정신을 산만하게 하는 역효과가 생길 수 있다. 스튜디오라는 공간적인 한계가 어쩔 수 없다면 매회 다양한 스튜디오를 옮겨가며 진행을 하거나 단순히 조명의 변화가 아닌 스튜디오 내 세트의 변화를 줘서 영상의 지루함을 보완해나가는 것이 좋을 것이다.

한계를 넘지 못한 MC

음악방송을 꼭 음악인이 해야 하는 것은 아니다. <음악여행 라라라> 또한 프로그램이 시작할 때는 김국진, 윤종신, 김구라, 신정환이라는 음악방송에서는 매우 파격적이 MC 섭외를 보여주었다. 이런 MC 포맷은 새로운 형식의 음악방송이라는 콘셉트에도 매우 잘 부합하는 것이었고 매우 신선하게 다가왔다. 하지만 몇 회 지나지 않아 결국 지금의 MC인 김창환으로 바뀌었다. 시간대도 토요일 저녁에서 수요일 저녁으로 옮겨지면서 시청률 경쟁이라는 한계에서 벗어나지 못했고 MC 또한 그동안의 여타 음악방송의 틀에서 벗어나지 못하는 진부함을 보여주었다. 이는 새로운 방식의 음악방송인 <음악여행 라라라>의 정체성을 잃게 하고 결국 기존의 늘 그래왔던 그저 그런 음악방송으로 전락시키고 있다. 지금의 MC 김창환은 오랫동안 음악을 해왔다는 면에서 그 빛을 발휘할 수는 있지만 그 색이 너무 강하고 그가 아우를 수 있는 층 또한 매우 제한적이어서 시청자들이 프로그램과 거리감을 갖게 하는 면이 있다. 지금 MC인 김창환처럼 시청자들이 쉽게 다가갈 수 없거나 흥미를 느끼지 못하는 사람보다는 라디오스타이자 매우 뛰어난 MC였던 이문세 같은 음악인을 섭외하는 것이 시청자들을 좀 더 쉽게 이 프로그램에 다가갈 수 있게 할 것이라고 생각한다.

진정한 명품으로 거듭나기를

기술이 발전하고 문화가 변하면서 음악 산업 또한 많은 변화를 겪어왔다. 그 변화가 결국 음악 산업의 침체를 가져와 많은 음악인들이 음악을 포기하고 몇몇 장르의 음악만이 간신히 살아남고 있는 것이 현실이다. 그런 상황에서 오직 음악만을 위한 프로그램인 <음악여행 라라라>는 그 명을 유지하는 것조차 힘들지도 모른다. 하지만 얼마 전부터 1980~1990년대의 이른바 한국 음악의 르네상스 시기라고 불리는 시대의 음악인들이 한둘씩 다시 돌아오기 시작하면서 사람들에게 전성기 때의 향수를 불러일으키고 있다. 또한 당시의 음악들은 비주얼이 아닌 음악을 위주로 했기에 이들의 재등장은 음악 중심의 프로그램 <음악여행 라라라>에 큰 힘을 실어줄 것으로 보이고 시청자들도 그것을 기대하고 있을 것이다.

<음악여행 라라라>의 최대 장점은 어쩌면 저렴한 제작비일지도 모른다. 관객이 없는 녹음 스튜디오를 선택함으로써 제작비를 절감하게 되고 이는 결국 시청률의 부담에서 벗어날 수 있다는 것이다. 대중적인 음악방송으로서 이른바 대박을 터트리기보다는 잃어버렸던 음악에 대한 감수성을 되찾으려 하는 시청자들을 위한 방송을 하는 것이 고품질 음악방송 <음악여행 라라라>가 진정한 명품으로 거듭날 수 있는 길이 아닐까 생각한다.

아줌마 드라마의 새 시대를 열다
MBC <내조의 여왕>

박한아

1. '줌마렐라' 서사의 극복과 '아줌마'에 대한 새로운 시각

텔레비전 드라마를 이끄는 주인공의 성별은 대부분의 경우 '여성'이다. 이는 드라마를 시청하는 주요 수용자가 여성이라는 사실에 대한 반증이며 동시에 드라마에 나타나는 여성상의 변화가 우리 사회의 그것을 반영한다고 볼 수 있는 중요한 지점이 된다. 따라서 20~50대 여성들의 정서적 몰입을 극대화할 수 있는 여러 장치들이 작품의 기본인 캐릭터 구축과 서사 전개에 작용하게 된다. 그런데 언제부턴가 우리 드라마 작품들은 여성 등장인물을 아줌마 아니면 아가씨로 철저히 이분화시킴으로써 다양한 여성들을 '결혼의 유무'라는 단적인 기준으로 재단하여 표현했다. 이는 각각 '아가씨'와 '아줌마'라는 고정된 이미지와 관념을 생산하는 결과를 낳았다. 그리고 결국 비슷한 배경과 성격을 가진 여성들이 전형적인 멜로 구조를 따라 (남성에 의해) 해피엔딩에 안착하는 것이 비슷비슷한 작품들

속에서 반복됨으로써 이 관념은 하나의 '표준'으로 자리 잡게 되었다.

그런데 이러한 고착화는 몇 년 전의 작품들에서부터 서서히 균열되기 시작했는데, 이는 특히 미혼 여성에 대한 묘사에서 두드러지게 나타났다. <내 이름은 김삼순>의 삼순이에서부터 본격적으로 등장한, 사회의 전형적인 여성상을 전복시키는 여성 캐릭터들은 <커피프린스 1호점>의 은찬, <메리대구 공방전>의 메리, <달콤한 나의 도시>의 세 명의 30대 여성 등과 같이 다양하게 변형되면서 기존 사회가 주입시킨 여성성이 '허구'임을 지적했다. 이들의 등장은 기존 미디어에 의해 왜곡되어왔던 여성에 불만감과 거리감을 가지고 있던 여성 수용자들에게 환영을 받았다. 그러나 이러한 여성 캐릭터의 진화에도 아줌마에 대한 새로운 묘사는 전혀 진행되지 못했다. 기혼 여성을 중심인물로 내세운 많은 드라마들이 큰 호응을 얻었지만 이는 모두 '줌마렐라' 스토리의 전개구조를 답습하는 데 그쳤다. <내 생애 마지막 스캔들>의 홍선희(故최진실)는 남편의 불륜으로 상처받지만 결국 자신을 첫사랑으로 생각하는 톱스타 송재빈(정준호)을 만나 새로운 사랑을 찾는다. <조강지처클럽>의 나화신(오현경) 역시 남편 한원수(안내상)의 배신으로 불행한 시간을 보내다가 구세주(이상우)라는 남자를 만나 '줌마렐라'로 완성된다.

그러나 <내조의 여왕>은 진부했던 줌마렐라 서사를 과감히 극복하고 새로운 '아줌마'상(象)을 제시함으로써 아줌마 드라마의 새 지평을 열었다. 우선 내조의 여왕이 되고자 하는 천지애(김남주)는 기존의 아줌마들과는 확실히 다르다. 기존의 전업주부들은 모두 외모적으로 수수하거나 못생긴 이들로 그려졌다. 그리고 이어지는 남편의 외도나 시댁에서 받는 멸시는 마치 이 모든 것이 그녀의 못난 비주얼과 '자기 관리'도 하지 않는 미련함에 있었다는 인상을 주기에 충분했다. 살림과 육아, 내조를 위해 외모에 신경쓰지 못했던 아줌마들이 이혼이나 실패 후에 보여주는 외모의 극적인 변화는 아줌마들이 진정한 사랑과 성공적인 삶을 만들어가는 데 필수적인 요소로서 기능해왔다. 하지만 지애는 어떤가. 그녀는 극의 처음에서 끝까지 학창 시절 이름을 날렸던 '퀸카'답게 아름다운 외모를 자랑하며 스타일리쉬한 모습으로 등장한다.

여기에서 주목해야 할 점이 있다면 <내조의 여왕>에서는 여성의 아름다움이 사회적 권력과 맞교환되지 않는다는 것이다. 지애는 학창 시절 예쁜 외모로 화려한 남성편력을 자랑했지만 십수 년 뒤 여고 동창회에서는 그때의 지배적 위치를 완전히 상실한다. 이제 권력자의 자리에 오른 것은 학창 시절 못난 외모로 지애와 아이들에게 놀림 받던 양봉순(이혜영)이다. 물론 그녀는 성형수술과 꾸준한 운동으로 새로운 양봉순으로 태어났지만, 이 '성취된 아름다운 외모'는 그녀가 지배적 위치에 서는 데 영향을 끼치지 않았고 이는 오히려 시간적으로 보았을 때도 그 이후에 일어난 일이다. 여기서 여성의 사회적 위치를 결정한 요인은 남편의 사회적 위치이다. 퀸즈푸드의 기획부장인 한준혁(최철호)의 아내인 봉순은 인턴사원 온달수(오지호)의 아내인 지애보다 힘이 세다. 남편에 의해 결정되는 여성의 위치란 슬픈 현실이고 마치 남성에게 종속되는 여성 이미지의 재생산이라는 비판을 받을 수 있을 것이다. 그러나 <내조의 여왕>은 '슬프지만 진실'인 이 사실을 생략하거나 뛰어넘지 않는다. 사회 내에서 명백히 존재하는 위계질서와 권력 관계에 대한 정직한 반영은 오히려 예쁜 외모와 착한 마음씨의 여성들이 백마 탄 왕자님에 의해 구원받는 기존 서사 법칙을 해체시키는 결정적 요소로 작용했다. 또 이는 대한민국의 아줌마들이 생생하게 경험하고 있는 현실이었고 결국 이 현실성의 획득은 30대 이상의 주부들에게 엄청난 공감을 자아냈다.

지애가 기존 아줌마 캐릭터들과 다른 점은 외모만이 아니다. 그녀는 경제적으로 무능력한 남편의 빈자리를 메우는 강인한 생활력의 소유자다. 기존의 아줌마 캐릭터들이 알뜰한 살림이라는, 상대적으로 소극적인 행위를 통해 가정이라는 경제적 공동체의 유지에 이바지했던 것과는 달리, 지애는 실제로 돈을 버는 경제적 행위를 한다. 짝퉁 가방을 만드는 지애의 일은 딸을 유치원에 보내고 공과금을 내기 위해 계속되어야 한다. 이는 경제 불황 시대의 실감을 담아내는 동시에 무너져가고 있는 남성권위와 이를 바탕으로 한 여성의 전유화를 보여준다. 그녀의 사회적 위치는 분명 달수에 의해 결정되었을지 모르지만 그 위치의 고양을 위해 지애는 계속해서 무언가를 한다. 자신의 삶을 좀 더 나은 자리에 위치시키기 위한 이러한 모습은 능동적 주체로서의 '아줌마'의 면모를 반영한 것이다. 그리고 극의 초반에서부터 꾸준히 이어지는 지애의 경제적 활동은, 줌마렐라 드라마 속에서 아무것도 하지 않았던(혹은 할 줄 몰랐던) 아줌마들이 하루아침에 성공적인 커리어우먼으로 거듭나는 방식으로 묘사되었던 왜곡된 경제적 행위와도 구별된다. 이렇듯 천지애 캐릭터의 현실성과 새로움은 줌마렐라 드라마의 관습을 공격한다.

2. 참을 수 없는 '내조'의 가벼움?

그런데 기존의 사회적 인식과 관습을 공격한다는 여성 캐릭터가 매진하는 일이 '내조'라니 이는 어쩐지 의심스럽다. '내조'에 대한 사회적 인식은 어떠한가. 그것은 아주 가벼운 일이며 남편이 바깥에서 하는 일을 보조하는 일이고 아무것도 생산해내지 못하는 일이다. 극단적으로 해석했을 때, 그것은 가부장적 질서에 대한 복무이며 여성의 능력 발휘의 장(場)을 사적 영역

또는 비공식적 영역으로 한계 짓는 행위이다. 달수를 퀸즈푸드에 취직시키기 위해 연줄을 찾아 아부하고 동창생에게 무릎을 꿇어가며 애원하는 지애의 모습은 마치 남편의 성공을 위해 무엇이든 하는 지고지순한 여성의 현대적 탄생을 보는 듯한 기분마저 든다. 그러나 지애의 '내조'를 단순한 뒷바라지로 보며 그녀의 행위를 도덕적으로 단죄하기에는 어려움이 있다. 그것은 지애의 내조가 갖는 치밀함과 전문성 때문이며, 그것이 실제로 달수의 사회적 성공을 좌지우지하는 결정적 요소로 작용하기 때문이다. 그녀가 신데렐라 되기에 실패하고 내조의 여왕으로 거듭나기로 결심한 이후에 그녀가 보여준 초기 '내조'의 내공은 미미했다. 권위 있는 이들에게의 청탁이나 애원으로 묘사된 내조의 에피소드들은 기존의 내조들과 별다를 바 없다.

하지만 인턴사원에서 정사원으로의 승진이 달려 있는 프로젝트에서 지애의 실력 발휘는 시작된다. 고민하는 달수에게 아이디어 제공에서 '시식회'라는 획기적인 방법론까지 제시하고 실행하는 지애는 프로젝트의 성공에 결정적 기여를 한다. 비록 이는 봉순의 계략에 의해 실패하지만 준비과정에서 드러난 지애의 적극성과 창의력은 놀랄 만한 수준이고 이 에피소드에서는 오히려 여성의 능력에 따라 남성들의 성공이 결정되는 듯한 인상을 받는다. 또 새로운 천연 조미료 프로젝트를 맡은 달수에게 다년간의 살림과 요리로 얻은 노하우와, 한정식 식당에 취직해서 알아낸 현실적인 기술들을 전수해주는 지애의 모습에서는 그녀가 사적 범위에서 쌓아온 능력들이 공적 영역에서도 얼마나 가치 있는지를 보여준다.

이러한 지애의 적극적인 '내조'는 앞에서 언급했던 '남성의 능력에 종속된 여성의 인생'이라는 법칙에 대한 파괴행위로 해석할 수 있다. 부인의 능력은 어찌 보면 남편의 능력보다 더욱 위대하다. 그들이 미처 생각해내지 못한 부분을 간파하는 능력과 놀랄 만한 행동력은 오히려 남편들의 행위를 압도한다. 달수는 지애의 능력에 감탄하고 자신이 하지 못하는 일을 해내는 그녀에 대한 존경심마저 드러내는 듯 보인다. 이는 원재료 공급을 위해 찾아간 한 시골에서 전적으로 드러나는데, 계약을 위해 프로젝트에 참여하는 사원들뿐만 아니라 그들의 부인들까지도 모두 동원된다. 계약의 성사를 위해 남편들과 부인들은 각각 가장 잘할 수 있는 일들을 찾아 마을의 어르신들을 설득한다. 여기에서 남성들의 일과 여성들의 일에 대한 수직적 위계구조는 해체된다. 공적 영역에서의 성취에 비해 사적 영역에서의 성취의 가치가 절대로 폄하되지 않는다. 내조의 여왕 속 남성들은 그들의 부인 없이는 어떤 일도 제대로 해내지 못한다. 그들의 성취 여부는 부인에게 달려 있다. 물론 여성의 능력이 가시적인 공간에서 실현되지 않고 남성과 여성의 협업을 통해 완성된 성취가 공식적으로는 남성들만의 것으로 대표된다는 한계점은 <내조의 여왕>에서도 여실히 드러난다. 자신의 이름을 내걸고 자신만의 일을 가진 드라마 속 내조의 여왕들은 이 부분에서 비판받을 수 있다.

그러나 이는 오히려 '도대체 왜 여성들의 자아실현은 꼭 전문직 여성이라는 위치의 점거에 의해서만 가능하다고 제시되는가'라는 반(反)비판으로 해석될 만한 지점이다. 앞에서 말했듯 열심히 살림만 하던 아줌마들이 이혼을 계기로 가사와는 완전히 이별하고 돌연 홈쇼핑 사업에서 대박을 내거나(<두 번째 프로포즈>), 메이크업 아티스트로 이름을 떨치며(<아내의 유혹>), 성공한 커리어우먼이 되는(<조강지처클럽>) 식으로 공적인 영역에서 성공하는 모습은 현실과 거리가 멀 뿐만 아니라 여성의 가사가 바깥일보다 별것 아닌 일이라는 전제를 가지고 있기 때문에 문제가 된다. 드라마 속이 아니면 불가능해 보이는 이러한 성공은 상승된 여성의 위치에 대한 반영이 아니라 환상이다. 내조의 여왕은 그러한 허구적 상상력을 거부함으로써 분명히 존재하는 '남성: 일 - 여성: 가사'에 대한 수직적 가치 설정을 해체하고 이 틈새를 공략하여 은밀하지만 교묘하고 즐겁게 가로지른다. 그동안 너무나도 견고했던 가치 체계와 질서에 대한 이 위협은 극단적인 전복이 아닌 유쾌한 흔들기로 나타난다.

3. 거짓 없는 위로의 시간, 그리고 삶은 계속된다.

'내조의 여왕'인 지애는 달수에게 "우리 사는 것처럼 한번 살아보자"고 한다. 그녀가 그의 내조를 위해 매진하는 것은 바로 이 때문이다. '남들 사는 것처럼 살아보는 것'. 이는 너무나도 자본주의적인 욕망이다. 내가 살고 있는 체계 안에서, 회사 안에서, 사회 안에서 인정받으며 살고자 하는 이 지극히도 당연한 욕망을 위해 열심을 다하는 캐릭터들의 모습에서 시청자들은 자신들의 모습을 발견하고는 위로를 받는다. 별다른 큰 뜻이나 그럴싸한 명분이 없는 이들의 지극한 평범함이 우리와 참 닮아 있기 때문이다. 치열한 생존 경쟁 안에서 피해자인 동시에 가해자가 되는 아이러니한 현실과 인물들에 대해 내조의 여왕은 함부로 비판하거나 평가하지 않는다. 정의롭고 순수한 마음씨를 가진 달수와 회사 내에서 어렵게 유지해온 위치를 빼앗기지 않게 윗선의 말을 고분고분히 따르는 부장 준혁, 또는 회사의 경영권을 갖기 위해 온갖 계략을 짠 김 이사(김창완)가 절대적인 선과 악으로 그려지지 않는다. 대신에 그 체계 안에서 본의 아니게 서로에게 상처 주었던 일에 대한 반성이 제시된다. 김 이사는 도덕적 비난을 감수하게 될 것이 암시되고, 지애는 사랑이라는 이름으로 달수에게 자신의 욕망을 강요했던 것은 아닌지 진지하게 돌이켜본다. 한편 극의 전개가 중반을 지나 후반부에 이르면서 갈등은 극에 이르거나 해소되고 인물들의 관계는 재편된다. 사장 허태준(윤상현)과 지애의 관계, 사장 부인인 은소현(선우선)과 달수의 관계, 그리고 달라진 준혁과 봉순, 봉순과 지애의 관계들은 새로운 이야기들을 만들어내며 서사 전개의 축을 담당하게 된다. 중요한 것은 여기에서 가벼운 것은 아무것도 없다는 사실이다. 이루어지지는 않았지만 지애를 향한 태준의 애틋한 마음도, 소현을 향한 달수의 잠시의 흔들림조차도 단순히 '불륜', '이혼', '복수'와 같이 단정적이고 극단적인 방식에 의해 가볍게 포섭되지 않는다. 달수 역시 소현에게 흔들렸음을 정직하게 인정한다. 지애는 비록 태준의 마음을 받아들이지 않았지만 그의 애정과 진심에 고마움의 인사를 전한다.

달라진 관계에서 인물들은 이렇게 때로 상처주고 또 상처받지만 그들은 결코 쉽게 헤어지거나 쉽게 화해하지 않는다. 그들은 그들을 시청하는 시청자들이 그러하듯 스스로의 생(生)과 관계들에 대해 신중했다. 너무나 극단적이어서 비현실적으로 느껴지는 갈등과 그 이후에 오는 너무 쉬운, 그래서 작위적인 화해나 억지스러운 해피엔딩이 <내조의 여왕>에는 없었다. 이른바 '막장' 드라마의 시대에 등장한 <내조의 여왕>은 한 번도 시청자를 속이지 않았던 것이다. "큰 파도가 휩쓸고 지난 다음에도 우리는 모두가 살아간다"(20회, 천지애). 이 계속되는 삶 속에서 우리는 또다시 많은 좌절과 슬픔을 경험하게 되겠지만 내조의 여왕이 보여준 진정성은 오래도록 기억에 남아 우리에게 훔훔한 위로가 되어줄 것이다.

소리 내서 읽는 즐거움
KBS 1TV <낭독의 발견>

석정완

헛헛한 TV 방송가(家)에 '문학'의 둥지 틀기

"어른들은 거짓말을 해. 뭔가를 원하면 그것을 얻기 위해 거짓말을 하지. 그리고 그리고 자신들이 거짓말했다는 것조차 몰라. …… 너 무슨 짓을 했는지 알아? 사람들에게 상처를 입혔다는 건 아니? 널 사랑하는 사람들한테, 너 그들한테 상처주고 싶었니!"

어느 날인가 무심코 채널을 돌리다 당시 배우 추상미 씨가 한창 공연 중이던 연극 <블랙버드>를 보게 되었다. '이제 지상파 방송에서 연극도 보여주네'라며 별생각 없이 보고 있는데 갑자기 추상미 씨가 책 한 권을 집어 들고 어느 한 부분을 읽어 내려간다. 몇 번의 낭독과 함께 흐르는 음악을 듣고 있다 보면 어느새 30분가량의 방송이 끝난다. 소개되었던 책과 그 안에서 와 닿았던 구절 하나하나, 그리고 추상미라는 배우가 한꺼번에 밀려온다. "내가 그의 이름을 불러주었을 때 그는 나에게로 와 꽃이 되었다"(시 「꽃」 중에서)라고 말하던 김춘수 시인처럼, 내가 <낭독의 발견>을 시청했을 때 그것은 나에게로 와 '읽는다는 것'의 즐거움을 느끼게 해주었다.

뉴턴 미노(Newton Minow)는 TV 오락 프로그램을 '거대한 황무지'에 비유했다. 웃음이 나지만 그것은 정말 '우스워'서 나는 조소에 지나지 않고 온갖 자극적이고 폭력적인 영상들이 시청자들의 눈과 마음을 어지럽힌다. 단순히 웃음을 제공하는 코믹물을 벗어나 허무함마저 안겨주는 각종 오락 프로그램이 범람하는 오늘날은 50여 년 전 뉴턴 미노가 황무지를 언급하던 그때와 별반 다를 것이 없다. 시청자들은 여전히 황무지에 살고 있다. 이렇게 오랜 시간 동안 헛헛함에 지친 시청자들에게 <낭독의 발견>은 오아시스와 같은 존재였다. 책을 '읽어준다'는 콘셉트로 문학을 소개하는 이 프로그램은 정말 그 이름처럼 낭독(소리 내 읽는다는 것)의 발견이자 신선함의 발견이었고, 교양 프로그램이 보여주는 신세계였던 것이다.

TV는 '바보상자'라 불리기도 한다. 사전에 등록되어 "텔레비전의 부정적 영향을 강조하여 이르는 말"이라고 정의될 만큼 TV의 유해성을 경계하는 말이다. 더 정확히 말하자면 방송이 가져다주는 각종 유익함에도 불구하고 선정성·폭력성 등 그것의 부정적 기능을 무시하지 못한 데서 나온 말인 것이다. 그러던 것이 최근에 와서는 인터넷의 높은 보급률로 TV에 집중되던 사람들의 시선이 컴퓨터 모니터로 분산되고, '양식 있는 시민(informational citizen)'들이 늘어나면서 시청자들은 자신에게 영향을 미칠 수 있는 정보에 매우 민감하게 반응하고 거기에 대한 자신의 의견을 적극적으로 표명하게 되었다. 자연스럽게 TV 방송도 해로운 매체라는 인식에 대해 조심스러워졌고 시청자들을 아무 생각 없이 멍하니 바라보게 하는 바보상자로서의 기능을 줄여나가기 위한 노력을 필요로 하게 되었다.

이러한 한 예로 KBS는 2003년 2TV의 혁신을 꿈꾸며 오락성·가학성·선정성을 개선하겠다는 취지의 'K2 프로젝트'를 수행했다. 이 프로젝트는 유익한 정보와 삶에 도움이 되는 교육적 내용 제공 등을 원칙으로 공익성과 공공성 강화를 목표로 계획되었고 <낭독의 발견>의 시발점도 바로 이곳이었다. K2 프로젝트의 우수기획안으로 채택되어 그해 11월에 방송을 시작, 수천 권의 책을 통해 사람들을 만나던 것이 어느덧 6년이라는 시간이 흘렀고 그동안 우수 교양 프로그램으로 우뚝 자리매김했다.

깊이 있는 낭독의 울림, 마음의 영혼까지 스며들다

TV에서는 오페라, 뮤지컬, 전시회 등 최신 공연 정보를 시청자들에게 알려주고 주말 동안에 '공연 나들이'를 가볼 것을 권하는 멘트를 한다. 게다가 '오리지널 내한 팀 구성', '몇 년 만에 찾아오는 전시회', '좌석 매진률 90%' 식의 멘트가 곁들여지면 정말 공연 나들이를 가야 할 것만 같다. 하지만 아무리 보고 싶은 공연이나 전시회가 있어도 표 값이 만만치 않아서 엄두가 나지 않을 때가 많다. 좋은 자리에 앉으려면 10만 원이 훌쩍 넘고 외국에서 내한이라도 했다 치면 역시 마찬가지다.

물론 저렴한 가격의 공연도 있지만 자꾸만 인상되는 영화 표 값에 극장가기를 주저하게 되는 대다수의 사람들에게 그러한 공연은 '그림의 떡'이다. 때로는 거기서 상대적 박탈감을 느끼기도 한다. 다함께 즐기고 나눌 때 그 감동이 더해지는 문화가 오히려 소수의 사람들만이 누릴 수 있는 특권마냥 되어버린 것이다. 피에르 부르디외(Pierre Bourdieu)는 개인이 어떠한 문화적 취향을 갖고 어떤 종류의 문화를 소비하는가 하는 것은 그 사람의 사회적 위치와 계급을 드러내는 실마리가 된다고 보았다. 또한 취향이 같은 사람끼리 어울리다 보면 상류층·중류층 등 문화적 자본에 의해 서열이 매겨진다는 것이다. 이러한 면에서 기존의 문화 소개 프로그램은 그것이 의도된 것은 아니지만 사람들에게 공연이라는 상품을 소비할 것을 유도하면서 자본으로 구분되는 계층의 격차를 느끼게 한다.

이와 달리 <낭독의 발견>에서는 박탈감은 사라지고 글 하나로 모두가 공평하게 소통할 수 있다. 시청자 게시판을 통해 사람들은 책에 대한 정보와 지식을 공유하고 설사 글을 모르는 사람이더라도 TV에서 들려오는 낭독을 통해 사람들과 같은 문화를 공유할 수 있다. 돈을 들이지 않고 책을 접하며 이따금씩 출연자들이 여는 미니 콘서트를 통해 시청자들은 오히려 그 과정에서 문화적 자본을 쌓게 되는 것이다. <낭독의 발견>은 단순히 소리내서 읽는 즐거움을 나누고 싶다는 생각에서 출발했지만 그 울림이 사회에 미치는 영향은 생각보다 깊이 있는 것이었다.

디지털 로드, 아날로그적 문학의 숲을 만나다

KBS의 대표 문화 프로그램이라 할 만큼 오랜 시간동안 시청자들 곁을 지키고 있는 <낭독의 발견>은 평균 시청률이 2.3%로 매우 저조하다. 그런데도 마니아 층을 형성하며 장수할 수 있는 데는 <낭독의 발견>에서 시청자들이 발견할 수 있는 것이 비단 책뿐만은 아니기 때문이다. 사실 시시각각 변화하는 사회에서 사람들이 원하는 것은 '좀 더 편하고 간단하게, 그리고 빨리'라는 모토에 부합하는 것이다. 그리고 그 이면엔 디지털적인 요소가 다분히 작용하고 있다. 어쩌면 정독보다는 속독이, 텍스트가 빼곡히 들어찬 책보다는 그림 위주의 손쉽게 읽힐 수 있는 책이 선호되는 요즘 책을 읽어준다는 것은 입맛 까다로운 시청자들에게 어필할 만한 것은 아니었다. 금세 싫증을 내고 더 재미있는 것을 찾아 리모컨 버튼을 누르는 시청자들에게 <낭독의 발견>이 보여준 것은 TV 방송이라는 디지털 그 자체에 아날로그적 감수성을 더하는 것이었다. 즉, 텍스트와 음악을 아기자기한 무대에 올려놓고 출연자의 삶의 이야기를 곁들여 완성하는 것이다. 웰메이드 영화와 드라마가 있다면 이 또한 잘 만들어진 컬쳐 리딩(culture reading) 토크쇼라 할 수 있겠다.

매회 3~4권 정도의 책이 소개되고 때로는 지난 방송에서 다뤘던 책이 다시 나오기도 한다. 이때 시청자들은 책이라는 상품을 소개받기보다는 소설, 수필, 시 등 자신의 취향에 맞게 때로는 관심 밖의 장르를 접함으로써 독서의 폭을 넓혀간다는 느낌을 받는다. 4월 10일에 방송되었던 신경림 시인 편에서 방청객들은 직접 신경림 시인의 시를 낭송하고 이야기를 나누었는데 출연자와 방청객이 아니라 존경하는 교수님의 수업을 경청하는 학생들과 그를 칭찬해주는 선생님의 모습이었다.

유명한 배우에서 시작해 시인, 화가, 디자이너, 개그우먼까지 한정되지 않는 다양한 출연자들만큼이나 낭독에 대한 기존의 정형화된 틀에서 벗어날 때도 많다. 파키스탄과 이스탄불에서 온 이주노동자들이 나왔을 때에는 그들의 언어로 외국의 문학을 낭독했고, 힙합가수 드렁큰 타이거는 낭독을 랩으로 풀어내기도 했다. 낭독은 '또박또박 소리 내 읽는 것'이라는 고정관념을 벗어 던짐으로써 시청자들에게 텍스트가 언어로 내뱉어지는 그 행위 자체에 즐거움이 있음을 깨닫게 해준 것이다.

TV가 주는 시각적인 즐거움을 떠나 청각을 풍부하게 만족시켰다면 <낭독의 발견>은 다시 보여주기로 돌아간다. 출연진마다 각기 다른 주제가 선정되고 그에 맞춰 변화하는 무대는 매 주 시청자에게 볼거리와 기대감을 갖게 한다. 마치 연극 무대를 옮겨 놓은 듯한 그 공간은 나만을 위한 북카페가 열리고 출연자와 나 사이의 면 대 면 커뮤니케이션이 일어날 듯하다. 출연자의 삶에 대한 이야기는 여타 방송에서 심심찮게 들리는 가십거리가 아닌 진솔한 삶의 과정이며 예술가로서 지니는 창작의 고통, 희열 등을 담고 있다. 때로는 한국 문학계에 한 획을 그은 역사가 오가기도 한다.

양질의 프로그램에 맞는 시청률의 도약을 꿈꾸며

방송에 있어 시청률이 곧 성적표가 되는 일은 안타까운 현실이다. 아무리 잘 만든 프로그램이라 할지라도 시청자가 외면해버리면 그 프로그램의 가치 역시 함께 외면 받는다. 지난 6년간 <낭독의 발견>은 두터운 마니아 층을 형성하면서 KBS에 굳은 뿌리를 내렸다. 하지만 시청률로 따지자면 방송이 주는 유익함에도 불구하고 D나 F학점에 지나지 않는다. 시작부터 우수기획안으로 채택되어 방송으로 만들어졌고 그 후 우수 프로그램 작품상, '시청자가 뽑은 좋은 프로그램' 교양 부문 본상 수상 등 여러 차례 호평을 받으며 프로그램 자체의 우수성은 알렸지만 부진한 시청률은 면치 못했다.

동시간대의 시사와 다큐, 오락 프로그램에 밀려 고전하는 것이라 하더라도 방송이 프로그램의 질만을 고집하는 것이 아닌 시청률까지 함께 잡아야 함을 고려할 때 <낭독의 발견>은 경쟁성을 잃은 것이다.

프로그램의 특성상 밤 시간대와 잘 어울리기도 하지만 평일 밤 11시 30분에 일과에 지쳐 재미있는 방송을 찾는 시청자들이 <낭독의 발견>을 지나치는 것은 교양 프로그램 자체가 지니는 지루한 인상, 즉 오락적 요소가 결여된 까닭이다. 교양 프로그램이 지나친 오락성을 추구하는 것은 본 목적에 어긋나는 것이지만 <낭독의 발견>은 이미 음악과 토크쇼라는 오락적 요소를 포함하고 있다. 여기에 저명성 있는 인물을 출연시킨다면 낭독에 실리는 힘이 시너지 효과를 볼 것이다. 최근 개그우먼 박지선, 배우 강혜정, 유지태, 구혜선 등이 출연하여 기사화되고 평소보다 열렬한 방청객 호응을 얻으며 낭독된 글이나 음악에 대해 묻는 게시물 많이 올라온 것을 보면 알 수 있다.

또 하나의 방법으로 인터넷 홈페이지에 'TV다시보기'가 있는 것처럼 방송된 것을 음성 파일로 다운받을 수 있도록 연계하는 것을 생각해볼 수 있다. 이는 <낭독의 발견>이 책이라는 시각적 매체를 청각으로 전환해 사람들에게 신선함을 제공했던 것처럼, 화면 없이 음성만으로 듣는 낭독의 소리는 그 음성에 더 귀 기울이게 하여 방송과는 또 다른 색깔로 다가올 것이다.

4년 전 모 주간지에서는 <낭독의 발견>이 정보와 오락 두 마리 토끼를 잡기 위한 '제2의 도약'을 꿈꾸고 있다고 했다. 오락성을 추구하다가 지나치게 가십이나 신변잡기로 빠지는 성격의 변질을 경계하면서 <낭독의 발견>은 지금은 물론 앞으로도 제3·제4의 도약을 해야 할 것이다. 그래서 더 많은 사람들이 낭독의 문화를 공유하고, 점점 고차원적으로 변해가는 디지털 시대에 아날로그적 냄새를 물씬 풍기는 문학의 숲을 이루길 바라본다.

누군가의 형제라는 건
<엄마가 뿔났다>, <내 인생의 황금기>의 삼남매를 중심으로

안소영

1. 들어가며

얼마 전 개그우먼 김지선 씨가 넷째 아이를 가졌다는 사실이 방송을 통해 알려졌다. 아이 셋만 가져도 "어이쿠야" 소리가 절로 나오는 저출산 시대에 그녀의 소식은 놀랍고 신기하기도 하다. 그런데 그녀의 말을 듣고 나면 그저 부러워진다. "남편과 제가 경제적으로 많이 물려줄 건 없어서요 저희들끼리 아껴가며 살라고 형제 많이 만들어주는 게 제일 큰 보물이 아닌가 하는 생각을 했어요"

어쩌면 '형제'란, 험한 세상을 홀로 살아가는 게 얼마나 힘겹고 무거운 일인지 잘 아는 인생 선배인 부모가 자녀에게 소개하는 생애 최고의 친구인지도 모른다. 그런데 누구나 똑같은 모습을 가질 순 없어서 형제자매 사이에도 엄연한 차이가 존재하는데, 여기서 갈등은 발생한다. 가령 학창 시절 '공부 못하는 동생은 전교 1등 언니를 질투하고, 언니는 이유 없이 동생에게 미안해하는 것'이나, '밖에 가서 대기업에 다니는 동생만 자랑하시는 엄마에게 형이 갖는 소외감' 같은 것이다. 깨물어 안 아픈 손가락이 어디 있을까마는 확실히 더 많이 아프거나 덜 아픈 쪽이 있다고 자식들은 믿는다. 속 한 번 썩이지 않고 공부까지 잘하는 자식은 그 자식대로 기특하고, 말썽부리는 데는 어디 내놔도 1등감인 자식은 또 그대로 마음이 쓰이는 부모 입장에선 억울하다 할 만한 대목이다.

가족은 가장 작은 사회적 단위이지만 그 역할 수행에 따라 우리 사회가 나아갈 향방이 가늠되고, 모든 인간관계의 원초적 단계가 형성되는 장(場)이라는 측면에서 드라마 장르가 꾸준히 주목해온 주제다. 드라마가 궁극적으로 '휴머니즘'을 탐방하는 것을 목적으로 한다 할 때, 가족은 개인이 축적한 인간성의 기본에 대해 논할 수 있는 가장 효과 있는 수단이기 때문이다.

그렇다면 그동안 우리 드라마에 등장한 '형제자매'의 모습은 과연 어떠한가. 전후 시대와 산업화 혁명기, 이른바 '먹고 살기 힘들었던' 시절을 묘사한 드라마에 제시된 형제상은 '희생'의 코드로 축약된다. 부모와 다름없는 큰형이 동생들의 교육과 장래를 위해 자발적 고난을 행하는 줄거리나, 오빠와 남동생을 위해 자신의 삶을 뒷전으로 하는 누이의 애처로운 삶에 관한 이야기 등이다. 이는 궁핍한 국민경제에 다자녀 출산·남성중심주의적 시대인식이 결합하면서, 될성부른 떡잎 하나만 잘 키우자는 '몰아주기식 양육방식'이 사회 전반에 퍼진 영향이었다. 외부적 강요로 희생을 택하는 여자형제의 모습은 1990년대 말까지 유행하다가 현재를 배경으로 한 드라마에선 거의 찾아볼 수 없다.

대신 '이기적인' 형제자매가 전면에 등장했다. 기존의 스토리 구조가 희생하고 안쓰러워하며 서로의 삶에 깊숙이 관여하는 형제애를 나타냈다면, 이제는 각자의 삶에 충실한 인물들이 최소한의 교집합－부모님의 생신이

나 각종 집안 문제 등 – 내에서만 함께 움직이는 양태를 보인다. "내가 너를 위해 어떻게 했는데 네가 나한테 이럴 수가 있니"보다는 "돈 터치 미(Don't Touch me)" 또는 "형이 무슨 상관이야 내가 알아서 해"라는 대사가 훨씬 매력적이게 된 것이다. 부(富)의 증대, 국민교육 수준의 신장, 핵가족화, 개별화, 개인의 개성추구 등 우리 현대 사회를 관통하는 여러 요소들이 얽히고설킨 지점에 그 원인이 있다. 또 형제간에 느끼는 묘한 경쟁 심리는 더욱 부각되고 있는데, 이는 자녀의 수가 줄어듦에 따라 경쟁해야 할 대상이 더욱 정확해졌기 때문으로 보인다.

이러한 변화는 KBS2 <엄마가 뿔났다>(2008년 2~9월, 이하 <엄뿔>)와 MBC <내 인생의 황금기>(2008년 8월~2009년 3월, 이하 <황금기>)에서도 볼 수 있다. 두 작품 모두 '주말 가족드라마'라는 타이틀을 내걸고 3대 가족 구성에서 주인공 부부와 삼남매, 그리고 주변 인물에게 일어나는 갖가지 애환을 그렸다. 이 글에서는 두 작품에 등장하는 각 삼남매를 중심으로 최근 가족드라마에서 목격된 '형제상'에 대한 새로운 시선과 한계를 톺아보고자 한다.

2. 못난이 남동생과 거센 누나들의 등장

큰딸은 살림밑천이라고 했던가. 부모면 부모, 동생들이면 동생들, 살림이면 살림, 뭐 하나 살뜰하게 챙기지 않는 것이 없다고 해서 그렇게 부른다. 그런데 <엄뿔>과 <황금기>의 맏딸들은 전혀 뜨듯한 구석이 없다. 아버지, 엄마가 괜히 독종이라 부르는 게 아니다. <엄뿔>의 맏이 나영수(신은경)는 업계에선 꽤 유명한 이혼 전문 변호사다. 벌이가 넉넉해서 웬만해선 하고 싶은 일을 두고 돈에 구애받지 않는다. 합리적이고 냉철한 면이 그녀를 변호사로서 성공하게 했지만 할 말 다하는, 그것도 아주 논리적이고 체계적으로 쏘아붙이는 그녀가 가족들은 버겁다. <황금기>에서 이황(문소리) 역시 자기애가 강하고 주변과 타협하는 법이 없다. 북디자이너인 자신의 직업을 사랑하며 아무리 가족이라도 자신의 영역에 침범하면 몹시 못마땅해한다. 반면 두 집안의 아들들은 어딘가 빈틈이 많다. <엄뿔>의 둘째 나영일(김정현)은 학창 시절에 공부와 거리가 멀었다. 내내 말썽만 피우다 입대했지만, 제대 후에도 자리를 잡지 못하고 아버지의 세탁소를 겨우 물려받는 것으로 생활을 해나간다. <황금기>의 이기(진이한)는 의대에 턱하니 합격할 정도로 공부도 잘하고 성격도 유순하지만, 어리광과 투정이 온 행동에 배어 있다. 두 남자가 '집안의 기둥'이라기엔 너무 부실하다.

아들의 절대적 우위를 보장하는 낡은 시선이 거둬진 자리를 '아들 못잖은 딸'이 점령했다. 전통적인 아들 - 딸의 역학구도가 바뀌고 있는 셈이다. 두 누님들(나영수와 이황)이 자기 식대로의 삶을 또록또록하게 구현해나가는 영리하고 강인한 인물들이라면, 나영일과 이기 모두 남성성을 결여한 사회적으로 유약한 존재다. 전자와 후자의 극명한 대비는 아들 - 딸의 역할 교체에 자연스럽게 접근했다는 점에서 훌륭하다. 또 극의 어디에서도 가족을 위해 희생하지 않는 누이들의 죄책감이나 남동생에 대한 집안 자원의 집중 투자는 찾아볼 수 없다. 오히려 나영일과 이기를 통해 아들의 전통적 이미지 파괴를 시도했다.

누나에 대한 나영일의 열등감은 이러한 구도의 전환을 잘 담아낸다. 나영일은 자신이 삼남매 중 가장 볼품없다고 생각하며 엄마가 매사에 자신을 하대한다고 여긴다. 학창 시절 내내 잘난 큰누나에게 기가 죽어 자신이 이 모양 이 꼴이라고 말하는 장면은 그의 열등감이 정점에 달하는 대목이다. 늘 "엄마가 큰누나 일이었으면 이랬겠느냐"는 말을 입에 달고 살던 나영일의 철없음은 다섯 살 많은 연상의 여인과 혼인하면서 그의 남성성을 완전히 박탈당하는 것으로 귀결된다. 억척스러운 아내 장미연(김나운)을 만나 가족들 앞에서조차 위신을 제대로 세우지 못하기 때문이다. 이기는 나영일에 비해선 능동적인 인물이지만 여성성이 더욱 진한 인물이다. 누나 둘 밑에 자란 막내로, 자상하고 섬세해 가족들의 감정을 잘 헤아리며 애교가 많아 엄마에게 언제나 살갑다. <황금기>에서 아들의 권위를 무너뜨리는 방식은 남성이 한 집안의 책임적인 존재로서 가족들의 기대에 순응하는 일을 포기하는 것이다. 이기는 아버지가 원해 의사가 되었지만 실제 자신의 꿈이었던 뮤지컬 배우가 되고자 노력한다. 의사와 같은 고위 직업군으로의 진입이 아들에 대한 부모들의 보편적인 기대를 묘사한 것이라면, 뮤지컬 배우는 그러한 기대범주에서 철저하게 벗어난 일종의 파격이라 할 수 있다. 이는 비단 아들로서의 역할배반이라는 측면뿐 아니라, 자신의 삶을 개인의 기호와 개성에 따라 스스로 영위해간다는 신세대적 가치관을 그리고 있다.

부모 세대와 비교해보면 더욱 명확해진다. 두 작품 모두에서, 삼남매의 고모가 이혼하고 그 딸과 함께 오빠네 집에 얹혀살며 경제적·정서적으로 의지하는 점, <엄빠>에서 주인공 부부가 막내 삼촌의 교육을 위해 희생한 점 등을 눈여겨보면 확실히 변화를 읽을 수 있다.

3. 누나, 꼭 '이혼'했어야 해?

그런데 그리 똑똑하던 누나들이 암초에 걸리고 만다. 바로 결혼과 육아문제에서다. <엄빠>의 영수는 동료인 이종원(류진)과 혼인한다. 이종원은 이혼남으로 8살 된 딸아이가 있다. <황금기>의 이황 역시 두 번이나 이혼해 부모 속을 썩이더니 두 아이를 혼자 키우며 살겠다고 선언한다.

물론 나영수는 자신이 이혼을 한 게 아니다. 하지만 극에서 처녀와 이혼남의 결합은 여성이 직접 이혼한 것과 진배없는 것으로 받아들여진다. 이야기의 기본 구조가 삼남매 각각에게 시련을 부여하고 그것을 극복하는 과정을 그리려는 설정임을 감안하더라도, 왜 여성의 시련은 항상 결혼과 육아문제에서 오는가 하는 의문이 남는다. 나영수는 자신에게서 아빠를 빼앗아갔다고 생각하는 이종원의 딸과 원만한 관계를 형성하기 위해 노력하고, 이황은 아빠 없이도 딸 효원을 잘 키우기 위해 고군분투하며 각각 인생의 시험대에 든다. 살맛 나게 자기 인생을 적극적으로 꾸려가던 두 여자가 '결혼생활'에서 의지가 꺾이면서 여성의 진정한 자아실현은 결국 행복한 결혼생활로 완전해진다는 메시지를 주고 있는 것이다. 특히 두 인물이 사회적으로 성공한 여성이라는 점에 기대어 '자아가 뚜렷한 여성'과 '원만한 결혼생활'은 양립하기가 힘들다는 기존 드라마의 구조를 답습한 것 같아 안타깝다. 여성이라는 점을 차치하고라도 집안에서 암묵적으로 아들 역할을 위임받은 그녀들이었기에 서운함이 더하다.

4. 핏줄이든 아니든

<엄뽕>의 삼남매가 혈연관계로 맺어졌다면 <황금기>의 삼남매는 부모의 재혼과 입양으로 만난 인연이다. 전자에서는 형제자매가 성장하면서 필연적으로 겪게 되는 경쟁의식을, 후자에서는 '남'이 모여 친형제 못지 않은 관계를 만드는 과정을 목도할 수 있다.

<엄뽕>의 나영수는 대놓고 동생 나영일을 괄시한다. 학교 다닐 때 엄마가 그렇게 공부하라고 뒤꽁무니를 쫓아 다녀도 꿈쩍 않더니 다 커서 잘난 누난 좋겠수 하고 입을 삐죽거리는 모습이 여간 얄미운 게 아니다.

영일이 애먼 처녀를 혼전에 덜컥 애까지 가지게 하자 영수는 대놓고 "네 놈이 그렇지" 하고 눈을 흘긴다. 얌전하고 야무진 막내 나영미(이유리)라고 콤플렉스가 없는 건 아니다. 영일처럼 영수에게 꼬인 건 아니지만 큰 언니를 보면 평범한 회사원인 자신이 왠지 초라하게 느껴지는 기분을 어쩔 수 없다. 그런데 영수는 또 영수대로, 순하고 참해서 집안 어른들이 모두 좋아하는 영미가 부럽다. 엄마가 "너도 따지지만 말고 영미처럼 네, 네 할 순 없니"라고 할 땐 괜히 짜증이 난다.

<황금기>의 삼남매는 <엄뽈>의 그들처럼 섬세하게 소통하지 못한다. 이황은 14살 때 아빠가, 이금(이소연)은 11살 때 엄마가 재혼해 만난 사이다. 냉소적인 이황과 낙천적이고 사교적인 이금은 처음부터 어긋나지만 봉합하기가 쉽지 않다. 둘은 각자의 출생을 잘 알고 있기 때문에 그들 관계의 한계를 쿨하게 인정한다. 그래서 황에 대한 아버지의 각별한 관심과, 금에 대한 어머니의 남다른 애틋함을 서로 모른 척 한다. 작은 누나인 금을 더 잘 따르는 막내 기의 행동이 못마땅해도 황은 가만히 있어야 한다.

자신을 향한 부모의 사랑이 덜하다 싶을 때 "왜 누구는 예뻐하고 누구는 안 예뻐하냐"고 노골적으로 따지는 일이 <엄뽈>에서는 가능하지만, <황금기>에서는 불가능하다. 또 나영일이 누나에게 아무리 심술궂게 굴어도 나영수에게 영일은 미우나 고우나 동생이지만, 친아버지의 병원비를 몰래 대는 이금은 이황에게 새엄마의 딸이다. 그러나 두 작품 속 삼남매는 묘하게 닮아 있다. 같은 배에서 태어난 나영수 남매나 각자 다른 생모를 가진 이황 남매나 모두 다르긴 마찬가지다. 삼남매가 엎치락뒤치락 반목하고 화합하는 감정의 기저에는 핏줄이냐 아니냐는 물음 이전에 한 지붕 아래 살아가는 식구로서의 연대 의식이 새겨져 있다. 차이를 인정하면서도 상대의 존재를 자신의 일부로 내면화하려는 노력은 영미의 결혼을 진심으로

걱정하는 영수의 모습이나 아픈 금에게 맞는 골수를 찾아주기 위해 백방으로 뛰어다니는 황의 모습에서 공통적으로 나타난다.

또 <황금기>에서 높이 평가되는 부분은 삼남매 각자의 출생을 처음부터 공개적으로 노출했다는 점이다. 애초에 '출생의 비밀'이라는 질척임을 거둬내 이복남매의 갈등을 당당하고 세련되게 가공했다. 그래서 시청자들이 재혼가구에서 겪는 형제자매의 문제에 함께 몰입해 고민할 수 있도록 했다.

5. 조금은 버거운 '대가족' 프레임

드라마에서 다자녀 가구가 등장해 형제간의 *끈끈한* 우애를 보여주는 일은 여성의 출산을 장려한다는 측면에서 필요하다고 본다. 또 손자 손녀가 할아버지 할머니와 정감 있게 교감하는 모습을 그리는 것도 세대 간 이질감이 심화되는 현대 사회에 잔잔한 교훈을 던질 것이다. 하지만 가족 해체의 시대에 '대가족'을 말하는 것은 여간 난해한 게 아니다. 아무리 훌륭한 메시지를 요약하고 있더라도 현실에서 찾기 힘든 이야기를 한다면 시청자의 공감을 유도해내기 어렵다. 잘해야 본전이라는 뜻이다. '대가족'에 대한 현실적인 인식의 몫을 인정하지 않고 섣불리 환상만으로 엮어내면 '조부모 - 부모 - 자녀'라는 3대 가족의 구성은 판타지가 되기 십상이다. 이러한 드라마의 딜레마는 가족 사회의 회복과 사랑을 확대하려는 노력으로 풀어나가야 한다. 개인의 파편화가 급속히 진행되고 있긴 하지만 우리 사회에서 아직 완전한 가족 해체를 논하기엔 이르다. 한국 사회는 사회보장이 빈약한 가운데 가족이 그 구성원을 떠받치는 역할을 하고 있기 때문이다.

한편 가족드라마가 여전히 '3대 혈연가족집단'이라는 전통문법을 따르는 것은 재고해봐야 할 부분이다. 대가족이라는 설정이 다양한 세대와 분야에 자연스럽게 접근할 수 있어, 여러 연령대의 시청자를 붙잡기에 적합한 점은 인정한다. 하지만 새로운 가족형태가 늘고 있는 현실을 흡수하지 않고 대가족 구조만 강조하는 건 자칫 시청자들의 마음을 무겁게 만들지도 모를 일이다. 대부분 핵가족 형태로 살고 있는 현대인들이 가족 구성원 수와 가정화목의 수준이 비례한다는 불편한 공식을 강요받을 수 있다. 대신 이제 우리 드라마는 이혼 가정, 미혼모 가정, 다문화 가정 등 새로운 가족의 형태를 긍정하고 현실의 일부로 받아들여야 한다. <황금기>는 재혼·입양 가족이라는 대안 가족의 풍경을 조명했다는 점에선 진일보했지만, '3대 대가족'이라는 프레임에 갇혀 있어 답답하다.

6. 맺으며

형제자매는 부모의 애정을 두고 앞서거니 뒤서거니 경쟁하기도 하지만 자존심 세울 일도 모양을 따질 일도 없는 순수한 관계다. 이 관계에서 맞이하는 어린 시절의 경험들이 기억의 심연에서 잠자고 있다가 훗날 불쑥 나타나 잘못된 자신을 타이르는 경우가 종종 있다. 사이좋게 과자를 나눠먹던 기억은 욕심나는 무언가를 내려놓게 하고, 무릎을 꿇고 같이 반성문을 쓰던 기억은 타인의 아픔을 내 슬픔처럼 짊어내게 한다. 머리가 굵어지면서 각자 추구하는 것이 다르고 살아가는 모습이 어긋나기도 하지만, 유년의 같은 장면을 공유하는 형제자매는 영원한 단짝일 수밖에 없다. 인생에서 처음으로 만난 친구, 말하자면 '잘 끼워낸 첫 단추' 같은 것이다. 우리는 쑥스러워서 못하고 사는 말이 참 많다. 나는 오늘 내 언니의 어깨를 감싸고 "네가 있어서 참 다행이야"라고 말할 작정이다.

실험다큐, 새 지평 열다
EBS 다큐프라임 <인간의 두 얼굴>

양호근

인간도 몰랐던 '인간 심리'

인간은 오래전부터 인간 심리에 대한 궁금증을 해결하기 위해 많은 연구를 진행해왔다. 인간 심리라는 것은 사회의 가변성과 깊이 연관되어 있어 결론을 내는 것 자체가 무리일 수도 있지만, 인간 심리에 대한 연구는 매스미디어가 발전할수록 그 중요도가 더해져갔다. 그래서 미디어의 발전과 인간 커뮤니케이션 이론의 연구는 동시에 진행되었다고 해도 과언이 아니다. 특히 인간 심리에서 계속해서 제기되는 문제는 '인간이 심리적으로 약한 동물인가 아니면 강한 동물인가'라는 질문이다. 이런 궁금증에 대한 연구는 미디어에 인간이 얼마나 쉽게 반응하는가에 대한 물음에도 잘 나타난다.

커뮤니케이션 학문이 성립되기 시작한 1910년에는 탄환 이론 즉, 미디어에 의해 사람들이 절대적인 영향을 받는다는 이론이 주도했다. 인간심리학적으로 따져보면 인간은 자신이 처해 있는 환경, 즉 상황에 쉽게 지배당한다는 말이다. 그러나 1940년대에 들어서면서 미디어에 의해 한정적인 영향을 받는다는 소효과 이론이 주도했다. 노출되어 있는 상황에서도 자신의 심리는 스스로 조정하고 제한할 수 있다는 이론이다. 그러나 다시 1960년대부터 매스미디어의 의제설정기능이 강조되면서 중효과 이론이 대세로 자리 잡았다. 심리적으로 주변 환경이 만들어낸 여론에 동조하게 된다는 해석이다. 그리고 1980년대에서 2000년대까지는 침묵의 나선형 이론이 등장하면서 대효과 이론이 주도하고 있다. 즉, 대중심리를 이끄는 소수자와 이에 말없이 동조하는 다수가 존재하게 된다는 의미다. 흔히 눈치를 보면서 대세를 따른다는 말과 같다.

이처럼 시대가 변하면서 매스미디어 이론의 양상도 변하고 인간 심리에 대한 해석도 다양해지고 있다. 그렇다면 과연 우리는 인간의 심리에 대해 얼마나 이해하고 있을까? 그리고 인간심리학은 우리 사회와 얼마나 밀접한 관계를 갖고 있을까? 이런 질문에 대해 이해하기 쉬우면서도 흥미롭게 만든 작품이 있어 우리의 주목을 끌었다. 그것이 바로 EBS 다큐프라임 상황심리프로젝트 <인간의 두 얼굴>이다.

아주 '쉽게' 그리고 '소름 돋게'

EBS 다큐프라임 상황심리프로젝트 <인간의 두 얼굴>은 2008년 8월에 '1부 상황의 힘', '2부 사소한 것의 기적', '3부 평범한 영웅' 이렇게 3부작으로 방영되어 사회적으로 큰 파장을 불러일으킨 실험 다큐멘터리다. 이 방송을 본 주변 지인들의 반응은 대부분 "소름 돋는다"였다. 그만큼 인간 심리에 대해서 몰랐던 것에 대한 충격 때문일 것이다. 방송이 나간 후 시청자뿐만 아니라 전문가들의 호평도 이어져 각종 시상식에 이름을 올리기도 했다. 이 프로그램에서는 인간 심리에 대해 여러 각도에서 접근해 인간 심리의 허점과 가능성을 보여주었다. 특히 '인간은 상황에 지배당한다'는 관점과 '인간이 상황을 지배한다'는 크게 두 가지 상반된 관점에서 접근하면서 인간 심리에 대한 실험에 들어갔다. 그것이 곧 '인간의 두 얼굴'이고, 인간 심리의 양면성이라 하겠다.

우리가 익히 잘 알고 있는 독일의 학자 마르크스는 '사적 유물론'을 내세우면서 인간 심리에 대해 "존재가 의식을 결정한다"고 주장했다. 즉, 인간의 의식이 인간의 존재를 규정하는 것이 아니라 인간의 사회적 존재성이 의식을 결정하게 된다는 말이다. 그렇다면 이와 관련해서 우리는 인간 심리의 복잡성을 다룬 홍콩 느와르 영화 <무간도>를 생각해볼 필요가 있다. 무간도에서는 중국 조직 삼합회에 스파이로 들어간 경찰과 경찰이 된 삼합회 조직원이 자신이 처한 환경에 따라 변모하는 정체성의 혼란을 그렸다. 즉, 상황에 의해 인간이 지배당함을 보여준 것이다.

이런 인간 심리의 복잡성을 쉬우면서도 아주 강하게 보여주는 것이 <인간의 두 얼굴>의 '1부 상황의 힘'이다. 1부에서는 인간이 상황에 얼마나 쉽게 지배당할 수 있는지 짧고 충격적으로 전달해준다. 1부는 도입부부터 남달랐다. EBS 본사의 지하에서 학생들이 등장하면서 심상치 않은 실험이 시작된다. 여기에는 이 실험을 도와주기 위해 온 가짜 대학생 4명과 실험의 목적에 대해 전혀 모르는 피실험자 학생 1명이 있고, 방에서 10분간 문제를 풀게 한다. 그리고 그 방안에는 정체를 알 수 없는 연기가 차오르기 시작한다. 그리고 장면 전환이 이뤄지면서 사이렌이 울리고, 비명과 고함소리가 뒤섞인 긴박한 상황이 화면으로 펼쳐진다. '2003년 2월 18일 오전 9시 53분 대구 중앙로역'이라는 자막이 뜬다. 2003년 대구 지하철 참사현장이다. 그야말로 아비규환이었던 당시의 장면을 보여주면서 그 사건이 일어났던 때 열차 안에 있던 승객과 그 가족이 주고받았던 문자메시지 내용을 자막으로 처리해 더욱 극적인 상황으로 몰고 간다. 그리고 이어지는 생존자들의 인터뷰와 교차해서 나오는 피실험자 학생들의 인터뷰는 시청자들을 소름 돋게 만든 최고의 장면 중 하나다.

생존자 : "다른 사람들이 가만히 앉아 있으니까 움직이지 않았죠", "기관장이 10분 후에 출발한다고 하니까……", "설마 지하철에서 불날 거라고 생각하지 못했어요"

학생 : "다른 학생들이 움직이지 않으니까 움직이지 않았어요", "선생님이 10분 후면 온다고 했으니까 기다렸어요", "방송국이니까 불난 건 아니라고 생각했어요"

이런 훌륭한 편집 구성과 기획이 <인간의 두 얼굴>을 성공적인 다큐멘터리로 만든 원동력이었다. 인간 심리라는 무거운 주제는 자칫 재미없고 지루할 수 있었지만 몰래카메라 형식과 실험이라는 방법을 통해 쉽고 강하게 전달할 수 있었다. 그리고 무엇보다 우리가 살고 있는 이 시대와의 밀접한 관계를 절묘하게 묘사하여 시청자의 공감을 이끌어낼 수 있었다.

다양한 '사례'와 '실험'으로 중무장

이 프로그램을 보다 보면 시청자들의 신뢰를 얻을 수 있는 다양한 실험뿐만 아니라 이와 연관된 다양한 사례와 자료를 찾고, 관련 전문가들의 의견을 실어 내용의 질을 향상시키기 위해 노력한 흔적들이 많이 있다. 우선 실험만 살펴보더라도 3부작에 걸쳐 총 14번의 다양한 실험을 진행했다. 그리고 보충된 사례도 사회적 이슈가 되었던 것을 중심으로 구성해 시청자들이 관심을 갖고 방송에 빠져들 수 있도록 했다. 이를테면 앞서 말한 대구 지하철 참사를 비롯해 미국 스탠포드대의 감옥실험과 미국의 이라크 전쟁, 미국 버지니아공대 총기난사 사건, 최요삼 선수의 장기기증, 수많은 지하철 영웅들, 태안반도 기름유출 사건 등 우리가 한번쯤 관심을 가졌던 주제를 인간 심리라는 또 다른 각도에서 접근했다.

실험과 사례를 적절히 조합한 다른 예를 살펴보자. 실험의 목적을 알지 못한 채 안과에 찾아간 학생들은 안과 의사의 명령에 그대로 복종하는 모습을 보인다. 심지어 한 여학생은 웃옷을 벗고, 배에 물을 문지르고, 토끼뜀을 하라는 명령을 그대로 따르기도 한다. 그리고 장면이 전환되면서 2004년 미국 전역에 걸쳐 일어난 희대의 사기극을 보여준다. 패스트푸드점에서 경찰을 사칭해 전화한 남자의 명령에 따라 사장이 직원의 옷을 벗기고 알몸수색을 하는 충격적인 장면이 비춰진다. 이 두 장면이 의미하는 것이 무엇인지 시청자들은 알고 있다. 요즘 사회적으로 문제가 되고 있는 '보이스 피싱' 사기 사건과 연관해 설명하자면, 사회적 지위가 높은 사람의 명령은 그 명령 자체의 의도보다 복종을 해야 한다는 심리적 압박이 앞서게 되는 것이다. 따라서 우리는 "왜 바보같이 사기를 당하냐"고 그들에게 묻지만 정작 자신도 같은 처지에 놓이게 되면 꼼짝없이 당하게 되는 것이다. 이 프로그램은 그런 인간 심리에 대해 아주 적나라하게 보여주고 있다.

여기서 중요한 것은 이런 사례들의 조합을 단지 보여주는 것에 그치지 않고, 시청자들이 직접 자신에게 대입할 수 있는 시간을 주고 있다는 데 있다. 프로그램을 보다보면 가장 많이 나오는 질문 중 하나가 바로 "만약 당신이라면?"이라는 물음이다. 그 때문에 시청자들도 "나라면 어땠을까?"라는 질문을 자연스레 하게 되고, 이것이 이 프로그램을 성공으로 이끈 또 하나의 열쇠다. 이 프로그램에서 진행한 다양한 실험들을 지켜본 허태균 고려대 심리학과 교수도 "'나라면 안 그랬을 텐데'라는 것이 가장 오만한 생각이다"라고 말하면서 상황의 힘을 강조하며, 미국 스탠포드대 심리학과 필립 짐바르도 교수도 "자신이 학교 지하실에서 진행했던 감옥실험이 미국의 이라크 전쟁 포로수용소에서 똑같이 재연되었다"고 말하면서 "당신도 알 수 없다. 그 상황에 들어가면 누구나 그렇게 된다. 상황은 우리가 생각하는 것보다 더 강한 힘을 갖는다"고 인간 심리에 대한 견해를 밝혔다.

하지만 이 방송에서는 인간이 단순히 환경과 상황에 의해 휘둘리기만 하지는 않는다고 강조한다. 인간은 상황에 지배당하지만 그런 상황을 만드는 것도 인간이기 때문이다. 이 프로그램은 본론으로 들어가면서 "상황의 힘에서 핵심은 최종적 선택권이 자기 자신에게 있다는 것"이라고 강조한다. 즉, 자기 자신의 순간적 판단이 이 상황을 바꿀 수도 있고, 그렇지 않을 수도 있다는 것이다.

해결책을 제시하는 '프로정신' 빛나다

<인간의 두 얼굴>을 더욱 빛나게 만들었던 것은 우리 사회에 만연한 문제들에 대해 해결책을 제시했다는 점이다. 인간 심리를 이용한 해결책 제시라는 것은 그 관점 자체가 참 독특하다. '인간은 상황에 지배당한다'는 전제로 1부를 시작했지만 2부에서는 '인간이 상황을 지배한다'는 전제로 '사소한 것의 기적'을 만들어간다. 보통 여느 다큐멘터리 같으면 인간 심리가 이러쿵저러쿵하다는 설명을 하고 마무리 지을 수 있었겠지만 <인간의

두 얼굴>은 사회적 문제에 대한 해결책을 제시하고 있다는 점에서 더욱 높이 평가된다.

예를 들자면 2부를 시작할 때 나오는 실험에서는 '한강공원에서 물건을 잃어버리지 않는 방법'을 가르쳐주고 있다. 방법은 아주 간단하다. 다른 장소로 갈 때는 반드시 옆에 있는 나들이객에게 가방을 지켜봐 달라고 부탁을 하는 것이다. 아주 사소한 것이지만 결과적으로 가방도둑을 잡게 된다. 그리고 다른 실험을 보면 대학 캠퍼스나 길거리에서 물건을 잔뜩 들고 가다가 떨어뜨렸을 때 많은 사람들이 당신을 지켜보고 있다면, 한 사람을 지목해 도와달라고 말하는 것이 효과적이라는 것을 인간심리학적으로 설명해주고 있다. 이것이 바로 여기서 말하는 '방관자 효과'에 대응하는 방안이다. 이 프로그램은 인간의 심리를 이용하면, 자신이 상황을 변화시킬 수도 있음을 보여주고 있는 것이다.

'방관자 효과'는 실제 있었던 이야기로 1964년 3월 13일 밤에 미국 뉴욕의 도시 한복판에서 한 여성이 괴한에 의해 피살되면서 떠오른 인간심리이론이다. 그 여성을 목격한 사람은 많았지만 신고한 사람은 단 한 사람도 없었다는 것인데, 이것은 목격자가 많을수록 그에 대한 책임이 분산되어 방관하게 된다는 것이다. 목격자들의 선함과 악함과는 관계없이 인간의 심리에 기인한 것이다. 이 프로그램에서는 이에 대한 해결책을 시청자들이 알기 쉽도록 매우 깔끔하고 명확하게 제시하고 있다.

그런데 무엇보다도 <인간의 두 얼굴>이 우리 사회에 큰 영향을 미쳤던 실험은 '푸른색 가로등'에 대한 것이다. 이 프로그램은 일본에서 범죄가 빈번하게 발생하던 골목길에 푸른 가로등을 설치했더니 범죄율이 크게 감소했다는 사례를 보여주면서, 실험을 통해 파란색이 심리적 안정을 가져다준다고 설명했다. 방송이 나간 후 지자체와 경찰에서는 푸른 가로등을 국내에 도입할 것을 결정했다. 그리고 서울시 강남구를 비롯한 지자체에서 이를 시도해 이 프로그램이 사회에 미친 영향력을 대변해주었다. 그만큼 인간 심리가 우리 사회를 얼마나 바꿀 수 있는가에 대한 참신한 실험들이 많은 사람들에게 깨달음과 해결책을 던져준 것이다.

이뿐만 아니라 쓰레기가 상습적으로 버려지고 쌓여, 악취로 진동하던 길모퉁이에 화단을 꾸밈으로써 쓰레기가 말끔하게 사라진 실험 또한 우리 지역사회에 신선한 충격을 주었다. 그 어떤 경고판이나 양심거울보다 더 큰 효과를 거두게 되리라고는 아무도 상상하지 못했는데 인간의 심리가 이렇게 긍정적인 효과를 가져온다는 것을 알려주면서 인간 사회의 가능성 을 보여준 부분이었다. 이와 같은 인간 심리에 대한 여러 긍정적 사례들은 사람들의 마음속에 숨어 있던 '착한 심성'을 깨우기도 한다. 그것이 3부, '평범한 영웅'으로 이어진다.

TV가 '영웅'을 만든다

사실 100일 전, 나의 형이 세상을 떠났다. 경험을 쌓고 오겠다며 어선을 탔다가 물에 빠진 동료 선원을 구하기 위해 바다에 뛰어들어 결국 목숨을 잃고 말았다. 그리고 지금은 우리 모두의 영웅으로 남아 있다. 그렇다면 왜 사람들은 위험을 감수하면서 자신의 목숨을 던져 남을 구하려고 하는 것일까? 어디에서 그런 용기가 나오는 것일까?

우리는 앞서 인간 심리의 '방관자 효과'에 대해 설명을 들은 바 있다. 사람이 많을수록 그에 대한 책임감이 줄어든다. 하지만 왜 나의 형이 배에 다른 선원들이 많이 있었는데도 먼저 뛰어들었는지, 고 이수현 씨는 왜 일본의 지하철에서 다른 사람들이 많이 있었는데도 자신의 목숨을 던져

선로에 떨어진 취객을 구하려 했는지는 방관자 효과로 설명할 수 없다. 이 프로그램에서는 지하철에서 사람을 구조한 시민의 인터뷰로 이에 답해준다.

"아무것도 보이지 않았어요. 내가 나설 수밖에 없다는 생각으로 뛰어들었습니다"

여기서 말하고자 하는 것은 상황의 최종적 선택권은 인간 자신에게 있다는 것이다. 결국 이 프로그램은 결론적으로 인간 심리의 긍정적인 면을 강조하고자 한 것으로 분석된다. 사람이 선로에 떨어지는 것을 보고 뛰어드는 그 단 한 사람, 아이의 비명소리를 듣고 아파트를 뛰쳐나온 단 한 명의 여대생. 이들은 인간 심리의 허점을 극복한 평범한 영웅들이다. 이 프로그램에서는 또 서울의 지하철에서 전동차와 승강장 사이에 낀 사람을 구조하기 위해 33톤짜리 전동차를 들어낸 기적을 보여주며, '3의 법칙'을 설명한다. 수많은 사람들이 불가능하다고 생각하던 것이 3명이 모이기 시작하면 큰 힘을 발휘하게 되는 것이다. 또한 서해안 기름유출 사고현장에서 자원봉사한 국민들을 예로 들며, 회복이 불가능할 것처럼 보였던 태안반도에 결국 기적이 일어남을 보여주었다. 마찬가지로 앞서 말한 고 이수현 씨의 희생이 일본열도를 울리고, 그 이후로 지하철 선로에서 사람을 구하는 사례가 이어지면서 '이수현 열풍'이라는 선행의 바이러스가 일본 전체에 확산되었다는 이야기도 들려준다.

이처럼 <인간의 두 얼굴>은 단순한 실험으로 그치지 않고 우리가 앞으로 나아가야 할 방향을 제시해주었다. 그리고 권투경기 중 뇌사판정을 받은 고 최요삼 선수가 장기기증을 했다는 감동적인 이야기가 수많은 장기기증자를 낳았다는 사실을 얘기하며, 긍정적인 프로그램이 시청자에 미치는 영향에 대해서도 중요하게 다루었다. 따라서 이처럼 인간에 대해 깊이 고뇌할 수 있고, 공동체 사회에 기여할 수 있는 프로그램에 더 많이 만들어졌으면 한다. 그리고 우리가 미처 몰랐던 부분에 대해 심층적이면서도 쉽게 다가갈 수 있도록 만드는 것은 제작자들의 몫이기도 하다. 그런 프로그램이 많이 제작됨으로써 우리 모두에게 내재되어 있는 '착한 심성'을 끄집어내 TV가 더 많은 '평범한 영웅'을 만들었으면 하는 것이 나의 소망이다.

인간 실존의 목적, 사랑

이용현

‘나는 생각한다, 고로 존재한다’라는 데카르트의 명제처럼 ‘우리는 사랑한다, 고로 존재한다’라는 명제를 한번 던져본다. 우리는 정말 사랑하기 때문에 존재하는 것일까? 그것은 확실한가?

그동안 우리는 많은 다큐멘터리를 통해서 자신의 삶을 비춰왔다. 자연 다큐멘터리나 시사 다큐멘터리, 휴먼 다큐멘터리는 우리가 숨 쉬고 있는 사회의 틀에서 미약하게 볼 수 있는 미시적인 것들을 더욱더 가시적으로 드러내 놓았다. 그런 면에서 다큐멘터리는 실생활과 같이 호흡하면서 반영하는 우리의 삶과 밀접한 관계를 맺고 있다. 특히 휴먼 다큐멘터리는 인본주의적인 인간의 내면과 외면을 동시에 비춤으로써 하나의 거울로 우리의 모습을 들여다볼 수 있게 하는데, 2008년 5월 가정의 달을 맞이하여 방영한 MBC특별기획 <휴먼 다큐멘터리 사랑>(이하 <사랑>)은 인간 실존의 목적이 무엇인가를 잘 드러내주었다. 특히 네 편의 시리즈로 나눠서 반영한 프로그램에는 앞서 말한, 우리는 사랑하기 때문에 존재한다는 인간 실존의 이유가 분명하게 드러나 있다.

사랑의 방향성, 모성애

　인간의 사랑은 어디서부터 오는가. 그것은 모성애의 관점으로 해석해볼 수 있다. 엄마의 몸속에서 머리를 내밀고 나오는 순간 우리는 다시 엄마의 품과 같이 편안하고 안락한 의존할 곳을 찾기 시작한다. 그러면서 엄마는 마치 절대적인 하나의 세계로 인정되며 그곳에 내 몸을 맡기고 의존하기 시작한다. 이러한 의존성은 자신을 안아주는 모성애를 기반으로 하고 있다.

　첫날 방영했던 '엄마의 약속'은 3개월의 시한부 인생을 받은 여자가 자신의 뱃속에서 낳은 딸의 돌만은 어떻게든 제 손으로 치러주고 떠나길 희망하면서 시한부의 삶을 보내는 것을 다루고 있다. 여기서 주목할 것은 시한부의 삶을 받은 여자의 친정엄마가 자신의 딸과 희망으로 살아 있는 손녀를 바라보는 시점으로 이야기가 진행된다는 것이다. 이러한 형식의 테두리는 가장 큰 어미가 작은 새끼를 껴안고 그 작은 새끼가 낳은 자식을 껴안는 모성애의 순환적 구조를 통해 이들의 삶을 포착해낸다. 시한부의 삶을 받고 죽어가는 딸을 보면서 고통받는 엄마와, 그런 엄마의 고통과는 별도로 또 자신의 품에서 나온 자식에게 어떻게든 뭔가를 해주고 떠나고 싶은 아픈 엄마의 삶은, 자식에 대한 본능적이고 절대적인 모성본능의 진정성을 날카롭게 보여주고 있는 것이다. 그러나 안타깝게도 여자는 결국 자식과의 약속을 지키지 못하고 하늘로 가지만 화면을 보는 현대인들에게 그가 다 하지 못한 자식에 대한 사랑과 그를 지켜주지 못한 친정엄마의 모성본능이 얼마나 애절한가를 확인시켜주면서 핏줄로 맺은 사랑의 의미가 무엇인가에 대한 느낌표를 과감하게 던지기도 한다.

　어미가 자식을 낳고 버리거나 살해하기도 하는, 말로는 설명할 수 없는 일들이 벌어지는 이 사회에 속에서 정말 모성애는 있는 것일까. 우리는 종종 이런 의문을 제기한다. 하지만 <사랑>이 보여주는 모성을 바탕으로 한 사랑은 우리가 어미라는 위치에서 가져야 할 태도와 취해야 할 행동이 무엇인지를 머릿속과 가슴속에 깊숙이 찔러 놓는다. 다큐멘터리의 현실성을 살려 눈앞에서 벌어지는 듯 묘사한 시한부 삶의 리얼리티는 일면 잔인하기도 하지만, 주인공의 희생은 우리가 언젠가 한번쯤 겪게 될지도 모르는 고통과 그 잔인한 죽음 앞에서도 가져야 할 인간의 숙명적인 태도를 보여준다. 결국엔 죽음 앞에서도 어미의 사랑은 절실하며 치열하다는 것을 보여주었던 <사랑>은 많은 교훈과 함께 우리는 아직 살아 있다는 실존적인 생각과, 그동안 가족과 함께해왔던 삶에 대한 각성, 숨을 쉬고 있는 일이야말로 얼마나 가장 큰 축복인가를 되새김질하게 한다. 또한 점점 탁해져가는 사회의 가정 속에 날카로운 주사를 꽂아 넣으며 가족에 대한 사랑의 방향성에 대해 되짚어보게 하고 있다.

모성애가 낳은 가족

사랑을 다큐멘터리의 타이틀로 내세울 정도로 '사랑'을 강조하는 이 다큐멘터리는 모성을 바탕으로 가족의 이야기를 등장시킨다. 모성애의 바탕은 번식에서 이뤄지는 가족을 중심으로 하는데, 이 다큐멘터리의 모든 시리즈가 가족이 중심이 되어 모든 이야기를 전개시켜 나간다는 점이 그러하다. 가족이라는 둥지는 자신의 생애를 내맡기고 또는 다른 식구의 생애를 떠안으며 보듬고 안아주는 따뜻한 매개체의 역할을 하는데, 이러한 가족의 테두리를 바탕으로 모성애가 형성되고 이렇게 형성된 모성애는 또 다른 가족이라는 둥지를 품게도 한다는 취지로 '늦둥이 대작전'을 방영했다. 여기서는 모성애로 화목하게 이뤄진 가족이 한 가정 안에서 머무르지 않고 그 사랑을 바탕으로 가족의 울타리에서 벗어난 아이를 자신의 울타리로 데려옴으로써 자신의 가족 말고도 남의 가족을 사랑으로 이해하고 받아들이는 이상향적인 모습을 보여준다. 이런 모습은 마치 시골에서 개 한 마리가 아무 관련 없는 새끼 고양이에게 젖을 물려 키워 화제가 되었던 동물의 모성과도 닮아 있다.

아기가 없는 여성이 양자를 기르거나 애완동물을 사육함으로써 모성충동을 해결하는 것은 알려져 온 사실인데, 아무 문제없는 가족이 또 다른 가족을 받아들이는 포용력과 너그러움은 인간이 다른 사람에게 베풀 줄 아는 관대함이 어디까지인가를 생각하게 하며 사랑을 바탕으로 맺어진 가족의 훈훈함을 모든 사람들에게 보여준다. 여기서 우리는 가족이라는 울타리가 얼마나 중요하며 그 울타리에서 행할 수 있는 힘들이 얼마나 숭고한 것인지를 극명하게 드러내고 있다. 또한 가정을 이루고 있는 현대 사람들에게 자신의 가족을 뛰어넘어 사랑받지 못하고 있는 타자의 사랑도 돌아볼 것을 권면하고 있다.

일본에 거주하고 있는 가족을 소재로 한 '우리 신비' 편은 시각장애를 가진 두 사람이 만나 결혼을 해서 가정을 꾸려가는 이야기다. 이미 눈이 먼 여자와 점점 눈이 멀어가는 남자가 만나 가정을 꾸리고 딸을 낳아서 가족이라는 이름으로 살아가는데, 엄마는 딸에 대한 절대적인 모성애를 과시하면서 자신의 장애는 문밖으로 멀찌감치 미뤄놓는다. 그리고 점점 눈이 멀어가는 남자가 훗날 못 보게 될 것에 대비해 맹학교에 들어가 앞으로의 삶을 대비하는 모습은, 화면을 지켜보는 이 세상 모든 가장들에게 가족이라는 울타리를 책임지는 자신의 모습을 투영시키고 하나의 이상향으로 보여준다. 그러면서 끝내 장애를 갖고 있거나 또는 앞으로 겪게 될 인간의 한계는 어디까지인가를 생각하게 하며 저마다 가족 구성원으로서 개개인의 역할을 돌아보게끔 한다.

죽음, 그러나 절망하지 않는 이유

또 하나 <사랑>의 특징은 절대 아픔으로 끝을 맺지 않고 희망으로 모든 것을 남겨 놓는다는 점이다. '울보엄마'라는 제목으로 방영되었던 나머지 편은 한 여자가 암에 걸린 후 그의 자식도 소아암 판정을 받았으나 오히려 아픈 자식이 매일 같이 우는 아픈 엄마를 다독이는 것을 소재로 다루고 있다. 엄마를 위로하며 자신의 아픔과 좌절을 모든 희망으로 승화시켜 놓는 아이는 마치 다큐가 의도하고 있는 것처럼 절대적인 긍정으로 매듭을 짓는다. 그 예로 항암치료 때문에 머리가 빠져 같은 모습을 하고 있는 엄마에게 자신과 엄마의 머리를 매만지면서 공룡 알을 닮았다고 웃어넘기는 아이의 모습은, 아픔을 천진난만하게 웃음으로 넘김으로써 회복될 수 있다는 희망, 우리는 아프지만 울어서는 안 된다는 외침이다. 이는 죄책감과 절망감에 빠져서 넘어지고 있는 그의 엄마와 세상의 모든 사람들에게 절대적인 희망의 메시지를 전달해준다.

이것은 죽음이 앞에 도사리고 있어도 절대 절망해서는 안 되며 희망이 있는 이상 어떻게든 살아가야 할 의무가 있음을 아이의 목소리를 통해 선명하게 제시하고 있는 것이다.

이렇게 네 개의 시리즈로 반영된 <사랑>은 5월 가정의 달을 맞이하여 모든 집안에 하얀 손수건을 던지게 했다. 그러면서 흰 손수건을 쥐고 보는 내내 우리는 아직 고통의 실체를 경험하지 않은 타자, 그리고 이미 경험을 해버린 후 같은 상황을 바라보는 타자, 마지막으로 그들과 같이 힘겹게 똑같은 생활을 하고 있는 타자로서 간접적 그리고 직접적으로 인간의 좌절과 희망을 동시에 경험하게 했다. 즉, 우리는 모두 안타까운 소멸과 피할 수 없는 장애에 맞닥뜨려 살아가고 있지만, 사랑이 있는 이상 모든 소멸해가는 것들은 생성으로 대치될 것이며 절망 속에서 무너지더라도 꽃은 다시 태어나야 한다는 장치를 사랑이라는 매개로 여러 곳곳에 설치해놓고 있는 것이다.

삶의 마지막 실체, 사랑

"생을 다시 처음으로 되돌아보게 하는 것은 죽음뿐이다"라는 어느 철학자의 말과 같이 죽음 앞에서 나약해질 수 없는 인간은 다시 생존의 욕구를 희망한다.

운명이라는 존재 앞에서 나약해질 수밖에 없는 것이 인간이지만 그것을 극복하고 헤쳐 나가는 모습을 통해 운명조차 극복할 수 있다는 능동적인 힘, 그것을 가족이라는 울타리를 통해 분출하려는 끈들이 이 프로그램에는 옹골지게 매듭지어져 있다.

결국엔 삶의 참모습, 매번 물질과 사람 속에 부딪혀 무너지면서도 자신 앞에 다가온 운명을 받아들이고 그 운명의 변화를 꿈꾸며 기어코 삶의 태도까지 변화시켜 놓는 것. 힘이 없어 넘어진다 하더라도 일어서보려는 것. 그것을 <사랑>은 모성애 - 가족 - 사랑의 연결고리로 방송했다. 이것은 또한 운명에 맞서 싸우며 극복해보자는 실존주의의 맥락과도 가까이 있으며 그래서 신적인 운명론이 아닌 현재를 사랑이라는 무기로 극복해나가자는 인간의 모습은 진정한 휴머니즘의 끝에 다다른다. 결국 현대 우리 사회에서 가장 필요한 것은 짧은 단어, 오로지 '사랑'밖에 없다는 것을 제시한다. 인간의 미래는 끝내 사랑밖에 없다는 것을 파장으로 남겨 놓는 것이다.

아무리 생각해도 인간 실존의 목적은 사랑임에 틀림없다. 그래서 지난 5월, 가정에 한 장씩 배달되었던 흰 수건의 얼룩도 끝끝내 사랑이었을 것이다.

<그들이 사는 세상>을 이해하기 위한 지침서

정안진

그들이 사는 세상 : 적(敵)

또다시, 노희경과 표민수가 만났다. '그들'의 조합만으로 '그들'의 명품 드라마를 손꼽아 기다리는 마니아들, 비록 그들의 드라마를 지지하진 않더라고 이미 공인된 그들이기에, 그들이 그린다는 '드라마 제작국' 이야기를 이미 방영되기도 전에 흥미롭게 지켜보는 우리가 있었다. 노희경·표민수 콤비만으로도 '명품'일진데, 송혜교와 현빈의 출연으로 더욱더 기대된 것만은 사실이다. 기대감은 고조된다. 폭죽을 터뜨릴 준비 또한 되어 있다. 신파에 통속에 막장에 시달린 시청자들의 넋을 위로해주는 드라마가 될 수 있기를 그리고 우리 앞에 빨리 나타나기를 원했다.

그리고 마침내 뚜껑이 열리고 <그들이 사는 세상>(이하 <그사세>)이 펼쳐졌다. 결과는 혹자들이 예상했던 대로 '마니아용' 드라마로 끝나버렸다. '그들'이 사는 세상에 머물렀다. "소문난 잔치에 먹을 것 없다"는 혹평도 나왔다. 하지만 필자는 '그들'이 사는 세상으로 진입하는 진입로에서 묻고 싶어진다. '그들'을 이해하긴 했냐고.

아킬레스 건 : 새로운 이야기를 시작하는 사람들을 이해하기 위한 몇 가지 제안

1) 쿨하게 사랑하는 방법(역설의 묘미)

<바보 같은 사랑>, <거짓말>. 그동안 노희경과 표민수의 드라마는 묵직했다. 그리고 먹먹했다. 가끔은 마음속 어딘가에 꽁꽁 감춰둔 망각의 종이 울렸다. 그런 그들의 드라마였다. 어두웠지만 밝을 수 있음에 감사하게 만들었고 절절했기에 속 시원했다. 그들의 드라마에는 분명 '카타르시스'가 존재했다. '그들'(노희경과 표민수)은 인생에서 간과했던 사실을, 숨겨두길 원했던 진실을 지독히도 야무지게 파헤친 후, 그 앞에 발가벗긴 채 당도하게 만드는 재주가 있었다. 하지만 <그사세> 속에서 그들이 말하는 인생은 180도 달라진다. '죽어도 안 되던 일'들이 '안 될게 뭐야?' 하는 식으로 바뀐다. 다분히 '쿨해진 인생'이다. 아니 쿨해 보이는 인생이다. 사랑을 확인하는 데, 사랑을 지켜내는 데, 사랑을 이해하는 데, 그리고 사랑을 용서하는 데, 얼마나 많은 시간이 걸렸던가? 그간 '그들'이 보여준 드라마 (<거짓말>에서 성우와 준희의 사랑이 그러했고, <슬픈 유혹>에서 준영과 문기의 사랑이 그랬다)에서는 그토록 오래 지속된 시간이 미덕이었다. 하지만 그들의 새로운 이야기 - <그사세>에서의 인물들은 '쿨하다' 아니 '쿨한 척 한다.' 자신이 쿨해져야 하기에 마침내 '그들' 중 하나는 말한다. "맨날 한 남자, 한 여자에 목매는 사랑이야기 왕 짜증나. 우리도 이제 그만 미드 같은 쿨 같은 사랑이야기 좀 하자. 걔들 얼마나 쿨해, 만나면 만나고 헤어지면 헤어지고, 그걸 통해 인간의 욕정이나 비속함을 말하고"(5회 준영의 대사

중에서). 그들이 '쿨하게 살아가야 하는 세상에서 절대로 쿨해질 수 없는 우리들이 쿨한 척 사랑하는 방법'에 대해서 말하는 것이다. 전작들이 쥐어짜는 절절한 사랑에 대해 말했다면, <그사세>에서는 '쿨한 척' 사랑에 대해 말한다. 그래서 묻고 싶어진다. '그들'(표민수, 노희경)이 말하던 드라마 속 '카타르시스'는 이제 끝난 것이냐고. 하지만 변화에 능동적인 우리들이다. 10년이면 강산도 변한다고 했다. 그리고 두말할 것 없이 빠름이 미학이 된 시대이다. '거짓말'과 '바보같은 사랑'이 제작된 지 근 10년이 다 되어간다. 오랜 세월 속에 우린 좀 달라졌다. '쿨'한 사랑에 대해서 아니 '쿨한 척' 하는 사랑에 대해서 그리고 들켜버린 처지에 대해 홀로 내쳐질 수밖에 없던 처지에 대해 더 쓰라려 한다. 오롯이 자신을 지키기 위해 '쿨'해져 버린 사랑에 대해 자문한다. 그래서 당신은 괜찮냐고, 누구나 아픔을 갖고 있다고. 들켜버린 그 순간, 우린 다시 한 번 '그들'이 준 '카타르시스'를 맛본다. '그들'은 변화했다. 삶 속에 깊이 천착하고 또 천착해 밑바닥을 끄집어내던 사랑 속에서 '만나면 만나고 헤어지면 헤어지고, 그걸 통해 인간의 욕정이나 비속함을 말하'게 된 것이다. 지오와 준영이 왜 헤어져야만 했는지(1회부터 계속된 지오의 한계에 마주해야 한다), 지오와 준영이 단지 몸을 섞는다는 이유로 다시 만날 수 있는지(그들이 사랑을 확인해온 과정)를 살펴보면 '그들'을 이해하지 못할 이유는 전혀 없다. '변화한 그들'이 말하는 방식은 변했다. 가벼운 듯 보이지만 그것은 가장된 역설일 뿐이다.

2) 그들이 외로울 땐 우린 무엇을 했나 : 다양한 삶의 편린

시청자들은 드라마 속 인물들의 삶을 훔쳐본다. 물질만능주의 사회에서 재벌들은 무엇 때문에 고달파하는지, 의사들의 삶은 어떤지, 매일 집에서 보는 어머니와 아버지의 삶은 행복한지, 이른바 삼류라고 불리는 밑바닥의 삶은 얼마나 아픈지, 죽음을 마주한 인간의 마지막은 어떤지, 겪어보지 못해본 일에 대한 호기심을 드라마를 통해 간접적으로나마 훔쳐보고 얼마간 이해한다. 하지만 그것은 주인공들의 삶에 의해서 한정된다. 주인공이 재벌이라면 재벌의 사랑에 대해서, 주인공이 사랑에 대한 복수를 해야 한다면 주인공의 복수하는 이유에 대해서, 주인공이 죽어간다면 주인공이 어떻게 죽어가야 하는지에 대해서 우린 미약하게나마(한 편의 드라마 안에선 완전하게) 이해하고 성찰한다. 하지만 혹자는 궁금해 한다. 주인공의 친구의 삶에 대해서. 왜 주인공의 친구들은 주인공의 친구일 수밖에 없는지, 주인공의 친구들의 가정환경은 어떤지 주인공 친구들의 사랑은 안녕한지 가끔 궁금해진다. 절대로 알려주지 않는 금기(?)사항과도 같은 주인공들의 주변 인물들. <그사세>는 그 금기를 깬다. <그사세>의 화두는 다양한 삶의 편린이다. 그렇기에 혹자들은 가볍다고 한다. 주인공 1, 2 그리고 주 조연 3, 4의 이야기를 16회에 다 담아내는 것도 버거울 텐데 드라마 속 모든 인물들의 삶을 어떻게 표현해낼 것인가? 그렇기에 삶을 바라보는 시각이 좁아지진 않았나 하고 의문한다. 각 캐릭터들이 만들어내는 삶을 어떻게 짧은 시간 안에 통찰해낼 수 있냐는 것이다. 하지만 <그사세>의 등장인물들은 각자의 분신들이다. 지오의 멘토는 민철이고 준영의 멘토는 윤영이다(지오와 준영의 10년 후 모습은 어쩌면 민철과 윤영의 모습일지 모른다). 또 윤영이 10년 후의 모습을 그린다면 민숙의 모습일 수 있고, 준영을 따라다니는 조연출 민이는 그 옛날 준영의 모습일 수도, 드라마국의 사고뭉치 양수경 역시 그 옛날 지오의 모습일 수도 있다. 이렇게 모든 캐릭터들은 '드라마국'에서 생겨나 자란 캐릭터들이다. 이처럼 <그사세>의 모든 등장인물들은 '드라마국에서 생겨날 수 있는 캐릭터의 편린'들이다. 주인공들의 삶과 주변 인물들의 삶을 다양하게 보여줌으로써 그들이 인생에서 주인공이던 시점, 주변 인물이 되어가는 시점, 주인공으로 발돋움 하는 시점을 보여주는 것이다. 각자의 인생에선 자기 자신이 주인공이 된다. 하지만 그 각자의 인생에서조차 찬란하게 빛났던 시절이 있다. 그리고 자신의 인생에서마저 주변이 된 적이 있다. 이처럼 <그사세>에서는 각각의 인물들을 통해 각각의 삶 속에서 궁금했던, 그리고 깨달았던, 또는 달관했던 그 어느 시점을 보여주고 있는 것이다. 다시 말하자면 각각의 캐릭터들을 통해 '인간에 대한 통찰'을 하는 것이다. <그사세>에선 내 인생에서 마저 내가 외로웠을 때를 시청자로 하여금 알아차리게 하는 것이다. 그리고 그들이 겪어내는 모습을. 그리고 또다시 존재하는 모습을.

3) 그녀, 혹은 그의 한계

사랑하는 사람과 헤어지는 이유는 저마다 가지가지다. 누군, 그게 자격지심의 문제이고, 초라함의 문제이고, 어쩔 수 없는 운명의 문제이고, 사랑이 모자라서 문제이고, 너무나 사랑해서 문제이고, 성격과 가치관의 문제라고 말하지만, 정작 그 어떤 것도 헤어지는 데 결정적이고 적합한 이유들은 될 수 없다. 모두, 지금의 나처럼 각자의 한계일 뿐(11회, 지오의 내레이션).

작가에겐 금기시되는 것이 있다. '작품 속에서 자신의 이야기를 들키지 말 것.' 어차피 사람의 이야기이다. 문학이든, 영화든, 드라마든 어차피 사람의 이야기이고 인생을 이야기하는 것이다. 그리고 이야기를 창조해내는 창작자 역시 사람이고 개개인의 인생을 살아가고 있다. 그렇기 때문에 창작자 자신을 배재하고는 사실, 어떤 이야기도 나올 수 없다. 창작자 자신이 생각하는 가치관과 삶을 각각의 매체를 통해 독자나 시청자들에게 말하는 것이 창작의 기본 원리이다. 하지만 여기서 창작자들은 자신을 절대 들켜서는 안 된다. 등장인물들을 통해, 그들의 눈을 통해 세상을 말하고 수용자들로 하여금 동의를 얻어야 한다. 만약 그렇지 않다면 그들이 말하고자 했던 이야기는 에세이이지 창작이 아닌 것이다. 하지만 <그사세>에서 창작자는 자꾸 들킨다. '자신의 이야기'라는 것을. '드라마 제작국 사람들'의 이야기를 하고 있는 <그사세>에서 창작자들은 창작자이자 동시에 등장인물이다. 이미 "우리의 이야기를 하겠다"고 말하는 '그들의 세상'의 '창작자'들은 정말이지 '우리=그들'의 이야기를 하고 있다. 그들의 직업 자체를 온순히 인지하고 이미 그들의 삶이 되어버린 방송국 속에서 이야기를 시작하고 있는 것이다. 아무리 드라마에 대한 관심이 지대하게 높아졌다고 해도 사실 시청자들은 그 내밀한 속까진 알 수 없다. 그저 뭉뚱그려 '그렇겠지', '그렇다더라'의 수준에 멈춰 있다. 하지만 <그사세>에서의 창작자들이 시청자들의 수준을 너무 높게 봤다는 데 문제점이 있다. 그들은 전혀 친절하지 않았다. 의도된 불친절이 아니었다. 단지 자신들의 이야기이기에 간과했다. 당연히 알겠지, 하고 생각했던 부분이었다. 드라마에서 종종 나오는 전문 용어들(틸 다운, 몽타주, 사후편집, 라인업, 믹싱 등)에 대한 설명은 전혀 해주지 않는다. 그저 알겠지, 하고 생각하는 듯하다. PD나 작가들의 세계를 표방한 이른바 '전문직' 드라마이다. 사전적 의미로 전문직은 전문(專門)적인 지식이나 기술이 필요한 직업이다. 대부분의 시청자들은 드라마에 대한 전문적인 지식이나 기술도 없을 뿐더러 그것을 필요로 하지 않는 직업들을 갖고 있다. 그렇기 때문에 대사의 삼분의 일 정도는 제대로 알아듣지 못한 채, 이 드라마를 이해해야만 했다. 아니 이해하는 척 해야만 했다. 그리고 이 드라마를 이해하지 못한 시청자들은 드라마 자체에 대한 리얼리티에 겁을 먹은 채 떠나야만 했다. <그사세>의 제작자들이 이렇게 시청자들의 이해도를 간과한 것은 비단 용어해설과 같은 작은 (혹은 너무도 큰) 부분만이 아니다. <그사세> 속 주인공(지오, 준영, 규호)들은 직업 특성상(드라마 PD라는) 각각 1개 또는 2개의 드라마를 찍고 있다. 그리고 그들 각자의 일에 대한 큰 자부심을 갖고 있다. 그렇기에 그들과 일을 따로 떼어내 생각할 수 없다. 항상 그들의 사유엔 일이 함께 동반한다. 시청자들에게 이 사실은 '꼭' 알아야만 하는 사실이다. 만약 '그들이 사는 세상을 올바로 이해하기 위한 지침서'라는 것이 있다면 이것은 챕터 1이 될 필요성이 있다. 창작자들의 사유는 언제나 창작물과 직결한다. 드라마 속 등장인물 중 하나인 작가 이서우는 주변 인물들의 행동거지, 말, 상황들을 항상 메모하며 말한다. "드라마에 꼭 써먹어야지"라고. 이것이야말로 <그사세> 속 주인공들을 이해할 수 있는 가장 큰 장치이다. 주인공 지오는 항상 새로운 작품에 대해 구상하고 사유한다. 길을 지나다가도, 걸레질을 하다가도, 다른 사람과 이야기를 하다가도 시청자들은 이 사실을 간과하면 안 된다. 만약 간과한다면 갑자기 툭 튀어나오는 지오의 사유를 절대로, 이해할 수 없다. 가령, 10회에서 지오가 시골집에 내려가 아버지와 밥을 먹다가 아버지가 밥상을 엎자 엎어진 밥상을 치우다, 갑자기 지오가 새 드라마에 대해 구상하는 장면 같은 경우는 뜬금없는 장면 전환이다. 뜬금없이 툭 떨어진 장면이다. 하지만 주인공(지오)의 의식을 흐름을 타고 들어가 이해했다면, '아, 지오는 항상 자신의 드라마에 대한 생각과 긴장을 멈추지 않고 있구나' 하는 결론이 나온다. 하지만 그 의식을 따라가지 못했다면, 저건 뭐야 하는 의문을 남기게 만든다. 창작자에 대한 이해 없이는 내용 자체가 이해되지 않는 장면이다. 이렇게 주인공 지오는 뜬금없는 시간, 뜬금없는 상황 속에서도 자신의 드라마를 구상한다. '지오=드라마'이다. 이것은 창작자들이 갖는 좀 특별한 의식의 흐름이다. '툭' 떨어진 아이디어를 시청자들이 이해하기엔 조금 버거웠던 것이 사실이다. 감독에게 새 작품을 만난다는 건 한 번도 가보지 않은 새로운 세계를 만나는 것만큼이나 두려운 일이다. 그러나 그 두려움의 실체를 찾아내 직면하지 않으면, 작품은 시작부터 실패다. 왜 이 작품을 반드시 해야만 하는지, 내가 찍어내는 캐릭터들은 어떤 삶의 가치관을 가지고 살아가는지(4회, 지오의 대사 중), 감독은 찍어내는 캐릭터들이 어떤 삶의 가치관을 가지고 살아가는지까지 꼼꼼히 챙겨야만 하는 것이 숙명이다. 그리고 그 캐릭터들을 어떻게 설득력 있게 보여줄 수 있을까 하는 꼼꼼함마저 보여주어야 한다. 그렇지 않으면 시청자들에게 외면당하기 일쑤다. 드라마를 제작하는 사람들은 그 캐릭터들에게 적게는 1년 길게는 평생을 바라보고 다듬고 이해해왔던 인물들이겠지만, 시청자들에겐 16회 동안 소비하는 인물이기 때문이다.

시청자들이 한 드라마를 외면하는 이유는 저마다 다르다. 누구는 주인공이 멋지지 않다는 이유이고, 재미가 없다는 이유이고, 머리가 아프다는 이유이고, 굳이 본방을 사수하지 않아도 된다는 복잡다기한 이유들이지만 정작 그 어떤 것도 한 드라마를 철저히 외면하는 데 통찰적인 이유들은 될 수 없다. 시청자의 입장을 간과한 제작자의 한계일 뿐.

드라마처럼, 살아라

'드라마' 장르는 '리얼리티를 가장한 판타지 세계'다. 드라마를 보며 시청자들은 꿈꾼다. '우리가 살아가는 이 세상에서도 저런 멋진 일이 나에게도 일어날 수 있어' 이렇게 꿈꿀 수 있기에 시청자들은 드라마를 본다. <그사세>는 드라마국을 그린 '리얼리티 드라마'라고 불릴 정도로 '리얼리티' 요소를 정확히 살린 드라마였다. 하지만 그 별칭 속에서도 숨길 수 없는 것이 있다. 바로 '드라마'이다. '리얼리티를 가장한 판타지 세계'. 드라마 <그사세> 역시 '무조건 적인 희망이 보이는 판타지 세계'였던 것이다. 일반적인 시청자가 꿈꾸는 또는 길들여진 지독한 판타지 — 신데렐라 드라마, 죽음 없는 드라마 — 는 아닐지 몰라도 무조건 적인 희망만을 말하는, 그렇게 해피엔딩 밖에 존재하지 않는 '드라마'의 세계였다. 혹자는 <그사세>는 판타지를 묵살한, 다분히 현실적이어서 불편한 드라마라고도 말했다. 하지만 우리가 꿈꾸는 판타지라는 것은 정도의 차이일 뿐이다. 이 세상 어디에도 무조건적인 해피엔딩은 없다. 비극마저 희망을 꿈꾸는 역설일 수는 없다. 비극은 비극일 뿐이다. 그것은 자명한 진리다. 하지만 드라마를 통해, 우리는 비극마저 우리에게 또 다른 희망의 출구 일 수 있다는 생각을 한다. <그사세>가 말하고자 하는 판타지가 바로 그것이다. '리얼'한 세상 속에서 우리는 여전히 '드라마'를 꿈꾼다고 그리고 드라마처럼 어디 한번 살아보자고.

언젠가 지오선배가 했던 말이 생각난다. 모든 드라마의 모든 엔딩은, 해피엔딩밖엔 없다고 어차피 비극이 판치는 세상, 어차피 아플 대로 아픈 인생, 구질스런 청춘, 그게 삶의 본질인 줄은 이미 다 아는데, 드라마에서 그걸 왜 굳이 표현하겠느냐, 희망이 아니면 그 어떤 것도 말할 가치가 없다, 드라마를 하는 사람이라면 세상이 말하는 모든 비극이 희망을 꿈꾸는 역설 인 줄을 알아야 한다고, 그는 말했었다(16회, 준영의 내레이션).

만약 누군가 그들이 사는 세상은 어디냐고 물어본다면, 단연코 나는 말할 수 있다. 우리가 살고 우리가 꿈꾸는 저 어딘가의 세상이라고.

디케의 저울은 왜 기울어져 있을까?
SBS 드라마 <신의 저울>

정우진

1. 네오의 선택

빨간 약 먹을래? 파란 약 먹을래? 모피어스는 네오에게 물었다. 네오는 자신을 엄습해오는 충격을 뒤로 하고, 앞으로의 인생을 결정할 중요한 선택의 기로에 섰다. 자신을 억압하고 옭아매던 매트릭스의 존재를 인정하고 새로운 세상을 여는 데 동참할 것인가? 아니면 그들을 부정하고 체제에 순응하며 살아왔던 삶을 계속 살아갈 것인가? 결국 네오는 빨간 약을 먹음으로써 그의 삶을 지배하던 매트릭스에서 벗어나기로 결정했다.

태초에 '시스템'이 있었다. 인류는 역사를 개척해가는 과정마다 시스템을 만들어내고, 그것을 파기하고, 또 새로운 시스템을 만들어냈을 뿐이지 시스템 자체는 상존했었다. 그 시스템은 '종교'일 수도 있고, '민족'일 수도 있으며 '국가 권력'일 수도 있다. 영화 <매트릭스>처럼 컴퓨터에서 발현한 시스템이 인류의 일거수일투족을 감시하고 설계하며 조직을 지배하는 것까지는 아니겠지만, 오늘날 우리 사회에서도 그와 같은 시스템이 있다. 바로 그것은 '법'이다.

　최초의 권력자들은 '입'의 통치를 했다. 하지만 사안마다 잣대가 급격하게 다를 수밖에 없는 '입'은 내부적으로도 외부적으로도 한계가 뚜렷했기에 질서 있고 명문화된 '입'이 요구되었다. 그렇게 해서 나온 것이 바로 '법'이다. 법을 통해 권력자들은 효율적으로 대중을 통제하고 자신에게 정당성 있는 '권력'을 부여했다. 법은 자본주의가 태동하여 부르주아가 사회의 중추로 떠오르면서부터 '사회적 계약'이라는 인식이 강해진다. 사회계약론을 주장한 영국의 철학자 존 로크에 의하면, 부르주아들은 자신의 권리를 입법부에 신탁함으로써 정당한 정치권력을 얻었다. 통치자에게만 허락되던 '법 제정'의 권력이 타인들에게 넘어간 순간이다. 이후에 '미국의 독립혁명', '프랑스 대혁명', '계급투쟁' 등을 거치며 수많은 사람들의 '피'의 희생으로 드디어 권력을 부여하는 '법 제정'은 일반 사람들의 것이 된다. 오늘날 우리가 누리고 있는 '법 앞의 평등'이 실현된 것이다.

　드라마 <신의 저울>의 주인공 장준하(송창의)는 기울어진 가세를 일으켜 세우고, 자신의 출세를 위해 사법시험에 도전하다 끝내 쓴잔을 마시고 포기하기에 이른다. 하지만 자신의 약혼녀가 살해되고 그 용의선상에 자신의 동생이 억울하게 지명되면서 가족이 풍비박산 나지만, 그는 아무것도 할 수 없다. '돈'이 없기 때문이다. 만인에게 평등할 줄 알았던 법이었는데 '돈'이 없으면 그 어떠한 법도 자신의 편을 들어주지 않는다는 것을 깨닫는다. 영화 속 네오처럼 그도 빨간 약을 먹는 선택을 한다. 비록 네오처럼 시스템 자체를 파괴하려는 혁명적 선택은 못하지만, 시스템이 인정한 '유죄'를 자신이 '무죄'로 만들기로 결심한다.

2. 법 앞의 평등은 돈 앞의 불평등

"법치 국가의 검사이고 싶습니다" 검사 정수영(장현성)은 대기업 회장의 비리 수사를 맡으며 상사 김혁재(문성근)에게 이렇게 토로한다. 1980년대 말, 탈옥수 지강헌이 '유전무죄 무전유죄'라고 했듯이 일반 사람들은 '법 앞의 평등'이라는 말이 허구임을 경험적으로 판단하고 있다. 하지만 '법'을 최전선에서 집행하는 검사조차 우리나라가 법치 국가가 아님을 인정한다는 것은 여전히 우리 사회는 정당한 '법'이 아닌 권력자들의 '입'에 의한 통치를 받고 있다는 것을 의미한다.

드라마는 대기업 회장이 검찰 수사를 받는 태도라든지 항상 '휠체어'를 대동하는 장면을 보여줌으로써 현실에서의 권력자 모습을 시청자들에게 확인시킨다. 그리고 법정에서의 판결문은 늘 '국가와 경제에 미치는 영향'을 환기시키며 그들의 죄를 변호한다. 또한 영장실질심사를 판단하는 영장 전담 판사의 배정도 모두 그들의 몫이며, 그것마저도 자신들이 예측한 판단을 벗어나면 판사의 옷을 벗게끔 만들기도 한다. 결국 대기업 회장은 그 죄가 분명히 드러났는데도 '무혐의'의 판결을 받아 '시스템'이 인정한 무죄를 받게 되고, 고위층들이 불편함을 표시했는데도 끊임없이 수사한 검사들은 한직으로 좌천당한다.

드라마는 '돈'을 가진 권력자들이 자신의 '유죄'를 '무죄'로 바꾸는 행위를 하는 것과는 반대로 '돈'을 가지지 못한 일반 사람들은 '무죄'도 '유죄'가 될 수 있음을 끊임없이 보여준다. "빽 없고, 돈 없으면 정당방위도 범죄로 만드는 게 바로 법이잖아"라는 장용하(오태경)의 절규가 바로 그것이다. 또한 '전직 검사 출신의 변호사는 곧 좋은 변호사'라고 단정하는 명제는 법 집행의 체계가 여전히 진실과 정의보다는 인맥이고, 그들의 수임료가 일반 사람들이 상상도 할 수 없을 정도로 비싸다는 것은 현실은 곧 '돈'임을 증명한다. 이렇게 드라마는 김남주 시인의 "법은 부자들에겐 목걸이고, 가난뱅이에겐 밧줄이다"라는 표현을 인용함으로써 '법 앞의 평등'은 '돈 앞의 불평등'이라는 다른 이름으로 읽힌다는 것을 주장한다.

동생의 억울한 '유죄'를 벗기기 위해 검사가 되어 재수사를 하려는 준하의 의지와 법의 맹점을 이용한 세력들의 '돈 앞의 불평등' 행위를 교차시켜 진행하는 이 드라마는, '법 앞의 평등'을 이루고자 하는 '마이너리티'의 투쟁기를 너무나도 극명하게 보여준다는 점에서 자칫 진부한 설정으로 비추어질 수 있다. 하지만 극은 후반으로 치달을수록 단편적인 이야기 구조에서 벗어나 좀 더 복잡하고 근원적인 이야기를 내놓는다.

3. 정의와 사랑 사이의 선택지

이 드라마에서 묘사하는 가장 권력자에 가까운 사람은 대한민국 최대의 로펌 '신명'의 오너 겸 대표 변호사인 노주명(최용민)이다. 그는 변호사이면서 검찰의 주요 보직을 지명할 수도 있고, 대기업의 수많은 불법 행위를 합법으로 탈바꿈시킬 수도 있다. 그래서 그는 '법 위의 사람' 중 한 사람의 위치를 차지함으로써 정의로운 검사의 길을 걸어가는 김혁재, 정수영, 장준하의 정적이 된다.

노주명은 신림동 옥탑방 살인 사건의 진범으로 의심받는 김혁재의 아들 김우빈(이상윤)을 법률적으로 보호해주겠다고 회유하여 자신의 로펌 소속으로 받아들인다. 그 후 그는 외국계 펀드에게 불법으로 넘어간 국내 은행을 다루는 소송에서 김혁재와 다시 마주치게 된다(물론 마주침조차 노주명이 계획한 시스템의 일부였지만 말이다). 그리고 그는 김혁재를 위협한다. 만약 수사를 더 이상 진척한다면, 당신 아들의 일을 폭로하겠다고 여기서 그만 접고, 좋은 게 좋은 것으로 하자고.

이는 권력자만을 대변하는 대한민국 최대 로펌의 변호사가 부당한 방법을 통해서 정의로운 검사를 이김으로써 '돈'이 '법'을 이기는 세상을 공식적으로 보여주려 하는 것이다. 거기서 그치지 않고 그는 자신의 딸 노세라(전혜빈)와 우빈을 결혼시키려 하는데, 이는 정의로운 검사와의 혼인 관계를 통해 도덕적 위상까지 얻음으로써 '돈'의 힘은 법을 넘어 '도덕'까지 얻을 수 있다는 것을 선언하는 행위이다.

이렇듯 드라마는 단순히 '법은 평등해야 한다, 그렇지 않아도 된다'는 식의 선과 악의 대립적 구도에서 벗어나 '정의의 바로 세움'과 '핏줄' 사이에서 개인의 선택을 시험한다. 이러한 장치가 김혁재에게 '핏줄'이 되었다면, 신영주(김유미)에게는 '사랑'을 통해 또 다른 선택지를 내민다. 신영주는 우빈의 약혼녀로서 정의로운 검사의 길을 가고 있다. 하지만 신림동 옥탑방 사건의 재수사를 맡게 되어 자신이 부정하고 있던 (우빈이 진범일 것이라는 준하의 주장) 것이 진실임을 알게 된다.

드라마는 줄기차게 주인공 장준하와 김우빈의 진범 찾기의 대결 구도로 진행되지만, 드라마가 이야기하려는 가장 근원적인 부분은 오히려 김혁재와 신영주 앞에 놓인 선택지를 통해 파악할 수 있다. 그들은 '법 앞의 평등'한 세상을 만들기 위해 살아왔지만, '핏줄'과 '사랑' 앞에서는 어떻게 해야 옳은 선택인지 고민을 하는 것이다. 드라마는 그렇게 '사랑의 눈'과 '법조인의 눈'을 대비시킴으로써 진실을 보기가 얼마나 어려운 일인지 상기시킨다.

여기서 재미난 복선이 하나 깔려 있다. 7회에서 우빈은 자신의 사건을 자신의 친구의 사건인양 가장하고, 혁재에게 진실을 털어놓는다. 그때 혁재는 당연히 자수해야 하고, 자수를 하기 싫다면 신고를 해서라도 친구를 법정에 세워야 한다고 일침을 놓는다. 하지만 막상 혁재 앞에 그 선택지가 주어졌을 때는 쉽게 판단을 내리지 못한다. 그만큼 정의를 분별할 때 사사로움을 떨치기가 얼마나 힘든 일인지 이를 통해 보여준다.

빨간 약 먹을래? 파란 약 먹을래? 네오와 준하에게 갔던 모피어스의 선택지는 이제 혁재와 영주에게로 왔다. 빨간 약을 먹음으로써 '핏줄'과 '사랑'보다는 정의를 택할 것인가? 아니면 우빈을 살림으로써 주명이 쳐놓은 늪에 빠져 정의를 포기할 것인가?

4. 디케의 저울과 개인의 자각

정의의 여신 디케. 그녀가 왼손에 들고 있는 저울은 죄의 값을 재는 도구이고, 오른손에 들고 있는 칼은 판정의 결과에 따라 정의를 실현하는 국가 권력이다. 사사로움을 떠나 공평성을 유지하고 눈을 통해 보이는 착각을 방지하기 위해 두건으로 눈을 가리고 있다. 그런데 사진을 자세히 보면 저울이 살짝 기울어져 있다는 것을 볼 수 있다. 왜일까?

예를 들어보자. 연봉이 1억 원인 사람과 최저 생계비도 못 버는 사람이 같은 죄를 지었을 때, 두 사람에게 공평하게 100만 원의 벌금을 매겨보자. 한 사람에게 그것은 껌 값이지만, 다른 한 사람에게는 죽으라는 소리나 마찬가지다. 그것은 과연 평등한 법 집행일까?

세상은 필연적으로 가지지 못한 자보다 가진 자가 좀 더 유리하게 살 수밖에 없게 굴러간다. 사실 법은 만인에게 평등하게 적용되어야 하지만, 법조인의 마음속으로는 사회적 약자에게 기울어져 있으라는 의미이다. 험난한 사회에서 '법'만이라도 약자를 좀 더 배려해야만, 실질적 평등에 가깝게 가기 때문이다.

드라마는 이렇게 주제의식을 내놓는다. 이 드라마가 지금까지 '법'을 다룬 다른 드라마와 구별되는 것이 바로 여기에 있다. 다른 드라마가 디케의 저울은 공평해야 하고 법 앞에서는 평등해야 한다는 것을 말했다면, <신의 저울>은 '법 앞의 평등'은 형식적 평등일 뿐, 실질적 평등과는 거리가 멀다는 것이다.

하지만 21세기 대한민국의 현실은 실질적 평등은 커녕, 형식적 평등도 제대로 지켜지지 않고 있다. 디케의 저울은 오히려 강자들에게 더 기울어져 있다. 대한민국 최고의 대기업 그룹 총수를 연상시키는 황 회장(송재호)의 비리 사건, 청와대의 수사지휘권 발동과 판결에 유리한 판사 배정, 국세청과 재경부 등 고위 관료 출신들을 고문으로 거느리며 대한민국을 좌지우지 하는 최고의 로펌 회사, 국제 헤지펀드 회사에게 국내 은행이 헐값으로 매각되는 사건 등 드라마는 현실에서 일어나는 '돈 앞의 불평등'한 사례들 을 고발함으로써 허구가 더 이상 허구가 아님을 이야기한다.

법이 명시한 형식적 평등도 현실에서 잘 지켜지지 않는데, 실질적 평등을 이야기하는 것은 어쩌면 이상적인 말일지도 모른다. 하지만 '이상적'이라는 말에 둘러싸여, 시스템 자체만을 인정하고 있으면 더 이상의 평등도, 진보도 없다.

주명이 설계한 시나리오는 언뜻 완벽해 보인다. 합리적 선택이라면, 혁재와 영주는 '정의'보다 '핏줄'과 '사랑'을 선택하는 것이 옳다. 하지만 그들은 결국 비합리적인 선택을 한다. 그럼으로써 신림동 옥탑방 살인 사건의 진실이 밝혀지고, 신명은 위기에 놓인다. 인간의 이러한 비합리적인 선택이 바로 시스템을 붕괴시킨다. 주명이 설계한 시스템은 그들의 선택에 의해 붕괴된다. 물론 그 붕괴가 한꺼번에 오는 것은 아니지만, 준하의 말처럼 너무나도 공고하게 보여 깨질 수 없던 것이 10년, 20년 뒤에는 무너져 내릴 수도 있다. 바로 거기에 인간의 비합리적인 선택, 개인의 자각이 뒷받침 되어야 한다.

시스템(여기에 '법'이라는 단어를 써도 무방하다)도 사람이 만든다. 시스템은 한 번 만들어져 영원불멸한 것이 아니라, 불합리하면 언제든 다시 만들 수 있는 것이다. 네오가 빨간 약을 먹는 선택과 준하, 혁재, 영주의 선택이 다르지 않아 보이는 것이 바로 이 때문이다.

1회에서 검사들이 야근을 하다 말고 너무나도 신나는 표정으로 라면을 끓여 먹는다. 대한민국 최고의 엘리트들이 라면을 먹는 모습에 그들도 우리와 같은 인간이라는 것을 시청자들도 인지한다. 그렇다면 빨간 약을 먹는 선택, 즉 시스템을 바꿀 수 있는 선택이 아주 높은 집단에 있는 사람들만 할 수 있는 그런 고귀한 것은 아니지 않을까? 우리 같은 보통 사람들이 느끼는 수많은 불합리함에 우리 스스로도 딴죽을 걸 수 있지 않을까?

사람들은 한 번 길이 나기 시작하면 그 길로만 다닌다. 그 길을 따라 수많은 건물들이 세워진다. 그 후에 아무리 더 좋고 빠른 길을 찾아낸다 하더라도 이미 엄청난 '기득권'을 생산한 길을 포기한다는 건 거의 불가능한 일이다. 강준만에 따르면, 이를 '경로의존' 현상이라 한다. 그 현상에 사로잡혀 '기득권'을 가지지 못한 사람들도 그 길로만 다니는 것을 당연시 여긴다.

우리는 '법 앞의 평등'이 이루어지지 않는 사회에서 생겨나는 많은 불합리함을 오늘도 별다른 특별함 없이 느끼며 살고 있다. 하지만 바꿀 수 없는 현실임을 당연하게 인정하고 있다. <신의 저울>은 이러한 우리의 인식을 바꾼다. 당신의 자각과 비합리적인 선택은 시스템을 바꿀 수 있다고 이야기한다. 인류의 진보에는 단 한걸음도 공짜가 없었듯이 오늘을 살아가

고 있는 우리 역시 조금씩이라도 지속적으로 빨간 약을 먹어야 한다. 그렇다
면 이상적으로만 보이는 실질적 평등, 공정한 사회는 우리 앞에 모습을
드러낼 것이다.

발칙한 상상의 보편화
끊임없는 소통이 이룩한 공감대, <무한도전>

정장희

왜 다시 <무한도전>인가

파이는 한정되어 있다. 애석하게도 이 한정된 파이조차 이미 대부분 주인이 있다. 남은 조각을 차지하기 위해 오늘도 사회 곳곳에서는 치열한 사투가 벌어진다. 끝이 보이지 않는 좁은 터널에서 살아남기 위해 본인이 원하지 않는 곳으로 끌려가듯 줄을 선다. 먹통인 사회와 소통하기 위한 선택은 언제나 주어진 길을 가는 것이고, 시키는 것에 충실히 따르는 것이다. 창조적 사고, 발상의 전환, 무모한 도전은 바보짓이다. 평범한 것이 진리인 사회에서는 언제나 정답을 선택하는 이가 주인이다. 입 닫고, 눈 막고 오늘도 그것을 좇기에 급급하다. 하지만 거기서 진정성을 찾아보기란 쉽지 않다. 진심이 우러나와서 하는 행동과 단순한 따라하기는 분명 다르다.

바야흐로 예능은 리얼 버라이어티의 각축장이 되었다. <무한도전>의 국민적 공감에 따른 성공은 <1박 2일>, <패밀리가 떴다>를 차례로 배출하며 리얼 버라이어티 전성시대를 열었다. 더 젊고 멋진 출연진들이 매회 떠나는 여행은 새로운 설렘을 제공한다. MT와 농활이라는 소재는 전에 없이 친숙하다. 하지만 그들에게서 진정한 '리얼', '소통'에 대한 진정성을 찾아보기란 쉽지 않다. 리얼 버라이어티를 내걸고 행하는 그들의 무의미한 복불복에, 단지 무대를 시골로 바꿨을 뿐인 휑뎅그렁한 농촌에 더 이상 공감하기 힘들다. 진정성 없는 즉흥 콩트에는 한계가 있다. 이들은 이제 끊임없는 소통으로 일궈낸 <무한도전>의 사회적 공감대에 무임승차한 비용을 고심해야 할 때다.

장르 파괴, 리얼 버라이어티의 탄생

무모할 것만 같았다. 치열한 주말 예능판에서 저런 얼토당토않은 소재를 가지고 나온다는 것 자체가. 그들은 전차와 달리기를 했고, 양수기와 목욕탕 물 빼기 대결을 펼쳤다. 어이가 없어서 웃음이 나왔다. '아니, 대체 왜?' 빈약한 출연진, 입다 버린 것 같은 의상, 그들만의 상황 개그, 그리고 무엇보다 대체 왜 저런 도전을 하는 것인지, 상식적 예능장르 코드를 그들에게서 찾기란 어려웠다.

관성의 법칙은 물질에만 적용되는 게 아니다. 살아온 방식과 가치관은 하루아침에 형성되는 게 아닌 만큼 깨기도 쉽지 않다. 매너리즘은 타성에 젖은 생각과 행동의 게으름을 경고한다. 약간은 경망스럽지만 조심스럽게, 그들의 도전은 버라이어티에 대해 가지고 있던 대중의 상식을 깨는 것에서 시작했다. 정해진 콘셉트와 기획 의도는 있지만, 프로그램 진행과 결과는 누구도 예측할 수 없다. 또한 진행 중 벌어지는 그들의 자연스러운 웃음 유발은 점차 인위적인 웃음에 질려 가던 시청자들을 다시 텔레비전 앞으로 불러 모으는 친근함과 신선함을 선사했다. 당시로선 장르조차 불분명했던 장르 파괴, '리얼 버라이어티'의 탄생이었다.

일상에서 발견한 특별한 웃음

그토록 낯설었던 <무한도전>은 어느새 우리 삶 깊숙이 자리 잡았다. 유재석, 박명수, 정준하, 정형돈, 노홍철, 전진. 뭐 하나 특별할 것 없는, 그야말로 대한민국 평균 이하의 출연진들이 보여주는 해프닝은 남녀노소 할 것 없이 광범위한 팬덤을 확보하는 데 일조한다. 브라운관에 비춰지는 각기 다른 인물군상의 행동과 별명 짓기는 연예인이 아니라 옆집 사는 형이고 오빠고 동생이며 친구를 보는 우리의 시선이다. 후속 리얼 버라이어 티들이 차례로 별명 짓기를 해오고 있지만 그때마다 자연스러움보다 작위 적인 느낌이 먼저 들었던 것은 아직 그들에게 별명을 지어줄 만큼 그들이 우리 삶 근저에 뿌리내리지 못했기 때문이리라. 익숙함과의 조우는 그만큼 오랜 노력과 시간이 필요하다. 하지만 단순히 프로그램이 오래되었다고 해서 그것을 우리 삶의 일부로 받아들이는 것은 아니다. 그들이 1박 2일로 여행을 떠나거나, 아무도 살지 않는 시골로 향할 때도 <무한도전>은 평범한 우리들의 삶과 함께했다. 일상적인 것에서 특별함을 발견하고 그로 인해 웃을 수 있었기 때문에 큰 공감대가 형성된 것이다. 그들은 언제나 사회의 크고 작은 희로애락과 함께했고, 또 스스로도 그것을 만들어 갔다.

추석 때는 며느리가 되어 음식을 만들었고, 연말에는 일반인들과 조촐한 콘서트를 가지며 한 해를 마무리했다. 베이징 올림픽 때는 중국을 찾아 선수들을 격려하며 경기를 중계했고, 태안이 기름유출로 힘겨워할 때는 그들과 고통을 함께 나눴다. 단순히 프로그램이 친숙해서, 캐릭터가 익숙해서가 아니다. 방송으로서가 아니라 진심으로 접근했기에 가능한 익숙함이다. 그 때문에 <무한도전>과 시민들의 만남에서는 오랫동안 보지 못한 가까운 지인을 만났을 때의 친근함이 묻어난다. 그들을 연예인이 아닌 우리와 같은 눈높이를 가진 동등한 관계로 인식하는 것이다. 오랜 소통이 빚어낸 결과물이다. 유재석, 박명수의 결혼을 진심으로 축하하고, 멤버들의 도전에 함께 웃고 울었던 것은 그러한 심리적 유대를 공유하기 때문에 가능하다. '가족24'란 이름으로 이미 자연스럽게 일반 가정의 구성원이 되었었던 <무한도전>과 달리, 큰 맘 먹고 농촌을 찾은 그들의 1박 2일이 더 크게 부각되었던 것은 이것과 무관치 않으리라.

바보에게 보내는 찬사

대한민국 평균 이하들의 도전은 언제나 버겁다. 이들의 정신감정 결과는 그것을 확신시키기에 충분했다. 하지만 그런 그들의 상황과 달리 <무한도전>은 어느새 한 살 한 살 더해가면서 그 나이만큼 점차 전문가 수준으로 도전 영역을 확장하고 있다. 콘서트, 에어로빅, PD, 디자이너, 봅슬레이. 단순히 파격적 소재로 웃음을 선사하던 데서 나아가 이제 일반인들은 엄두도 못 낼 영역에 출사표를 던지는 것이다. 예전 <무한도전>의 어수룩한 도전에서 웃음을 찾던 시청자들은 이들의 성장이 낯설다. 하지만 이런 낯설음은 완벽하지 않은 출연자들이 점차 어려워지는 미션에도 최선을 다하며, 서로의 부족한 부분을 채워나가는 모습을 통해 어느 순간 감동으로 바뀐다. 그 때문에 이들의 도전이 반드시 성공할 필요는 없다. 아니, 이들의 도전이 성공하리라 기대하는 이들은 아마 거의 없을 거다. 애초에 불가능할 것이라는 걸 시청자와 출연자 모두 알고 있다. 하지만 그런 결과를 예측하더라도 이들의 도전은 언제나 진지하다. 역설적이게도 아무도 기대하지 않는 상황이 그들로 하여금 순수한 아마추어리즘을 추구하게 만들었고, 그런 그들의 터무니없는 진지함은 끝까지 긴장의 끈을 놓을 수 없게 한다. 그리고 끝내 우리를 울린다. 미완(未完)의 도전은 언제나 감동이다.

우리 사회에 만연해 있는 승리지상주의와 결과우선주의. 반칙을 써서라도 이기고 봐야 한다는 발칙한 자기합리화. 하지만 2등은 기억하지 않는 지극히 현실적인 자화상. 본말은 언제나 전도되고 우리는 어느새 승리에 목마른 승냥이가 된다. 결국 정당한 방법으로 최선을 다하는 사람은 '바보'가 되어버리는 쓸쓸한 프로들만의 세계. 우리 안의 각박한 랠리에서 <무한도전>이 내민 은메달은 더 이상 상으로서의 의미가 아니다. 그것은 사회일반의 보이지 않는 곳에서 매순간 최선을 다하는 모든 이들에 대한 보상이고, 격려다. 에어로빅, 봅슬레이는 <무한도전>이 내민 손을 잡고 비인기 종목의 설움을 씻어버렸다. 1등이 아니어도 괜찮다. 남들이 인정해주지 않아도 상관없다. 묵묵히 정진하는 당신의 노력은 충분히 값지다. 기억 저 먼 곳, 잊혔던 공허한 메아리가 묵직하게 다가와 우리의 가슴을 세차게 두드린다.

그리고 만연한 <무한도전>적 가치

처음 '노홍철'이라는 캐릭터가 나왔을 때 사람들은 적잖이 당황했다. 샛노란 머리, 그것과 어울리지 않는 정결한 수염, 끊임없이 뿜어대는 스피커와 아무도 안 따라할 것 같은 퍼포먼스 유례없이 비상식적인 인물의 출현은 아노미 현상을 초래했다. 노홍철의 등장 당시, 정신분석학회 의사들이 모여 그의 병명을 놓고 고민할 정도였다니 그 충격이 비단 일반인들의 것만은 아니었나보다. 그런 그조차 혀를 내두를 '돌+아이들'이 등장했다.

'코리안 돌+아이' 편이다. 식초를 단숨에 들이 마시고 박명수에게 외려 호통을 치는가 하면, 대통령을 패러디한다던가, 버젓이 코미디언이면서 콘테스트에 참가하기도 한다. 절대 있을 수 없을 것 같던, 전례 없는 캐릭터들의 향연. 하지만 웬일인지 이들이 더 이상 낯설지 않다. '대한민국 1% 소수집단'이라는 방송 의도와 부합하지 않게 오히려 친근하다. <무한도전>의 오랜 소통방식이 어느 순간부터 너무나 자연스럽게 우리들의 사고에 투영되었음을 느낀다. 파격적 개성의 이해, 다양한 가치관의 수용은 <무한도전>이 형성해낸 긍정적 가치관임에 틀림없다.

내 얼굴이 찍힌 사진으로 달력 만들기, 돈 가방을 들고 뛰거나 태리비안의 해적 되어보기, 하루 만에 세계일주를 하거나 기네스에 도전해보기, 그것도 아니면 한 판 운으로 인생을 결정지어보기. '불가능함에 대한 도전'이라는 타이틀로 매주 펼쳐지는 이들의 색다른 도전에 '아니, 대체 왜?'란 질문을 생략한 지 오래다. 금기라 여겨지던 사회 보편적 준거 틀과의 보이지 않는 오랜 투쟁은 어느새 그것을 바라보던 시청자들의 관용의 폭을 비약적으로 성장시켰다. 정답이라고 규정지어진 모든 명제에 대한 물음. 처음 <무한도전>을 보면서 가졌던 의문은 이제 사회 곳곳에 던지게 되는 진지한 고민으로 바뀌었다. 표현의 자유, 그것의 극대화로 완성된 <무한도전>. <무한도전>적 가치관에 익숙해져버린 지금의 세대가 표현의 자유가 억압되는 현실을 담담히 받아들이지 못하는 것은, 이미 우리에게 발칙한 상상이 충분히 보편화되어버렸기 때문이다.

다시 <무한도전>이다

광장은 닫혔다. 다양한 가치관은 또다시 천편일률에 줄 서고 있다. 바보에게 보내던 찬사는 공허한 메아리로 돌아갈 준비를 한다. 일상적 상황과의 조우, 일반 대중과의 공감, 끊임없는 소통이 빚어낸 발칙한 상상은 진정성이 상실된 '그들만의 리얼'에 가로막혀 허우적댄다. 자, 그래서 다시 <무한도전>이다. 진정성이 상실된 먹통의 사회가 지속될 리 없기에. 표현의 두려움에 급속히 얼어붙어가는 대중의 일상이 즐거울 리 없기에. 언제나 그랬듯, <무한도전>이 다시 아노미적 충격을 선사하리라 믿는다. 그것은 천천히, 하지만 깊숙이 들어차, 꽉 막힌 광장의 벽을 부숴버릴 것이다.

소문, 고백, 소통 그리고 토크쇼

조은미

1. 소통 없는 대화형식 : 소문과 고백

　서로의 비밀을 얼마나 아느냐는 관계의 친밀함을 나타내는 지표 중 하나다. 고민을 털어놓고, 비밀을 공유하고. 사람들은 이런 과정을 거쳐 서로 친하다고 느끼고, 통했다고 여긴다. 하지만 친밀하지 않은 관계의 소통방식은 이와는 다른 양상으로 전개된다. "윤석화 이대 다닌 적 없대. 최민수가 노인을 때렸대. 세븐 싸이월드에 박한별이랑 사귄다고 고백했대" 연예인은 사람들의 입에 쉽게 오르내린다. 낯익지만, 낯선 사람들. 연예인은 친밀감이 들지만 친해질 수 없고, 얘기하고 싶지만 말을 섞을 수 없는 대상이다. 가까이 하기에 너무 먼 당신은 대중의 흔한 대화 소재가 된다. 열애설, 성형의혹 등 각종 설들이 입에서 입으로 전해진다. '누가 뭐라고 하더라'라는 이른바 '카더라 통신'으로 채워지는 사람들의 대화는 종종 연예인의 고백을 이끌어낸다. 고백은 또 다른 소문을 만들어낸다. 이처럼 소문과 고백은 대중과 연예인의 소통 없는 대화형식이다.

소문과 고백은 연예인이 실제로 출연하는 토크쇼에서도 이어진다. 평균 시청률 15% 안팎을 기록 중인 인기 프로그램 <무릎팍 도사>는 소문과 고백을 적절히 활용한다. "한입으로 두말하신 겁니까? 혼전임신 아니라면서요?", "피부 관리에만 1억을 투자 하신다는데 사실입니까?" MBC <황금어장> <무릎팍 도사> MC 강호동은 소문을 질문하고, 출연자는 사실을 고백한다. <무릎팍 도사> 제작진은, 고백을 유도할 만한 소문이라는 원천 소스가 없는 배우 김래원의 출연에 울고 곧이어 터진 그의 스캔들에 웃었다. <무릎팍 도사>는 소문과 고백이라는 대중과 연예인의 익숙한 대화형식을 프로그램에 끌고 와 사람들의 시선을 잡은 뒤, 대화를 이어간다.

<무릎팍 도사> 외에도 토크쇼에서 소문과 고백을 찾기란 어려운 일이 아니다. 20명에 가까운 연예인이 출연하는 MBC <세상을 바꾸는 퀴즈>(이하 <세바퀴>)에서 출연자들은 자신의 얘기를 앞다퉈 고백한다. 성형 사실을 밝히고, 부부싸움을 말하고, 결혼생활을 얘기한다. <황금어장> '라디오스타'의 MC 김구라는 자신과 친한 연예인의 이혼을 폭로하는 형식으로 당사자 대신 고백한다. 소문과 고백은 이렇게 소통 없는 토크쇼를 채운다(이 과정을 거친 후 이어지는 출연자의 자기 얘기는 광고에 쫓기는 라디오방송 엔딩곡처럼 일부분이 잘린다). 토크쇼를 보고 남는 건, 고백으로 인한 소문의 사실 확인이다. 토크쇼에서 출연자 간의 소통, 시청자와의 간접 소통은 좀처럼 찾아보기 힘들다.

2. 대화 없는 토크쇼와 시청자의 소통 방식

1) 톱스타도 구제 못한 맥 빠진 토크쇼 : 〈박중훈 쇼〉

진지함과 예의를 갖춘 고품격 토크쇼를 지향한 <박중훈 쇼>는 친밀한 형식을 취했지만 시청자와 거리가 멀었다. 장동건, 정우성, 김태희 등 거물급 스타를 섭외하는 친절함은 섭외에 그쳤다. MC 박중훈과 친밀한 관계인 출연자, 그리고 그들과 대면한 적 없는 낯선 시청자. <박중훈 쇼>는 밀도 다른 두 관계 사이에서 갈피를 못 잡았다. MC 박중훈은 장동건에게 사귀어 본 여자 친구는 몇 명이냐, 여자 외모 가운데 어디를 보느냐와 같은, 친하면 하지 않을 질문 또 묻지 않아도 많은 사람들이 알고 있는 사실을 정중하고 어색하게 물었다. MC와 출연자의 친밀한 관계는 그들과 시청자의 관계로 전이되지 않는다. 이 당연한 사실 앞에서 시청자가 MC에게 원한 건 그와 출연자의 친밀함에 기반한 예리한 질문이다. 하지만 <박중훈 쇼>는 시청자가 원하는 지점을 정확히 배반했다. 오히려 <박중훈 쇼>는 시청자와 연예인의 어색한 관계를 MC와 출연자 사이로 가져가는 퇴행을 보여주었다. 낮은 밀도가 높은 밀도를 밀어내는 역전 현상은 친밀함을 넘어 사생활 폭로성 대화가 쏟아지는 토크쇼를 경험한 시청자에게 지루함을 유발했다.

시청자들에게 익숙한 소문과 고백의 확인이라는 대화 형식은 <박중훈 쇼>가 지향한 출연자의 해명으로 간단히 대체된다(재벌 2세와의 결혼설이 나돌던 김태희에게 "결혼설이 난 재벌 2세의 얼굴도 모른다"는 해명을 듣는 것으로 끝났다). 소문과 고백의 재생산 및 확산으로 소통 없는 대화형식에 언제든 참여할 수 있던 시청자는 두 사람의 대화를 엿보는 위치에 머물렀다. <박중훈 쇼>의 실패는 건전함이나 자극성이 약해서가 아니다. 소문과 고백이라는 익숙한 대화형식을 차용하지 않을 거라면, 대화의 밀도는 더 깊어야 했다. 또 <박중훈 쇼>가 시청자의 포르노그라피적 시선을 잡아두려면 훨씬 더 도발적이어야 했다. 이를테면 장동건에게 성형한 적 없냐고 묻거나, 송윤아에게 장자연 사건에 대한 의견을 물어야 했다. 그게 아니라면 MC의 맥 빠지는 질문에 "식상합니다"라고 대놓고 말하는 정우성 같은 출연자라도 있어야 했다. 결국 <박중훈 쇼>가 진지하면서 품격을 갖춘 예의 있는 질문을 출연자에게 하는 동안 시청자는 두 사람의 사적 친밀함을 가늠해보고, MC 박중훈의 인맥에 감탄할 뿐이다. 진전 없는 대화는 토크 없는 토크쇼를 공허하게 만들었다. 정치·경제·문화 등 다양한 분야의 인물을 만나 편안한 대화를 나누고자 했다는 <박중훈 쇼>는 17회로 막을 내렸다.

2) 소문과 고백은 인기의 수단이자 소통의 굴레 : 〈무릎팍 도사〉

<무릎팍 도사>는 시청자에게 친절하기 위해(정확히는 재미와 시청률을 위해) 출연자에게 불편할 수 있다고 생각하는 토크쇼다. 백지영은 9년 전 비디오 유출 사건을, 운동 잘하는 몸짱 연예인 김종국은 공익근무요원으로 입대하게 된 까닭을, 권상우는 연기력 논란과 자신의 말실수에 대한 얘기를 <무릎팍 도사>에서 털어놨다. <무릎팍 도사>는 신문지면에 오르거나 인터넷에서 이슈가 된 사건이나 소문에 대한 얘기를 당사자에게 직접 물어본다. 소문이 사실인지, 물어봤으면 좋겠다는 대중의 욕망을 <무릎팍 도사>는 친절히 브라운관 안에서 재현했다. 이처럼 <무릎팍 도사>는 사적 공간에서 유통되는 소문과 고백을 공적 공간으로 끌고 왔다. 자극적인 시도는 과감함과 신선함으로 많은 주목을 받았다. <무릎팍 도사>의 친절한 불편함에 대중은 높은 시청률로 답했다.

한편 <무릎팍 도사>는 물의를 일으킨 연예인에게 해명기회를 제공하고, 면죄부를 준다는 비판을 많이 받았다. 여기서 중요한 건 <무릎팍 도사>가 연예인에게 면죄부를 주느냐가 아니라, 소문과 고백의 형식을 통해 시청자와 어떻게 소통하느냐. <박중훈 쇼>가 시청자를 수동적인 관객이자 엿보는 주체로 만들었다면, <무릎팍 도사>는 시청자를 소문과 고백의 확대 재생산자로 토크쇼에 끌어들인다. 전염성 높은 소문과 고백은

브라운관 안팎을, 대중 사이를 거침없이 넘나든다. <무릎팍 도사>에 와서 해명을 하고 간 스타일지라도, 브라운관 바깥의 시청자는 그 말의 진위 여부를 놓고 설전을 벌이며, 다시금 소문과 고백으로 채워지는 대화를 이어간다. 소문과 고백은 연예인에게 상처의 공장이지만, 일반 대중에게는 대화의 출발선이고, <무릎팍 도사>에서는 토크의 지향점이 된다.

소통의 무늬를 띤 대화는 갈증을 낳는다. <무릎팍 도사>는 연예인이 출연할 때는 그의 소문과 고백에 집중하고, 비연예인 나왔을 때는 출연자의 삶에 초점을 맞춘다. 이는 인물에 따라 토크를 풀어나가는 전략이다. 연예인 의 삶은 실체 여부와 관련 없이 대중에게 노출되어 있고, 비연예인은 이와 다르다. 사람들은 발레리나 강수진의 발은 알아도, 그 발이 어떻게 성실의 증거가 되었는지는 잘 모른다. 이런 상황에서 소문과 고백이라는 자극적인 대화형식은 설 자리를 잃는다. 아이러니한 건 <무릎팍 도사>의 인기는 소문과 고백이 빠져도 여전하다는 점이다. 허구연, 장미란, 강수진 등 이들 이 자기 삶을 카메라 앞에서 고백하는 동안 MC는 물론이고 시청자도 귀를 기울인다. 시청자는 허구연을 통해 한국 야구의 열악한 현실을 직면하 고, 장미란을 통해 여성 운동선수의 고단함을, 강수진을 통해 자신을 넘어서 는 예술가의 노력을 마주한다. 시청자는 출연자를 통해 사회의 단면을 보고, 자기 자신을 그 거울에 비춰본다. 오해는 덜고, 이해의 폭은 넓힌다. <무릎팍 도사>는 이런 과정을 통해 출연자와 교감하고, 시청자와 소통한 다. 소문과 고백의 자장을 벗어나 한 인물의 목소리에 귀 기울인 결과다.

3. '소통'을 찾아서

"우리는 가장 가까운 사람에 대하여 아무것도 모를 때가 많다. 내 주변의 소중한 사람을, 내가 직접 인터뷰해본다면?" SBS <인터뷰 게임>이라는 프로그램의 기획 의도다. 이 프로그램은 일반인 출연자가 주변의 사람을 인터뷰하는 방식으로 진행되었다. 20년 동안 피아노를 치던 딸이 개그맨이 된다고 했을 때, 딸을 이해할 수 없었던 엄마는 마이크를 들었다. 엄마는 딸의 친구들과 주변사람들 그리고 개그맨의 이야기를 들었다. 엄마는 다양한 사람들의 말을 듣는 동안 딸에 대한 이해의 싹을 틔웠다. <인터뷰 게임>은 주변 사람들 또는 얘기하고 싶은 사람과 직접 얘기하며 서로를 잘 알기 위한 과정을 카메라에 담았다. 소문과 고백 없이, 각자 자기 얘기를 털어놓는 특별할 것 없는 대화는 브라운관을 거치면서 시청자에게 새롭게 다가온다. 가까운 사람에 대해 아는 게 없다는 사실과, 그들과 '대화'하기 위해 많은 얘기를 들어야 한다는 상식 같은 얘기를 <인터뷰 게임>은 매회 보여주었다. 말하고, 듣기. 소통의 기본에 충실했던 <인터뷰 게임>은 낮은 광고 수주율로 30회를 채우지 못하고 종영했다.

토크쇼는 프로그램 출연자뿐만 아니라 브라운관 밖의 시청자와 소통해야 하는 과제를 안고 있다. <무릎팍 도사>는 시청자와 소통하는 방식에서 다른 토크쇼와 남다른 면을 보여주었다. 기존의 토크쇼가 연예인들의 입담에 기댔다면, <무릎팍 도사>는 출연자 본인의 얘기에 귀 기울였다. 때로는 소문과 고백이라는 이슈의 힘에 기대서, 한편으로는 소문과 고백의 자장을 벗어나서. <무릎팍 도사>는 소문과 고백이라는 수단에서 벗어나 한 개인의 목소리에 조용히 귀 기울일 때 시청자에게 더 많은 호응을 받았다. 출연자에 대한 이해를 돕고, 나아가 브라운관 밖에 있는 시청자 스스로를 돌아보게 하는 울림을 선사하는 '상식적인' 토크쇼의 출현을 기대한다.

컬트와 막장 사이
'아유 월드'에는 누가 사는가? <아내의 유혹>

조혜진

1. 막장은 억울하다

지난 3월, 대한석탄공사 사장이 '막장'이라는 단어를 함부로 쓰지 말아 달라는 항의문을 언론에 배포해 화제가 되었다. 본래 광산 끝에 있는 채굴이나 굴진을 의미하는 막장이라는 단어가 땀 흘리는 신성한 노동의 현장이 아닌 '막나가는' 부정적 상황에 무시로 비유되는 현실을 보다 못한 처신이었다. 사실 그의 개탄도 일리가 있는 것이 처음 막장이라는 단어가 (그것의 정확한 의미를 알지 못하는) 일반인들에게 '저열하고 지리멸렬한 드라마'에 붙는 수식어 정도로 치부되었던 것에 반해, 어느 순간 그것이 우리 사회 저변에서 '갈 데까지 간 불합리한 모습'을 대표하는 신조어로 확대되어 버린 것이다. 물론 그 이유로는 본래 뜻과는 상관없이 '막장'이라는 단어 자체가 주는 통쾌(?)한 울림이 인터넷 세대 등에 의해 적합한 조어로 채택되었다는 점도 있지만 무엇보다 막장의 대중화에 앞장선 것은 역시 그 원조

격이라 할 수 있는 '막장 드라마'라는 데 이견을 표할 사람은 많지 않을 것이다.

일례로 저녁시간대 새로운 일일 드라마로 <아내의 유혹>(오세강 연출, 2008, 이하 <아유>)이 방영될 것이 알려지자 이미 그 비슷한 패턴에 익숙해 있던 시청자들은 그 자극적인 타이틀만으로도 자연스레 '막장'이라는 단어를 떠올렸을 것이다. 더구나 막장 드라마의 가이드로 인식되는 <인어아가씨>(이주환 연출, 2002)의 장서희가 <아유>의 여주인공이라는 결정타는 '욕하면서도 봐야 하는' 드라마의 또 다른 서막을 알림과 동시에 장서희라는 배우에 대해 '결국 또……' 하는 우려와 안타까움을 함께 가져다주었다. 그리고 불행히도 막상 뚜껑을 열어본 결과 초반에는 이러한 부정적 의견이 대부분 옳았다. 장서희가 분한 구은재와 그녀의 가족들은 후에 복수가 예정되어 있는 인물답게 하나같이 '착한 것도 저 정도면 병'이다 싶을 만큼 선량하고 답답했으며 의심할 여지없이 그것은 나중에 있을 복수의 당위성을 좀 더 극명하게 내보이려는 장치일 터였다. 같은 이유로 은재와 대척점에 있는 '교빈 일당(교빈네 가족과 악녀 신애리 등)'의 악행 또한 픽션이 과하다 할 만큼 모질고 독할 수밖에 없었는데 이렇듯 한마디로 초반의 <아유>는 비슷한 유형의 선배 드라마가 보여준 모범답안이었던 '선악의 이분법'을 지루할 만큼 그대로 답습함으로써 시청자들에게 이것은 '빤하지만 익숙한' 드라마임을 분명히 각인시켜주었던 것이다.

2. 막장인가 컬트인가?

<아유>가 '역시 막장'이라는 비아냥거림을 면치 못하면서도 서서히 시청률을 끌어올릴 때만 해도 사람들의 반응은 회의적이었다. 욕하면서

본다는 막장 드라마의 핵심은 뭐니 뭐니 해도 '그럼에도' 시청률 보장이 용이하다는 사실이었고, 이것은 원하든 원치 않든 무리수를 둬가며 막장 드라마를 생산해내는 본질적인 이유다. 특히 일일 드라마가 갖는 중독성까지 더한다면 <아유> 시청률의 상승곡선은 충분히 예견된 일이었고 따라서 그것 자체는 크게 이슈화될 것이 없었다.

하지만 주인공 구은재의 복수극이 점점 가시화되면서 인터넷 등을 중심으로 그간 <아유>가 답습해온 기존 선배 드라마에서는 쉽게 볼 수 없던 팬덤이 빠르게 형성된 것은 주목할 만하다. 물론 처음엔 그것조차 단순히 막장 드라마의 뻔한 통과의례쯤으로 여겨졌다. 전파료 낭비라는 독설에서 시작하여 먼저 형성된 주 시청자(특히 주부)들에 대해 '막장 드라마가 없어지려야 없어질 수 없는 이유'라는 식의 원색적인 비난이 계속되었지만 그러한 소수의 반대 의견이 상승세를 탄 시청률을 잠재우기 힘들다는 것 역시 이미 증명된 사실이었다.

하지만 좀 더 의미 있는 일들은 곧 벌어지는 일련의 현상들에 있었다. <아유>라는 애칭이 익숙해질 만하자 '막장은 막장인데 알고 보니 명품'이라는 뜻의 '명품 막드(막장 드라마)'라는 신조어가 생겨난 것이 그 시작이었다. 그 후 역할들마다에 코믹스런 패러디 사진이나 감각적인 애칭 등이 앞다투어 생겨나게 되었는데 예를 들면 구은재의 상상을 초월하는 능력을 빗댄 구은재와 하느님의 합성어인 '구느님'을 비롯하여 정교빈의 구질구질하고 비열함이 찌질(?)하다 하여 '찌개빈', 은재 엄마가 애리의 악행에 치를 떨며 사용했던 호칭인 애리년에서 따온 '애리냔', 애리의 아들인 어린 니노의 행실이 어린이답지 않게 새침하다 하여 붙여진 '잔망니노' 등 많은 애칭들이 그 뒤를 이었다. 심지어 드라마 초반 단순한 막장 드라마이겠거니 싶어 외면했던 시청자들을 위해 생겨난 '아유 단어장'은 추후 계속적으로 업데이트되어 뒤늦게 '아유 월드'에 입성한 이들에게 마지막까지 모자람 없는 충성을 발휘하도록 도와주었다.

그런데 이러한 현상들이 흔히 '저주받은 걸작'이라 불리는 이른바 '폐인 드라마'의 행보와 일견 비슷한 점이 있다는 것은 재미있다. 저조한 시청률을 작품성에 매료된 매니악한 시청자들에게 위로받아왔던 폐인 드라마와는 여러모로 상반되는 <아내의 유혹>, 억지 설정으로 따졌을 때 동급의 어떤 선배 드라마와 견주어도 결코 지지 않을 이 드라마가 스스로의 정체성에 아무런 브레이크를 걸지 않으면서도 높은 시청률은 물론 폐인 드라마도 울고 갈 열렬하고도 집중적인 호응을 얻었던 까닭은 무엇일까. 마치 반어가 넘치는 B급 컬트 무비의 흥행가도를 보는 듯한 이 드라마가 가진 몇 가지 독특함에 대해 잠시 들여다보기로 하자.

3. 스피드보다 코믹

보통 <아유>의 성공을 얘기할 때 가장 먼저 이야기되는 것은 뭐니 뭐니 해도 특유의 속도감 있는 전개일 것이다. 물론 후반에 가서 지지부진해지고 말았지만 특히 구은재의 복수가 한창일 때 각각의 에피소드들은 기존의 일일 드라마들과는 달리 대부분 총 2회 분을 넘지 않는 경우가 많았다. 이는 거의 시트콤과 맞먹는 수준으로서 한 회에 사건의 발단과 클라이막스가 있다면 그 다음 회에 바로 사건의 해결을 볼 수 있는 (정극으로서는) 매우 특이한 경우였던 것이다. 당연히 이것은 그간 일일 드라마 특유의 엿가락 패턴에 맥 빠져 있던 시청자들에게 부족한 개연성 정도는 눈감아줄 수 있을 만큼 신선하게 받아들여졌고 그것이 일견 시청률 상승의 견인차 역할을 한 부분이 많았다. 하지만 오직 빠른 전개만으로 막장 드라마라는 비아냥거림과 명품 막장이라는 환호가 동시에 맞섰던 기이한 현상을 모두 설명할 수 있을까. 혹 거기엔 '속도'보다 다른 무엇, 예컨대 '속도'를 대하는 시청자들의 이중적 잣대가 있어 그것이 '아유 월드' 형성의 중요한 매개가 되었던 것은 아닐까.

인터넷에서 '아유 단어장'을 손수 업데이트 하고 악쓰는 애리의 모습을 다른 우스꽝스러운 사진들과 합성하며 자신의 시간을 할애하는 데 주저하지 않았던 팬들은 스스로 <아유>를 '명품 막장 드라마'라 부른 이들이었다. 좋아하는 드라마를 결코 그냥 '명품 드라마'라고는 부르지 않았던 그들은 <아유>가 특유의 빠른 전개를 따라가기 위해 필연적으로 생길 수밖에 없었던 '원초적 황당함'에 주목했다. 그 황당함은 그저 '개연성이 부족하다'라는 말로는 설명이 안 될 만큼 초인적인 것들이라(예를 들면 다 죽어가는 처지에서 불과 몇 개월 만에 영어, 중국어, 수영, 댄스, 음주 가무 등 모든 점에 월등한 팜므파탈로 변신한 천재 구은재라던가 눈 밑에 점 하나 찍었다는 이유로 전남편이 전처를 못 알아본다는 설정 등) 처음엔 비난하거나 무시했던 그들조차 틈틈이 마치 개그드라마를 보듯 "허허 말도 안 돼" 하며 지켜보다가 그것이 습관이 되어 결국엔 어떤 식으로든 즐길 수밖에 없었던 것이다. 그 웃음은 비록 처음엔 쓴웃음이었을지 모르나 점차 복수의 통쾌함이 가미된 스토리의 화려한 옷을 입으면서 서서히 시청자들의 리얼한 흥미를 이끌어냈다. 일례로 가끔 개연성에 대해 지적하는 '초심자'들에게 그들은 "구느님은 못하시는 게 없으신 분"이라던가 "아유 월드엔 불가능이란 없다" 또 "믿는 자에게 복이 있나니 의심하지 말라" 등의 말로 실은 당연히 나올 법한 비난을 언뜻 보면 비아냥거림 같이 들리는 그들만의 유머로 일축하거나 합리화시켰다. 특히 뼈만 앙상한 애리가 한 싸움 한다는 강재의 뒤통수를 라면 하나 겨우 끓일까 싶은 얇은 양은냄비 한방으로 완벽히 기절시킨 장면은 정극이라는 테두리를 완전히 벗어나는 황당함의 절정으로서 당시 게임 용어를 빗댄 '양은냄비 크리'라는 신조어를 탄생시키면서 '아유 월드' 안의 그들을 배꼽 잡고 열광하도록 만들었던 것이다.

이러한 현상은 <아유>가 개그드라마나 시트콤이 아닌 정극임을 감안할 때 분명 기형적인 것임에 틀림없다. 더구나 그러한 틀 안에 일일 드라마의 주 시청자인 주부들 외에도 대학생이나 남성 직장인들 또한 다수 포함되어 있었다는 사실은 무엇을 말하는가? 보통의 막장 드라마였다면 '하여튼 아줌마들은……' 하는 식의 멸시를 보내며 치밀하고 화려한 미드와 비교해 한국 드라마의 저질성에 대해 논하거나 이전 <네 멋대로 해라>(박성수 연출, 2002)와 같은 폐인 드라마 양성에 적극 기여했을 그들이 말도 안 되는 설정과 인물이 난무하는 <아유>를 선택했다는 것. 그뿐 아니라 그것을 '명품 막장'이라 친히 명하며 적극적인 팬덤 활동으로 자신의 시간 을 할애했다는 것은 어떻게 해석해야 하는가?

앞서 언급했듯이 <아유>의 과장된 허구는 그들에게 황당함을 넘어 개그를 볼 때와 같은 웃음을 유발시켰다. 하지만 그보다 더 중요한 것은 그들을 결속시켜준 것이 다름 아닌 그들이 가진 드라마를 대하는 '엘리트 의식'에 있다는 점이다. 언젠가부터 거대 자본으로 움직이게 된 각국의 선진 드라마에 대한 여과 없는 선택권과 더불어 자연적으로 정극을 보는 높은 안목까지 함께 얻게 된 그들에게 어찌 보면 기가 막힐 만큼 말도 안 되는 설정의 연속인 <아유>는 일종의 애증의 대상일지 모른다. "너무나 막장스러워 기가 차서 본다" 또는 "황당해서 웃어준다"라는 그들의 이중성 은 저열한 건 알지만 그동안 본 게 아까워 "욕하면서 본다"라는 기존의 시청자들과는 그 시작부터 현격한 차이를 보인다. 단지 습관의 노예로서의 수동적인 자세로 일일 드라마를 보는 것이 아니라 설사 그것이 비웃음과 경멸을 내포한다 해도 흡사 드라마를 갖고 노는 듯한 능동적인 태도로 일관하는 그들의 자세는 명품과 막장이라는 대조적 단어를 천연덕스레 조합하는 그들만의 비아냥거림에서도 명백히 드러난다. 그런데 어쩌면 이것이 앞으로도 쉽게 가시지 않을 억지설정의 막장 드라마를 대하는 새로운 시청 태도의 탄생일 수 있다면 그것은 지나친 과장일까?

4. 병리적 남녀, 중간은 없다

<아유>가 가진 또 다른 특징을 꼽으라면 단연 인물의 특이성을 말할 것이다. 인물을 구분 짓는 기준에는 여러 가지가 있겠지만 단순히 남과 여로 따지고 보자면 <아유>에서 그 특이성은 매우 명확해진다. 일단 <아유>의 여자들은 대부분 강하다. 착한 며느리에서 변신해 복수를 앞에 두고 피도 눈물도 없는 계획을 하나씩 실천해나가는 가공할 능력의 소유자 구은재에서 시작해, 고아의 설움을 딛고 성공한 메이크업아티스트로 돌아와 원하는 것은 모두 갖고야 마는 악독한 추진력의 소유자 애리, 밑바닥에서 시작해 엄청난 재력을 소유, 냉철함을 무기로 하나씩 자신의 복수를 실현해나가는 민 여사, 무능한 남편을 두고 억척스럽게 살아가는 은재 모 등 <아유>의 여성 대부분은 억척스럽고 모질다. 하지만 남자 쪽은 어떠한가? 여자와 아버지에 휘둘리며 시종일관 정신 못 차리는 비겁한 남편 교빈은 물론이요 백수에 세상물정 모르는 무능한 남성의 대표인 은재 부와 오빠 강재, 그나마 <아유>의 백마 탄 왕자님 격이었던 건우 역시 마마보이 특유의 우유부단함의 절정을 보이며 강한 여자들의 애를 바짝바짝 태우지 않았던가. 이렇듯 기존의 일일 드라마가 주로 보여주었던 불우하면서도 씩씩해 보이지만 '사실은 왕자님의 보호가 필요한 여성상'을 <아유>에서

는 눈을 씻고도 찾아볼 수 없다. 남성상 역시 그러하여 보통의 드라마에서 심심찮게 등장하는 '표독스런 여성을 유일하게 중재할 수 있는 시종일관 중후한 남성'이나 자신에게 맞는 화려하고 아름다운 여성의 구애를 뿌리치고 자신의 보호가 필요한 '순수하고 착한 여성을 멋지게 선택해주는 왕자님' 캐릭터 역시 <아유>에서는 존재하지 않는 것이다. 이것은 분명 기존의 천편일률적 (일일)드라마의 인물 구도에서 어느 정도 차별화되었다는 의미를 부여할 수 있겠으나 그 인물들이 하나같이 중간이 없고 극단적이라는 점에서 그 한계를 여실히 드러낸다. 게다가 그것은 특유의 스토리가 지닌 개연성의 지나친 허구와 맞물리면서 더욱 더 현실에는 없는 엉뚱한 캐릭터들로 변질되었는데 결과적으로 이들 역시 '선구적 인물'에서 '병리적 인물'로 급강하는 '아유 롤러코스'의 탑승객일 수밖에 없었던 것이다.

5. '아유 월드'의 몰락이 남긴 것

한때 자체 최고 시청률 37.5%를 기록했던 <아유>는 종방 27.6%로 마감되었다. 매우 낮은 시청률이라고 볼 수는 없지만 한창때 <아유>의 고공행진을 지켜보았던 사람이라면 분명 실망스러운 수치가 아닐 수 없다. 비단 시청률이 아니더라도 은재의 독기가 빠지면서부터 '아유 월드'의 시민들이 급격히 감소되었던 것은 사실인데 그 이유는 <아유> 스스로 '명품 막장'이라는 애매한 타이틀을 벗어던진 데서 찾을 수 있을 것이다. 드라마 중·후반 이미 완성된 은재의 복수가 위태로워 보였던 이유는 다름 아닌 '복수'라는 확실한 정체성을 가진 드라마가 과연 복수가 완성된 후를 어떻게 그릴까 하는 의구심에 있었고, 아니나 다를까 그 후엔 또 다른 (애리와 소희의) 복수가 기다리고 있었다. 하지만 그것은 이미 시청자들에게

은재의 그것과는 파워 자체가 다른 것이었으며 또한 드라마를 멋대로 갖고 놀 정도로 영리해진 시청자들은 그것이 그동안 열광했던 '통쾌한 복수'의 의미를 퇴색시킬 '빤한 화해'의 전주라는 것을 당연히 눈치채고 있었다. 예상은 적중하여, 은재는 시청자들에겐 이미 지루해져버린 애리와 소희의 반격에 이전이라면 믿을 수 없을 만큼 크게 휘청거렸으며 더 나아가 '제발 그것만은……' 하고 바랐던 '막장 드라마'의 최종 병기인 '불치병 카드'마저 투입되자 <아유>의 시민들은 그동안 일부러 즐겨왔던 썩소(?)조차 날리지 못하고 실망에 못 이겨 빠르게 등을 돌리고 말았던 것이다. 그것은 분명 일종의 컬트라 믿었던 '명품 막장'이 스스로 시청자가 달아준 '명품'이 라는 딱지를 떼버리고 실은 그냥 '막장 드라마'이었음을 고백한 것과 다름 없는 것이었다. 이것은 어쩌면 오래도록 시청자들에게 '막장은 막장일 뿐이 다'라는 격언으로 남겨질지 모른다. 당하기만 했던 자의 통쾌한 복수, 현란 할 정도로 빠른 전개, 종전과는 다른 인물구도 등 <아유>가 분명히 지녔던 장점 아닌 장점들 또한 모두 '막장'이라는 정체를 숨기기 위한 고민 없는 눈요기 정도로 치부될지 모른다. 따라서 시청자들은 다시는 이런 얄팍함에 눈 돌리지 않을 것이며 앞으로의 자극성 드라마들은 이 때문에 더욱더 교묘하고 복잡해져야 할지도 모른다.

하지만 '아유 월드'의 시작에서 몰락에 이르기까지 가장 중요한 의미를 지닌 것은 다름 아닌 드라마를 대하는 시청자들의 독특한 태도에 있다고 할 수 있다. 기존의 작품성 있는 드라마에나 일었던 팬덤이 완성도와는 거리가 먼 <아유>에도 불어닥쳤다는 것, 그리고 무엇보다 그것이 긍정이 아닌 철저한 부정에서 시작해 그것에 대한 야유가 곧 기형적인 환호로 바뀌었다는 사실 등은 오늘의 시청자들이 가진 개성을 극명하게 보여준다 하겠다. 즉, 그들이 예전과는 다르게 얼마나 복잡다단한 존재이며 또한 과한 지지와 홀대를 표하는 방법 역시 얼마나 다양하고 재빠른가 하는 것들 말이다.

정리하건대 <아유>와 같은 드라마가 또 나와야 한다고는 말할 수 없겠지만 새로운 시청자들의 패턴을 수면 위로 가감 없이 보여주는 긍정적인 역할을 다시 수행할 수만 있다면 좀 더 진화된 '아유 월드'의 탄생은 다양성 면에서라도 존중받아야 하지 않을까 하는 생각이다. 게다가 그러한 미래의 '아유 월드'가 기존 선배 드라마의 악습을 꿋꿋이 져버리고 끝까지 자신의 정체성을 밀어붙인다면 그것 자체로도 막장이 아닌 컬트로서의 역할은 수행한 것이며 이제는 각국의 드라마와 함께 진화하는 우리 드라마 왕국의 시민들 또한 그것의 의미를 알고 다시 한 번 환호해줄 것이다.

십 대, 그들의 삶에 빨간 불이 켜지다
<UCC다큐 이팔청춘 사용설명서>와 <인터뷰 게임> 속
청소년의 모습

최시정

1. 프롤로그 : 직접 표현의 주체로 방송에 등장한 십 대들

새로운 십 대들이 등장했다. 2008년 5월의 거리엔 '촛불소녀'로 대표되는
촛불을 든 청소년들이 등장했고, 가산점이 있는 교외활동 항목이 아닌데도
자발적으로 참여한 그들의 모습은 많은 이들을 의아하게 만들었다. 이렇게
스스로 빨간불을 켠 청소년은 거리에만 나타난 것이 아니었다. 방송에서도
스스로 'REC'의 빨간 버튼을 누른 청소년이 등장했다. 바로 <UCC다큐
이팔청춘 사용설명서>와 <인터뷰 게임>에서였다.

<UCC다큐 이팔청춘 사용설명서>(2009년 9월 3일, 방송주간 특집)는 고등
학교에 재학 중인 청소년들이 직접 친구들과 함께 '엄친아', '사랑', '꿈'이
라는 세 가지 주제에 대해 찍은 UCC를 옴니버스 형식으로 구성한 다큐이다.
<인터뷰 게임>의 경우 시청자가 직접 인터뷰하고 싶은 대상을 선정하고,

마이크를 들고 인터뷰를 해나가는 과정을 담은 프로그램이다. 물론 <인터뷰 게임>은 그 대상을 청소년으로 한정한 프로그램은 아니지만 총 28회의 방송 분 중 7회에 청소년이 출연, 꽤 많은 회에 걸쳐 청소년이 주인공으로 등장했다. 두 프로그램의 공통점은 모두 청소년들이 직접 카메라나 마이크를 들고 제작의 주체로서 참여했다는 것이다. 즉, 표현의 대상으로서가 아닌 표현의 주체로 나섰다는 것이다. 물론 요즘은 일반인들이 직접 제작에 참여하는 프로그램들이 많지만, 청소년들이 제작의 주체로 참여한 위의 프로그램들에서는 일반인 제작 참여 프로그램들과는 또 다른 특징을 발견할 수 있었다. 바로 청소년들의 입을 통해 진짜 십 대들의 삶에 관한 이야기가 다뤄졌다는 것이며, 그 이야기가 기존의 방송이 설명해주던 그것과는 매우 달랐다는 점이다. 또한 기존의 방송에서 수동적이고 항상 보호의 대상으로서만 보이던 청소년들이 이 프로그램에서는 굉장히 주체적인 존재로 생동감 있게 담겼다는 것 역시 눈여겨볼 만한 특징이다. 여기서는 이들 프로그램에서 직접 카메라와 마이크를 든 십 대들이 들려주는 이야기가 기존의 청소년에 대한 이야기와 무엇이 다르며, 또 이들 청소년의 모습이 어떻게 다른지 말해보고자 한다.

2. 청소년 스스로가 풀어가는 문제 해결의 과정

<인터뷰 게임>과 <UCC다큐 이팔청춘 사용설명서>에는 다양한 고민을 가진 10대들이 등장한다. 하지만 이들의 문제를 해결하기 위해 적극적으로 나서는 주체는 제작진이 아니라 주인공인 청소년 바로 자신이다. 기존의 방송 프로그램들이 청소년의 문제를 제작진의 적극적인 개입에 의해 풀어내려고 했던 것과는 매우 다른 방식이다. 대신 이들 프로그램에서 제작진은

마이크와 카메라를 청소년에게 넘겨주고 직접 문제를 해결해나가도록 유도하며, 다만 그 문제 해결의 과정을 꼼꼼히 관찰할 뿐이다.

<인터뷰 게임>의 '틱장애 내 운명인가'(22회) 편에 나오는 17살 송희는 1분에 수십 번, 이상한 새소리를 반복하는 틱장애 때문에 고민이다. <UCC 다큐 이팔청춘 사용설명서>의 18세 선희는 엄마의 친구 아들 자랑 '엄친아' 때문에 스트레스가 이만저만이 아니다. 그리고 이들은 이러한 자신의 고민과 스트레스를 해결하기 위해 구체적인 행동 과정을 직접 설계한다. 틱장애가 고민인 17세 송희는 직접 마이크를 들고 의사를 찾아가 자신의 증상이 얼마나 심각한지, 과연 완치는 가능한지를, 친구에게는 자신 때문에 창피하지 않은지를 단도직입적으로 묻는다. 또 엄친아 스트레스 때문에 고민인 18세 선희는 직접 엄친아의 주인공을 찾아가보기로 한다. 기존의 방송 프로그램에서였다면 틱장애를 겪는 송희의 경우, 의사를 만나보는 대상은 송희 자신이 아니라 그의 보호자인 부모님이었을 것이다. 그리고 송희가 아닌 부모님이 송희를 위해 어떻게 해야 할지를 계획했을 것이고, 방송은 부모와 함께 아이의 문제를 해결하기 위해 나섰을 것이다. 엄친아 스트레스 때문에 고민인 선희의 경우였다면 방송은 부모와 선희의 관계개선을 위한 어떤 프로그램을 짰을 것이고, 또 전문가가 나와 아이의 스트레스를 풀어주기 위해 부모가 어떤 행동을 해야 하는지를 말해주었을 것이다. 하지만 이들 프로그램에서의 청소년들은 보호자를 동반하지 않는다. 제작진이 무엇인가를 친절하게 찾아주지도 않는다. 문제에 대한 현실적인 진단은 청소년이 직접 듣고, 그 진단 아래 문제를 정리하고 해결해나가는 것은 모두 문제의 주인인 청소년 스스로의 몫으로 맡겨진다.

틱장애를 겪는 송희는 의사의 진단이 절망적일 수도 있다는 것을 알 것이다. 하지만 묻는다. 자신의 틱장애를 해결하기 위해서는 정확한 상황

파악이 중요하기 때문이다. 엄친아 스트레스 때문에 고민인 선희는 엄친아
의 주인공을 직접 찾아가 자신과 무엇이 다른지, 비교의 대상이 되는 이유가
무엇인지를 관찰하고 그를 인터뷰한다. 그 과정에서 자신만의 해결책을
찾아낼 수 있다고 믿기 때문이다. 이처럼 이들 프로그램에서의 청소년들은
문제 해결의 과정에서 간접적으로 머물러 있지 않고 주체적으로 나선다.
그리고 이들은 그 문제 해결을 위해 어디를 찾아가야 할지 스스로 결정하며,
이해가 될 때까지 자신의 고민이 해결될 때까지 찾고 또 찾아다니며 묻고
또 묻는다. 그리고 자신의 문제에 대해 누군가가 제시한 답이 아닌, 자신만
의 답을 얻기 위해 노력한다.

3. 십 대들의 진짜 이야기를 발견하다

청소년이 자신들의 이야기를 직접 카메라와 마이크를 들고 풀어나가는
과정에서 발견할 수 있는 건 단지 그들의 적극성뿐만이 아니다. 그 과정
속에서 그들, 십 대들의 진짜 이야기와 고민들이 나타난다. 기존의 청소년을
주제로 한 프로그램들의 경우 청소년들은 언제나 질문과 관찰의 대상이었
다. 청소년들의 성장기 고민을 함께해보고, 이해의 폭을 넓혀가자는 의도아
래 기획된 프로그램들이 이야기를 풀어내는 방식은 대부분 청소년들을
관찰하고 그들에게 질문을 던지는 방식이었고, 제작진이 만들어놓은 이야
기의 얼개 속에서 청소년들은 간간이 몇 가지 질문에 답하는 것으로 그들의
목소리를 담았다. 이러한 질문과 관찰의 방식은 언제나 청소년의 진짜
이야기를 끌어내지 못한 채 겉돌기 일쑤였고, 청소년들이 공감하지 못하는
청소년의 이야기들이 방송을 타고 흘렀다. TV속의 청소년 이야기, 그것에
대한 청소년들의 대답은 정말로 '어른들은 몰라요'였다. 하지만 <UCC다

큐 이팔청춘 사용설명서>와 <인터뷰 게임>에서 질문과 관찰을 하는 주체는 제작진이 아니라 청소년 그 자신이었고, 이러한 과정 속에서 진짜 십 대의 삶에 대한 고민과 이야기를 들을 수 있었다.

인터뷰 게임의 '철원 전교 1등 서울대 가기'(19회) 편에 등장한 18세 전순이는 서울대 진학을 꿈꾸는 시골마을 전교 1등 학생이다. 그가 고민하는 문제의 핵심은 바로 자신이 과연 서울대에 갈 수 있을까에 관한 것이다. 고등학생의 입시 스트레스와 진학에 대한 고민은 대한민국에서는 아주 일반적인 것이다. 하지만 <인터뷰 게임>은 그의 문제에 대해 누구나가 한 번 쯤은 고민해보는 일이라며 '꿈을 크게 꾸고, 노력하라'는 추상적인 구호를 전하는 것으로 단순하게 마무리 짓지 않는다. 그에게 마이크를 넘겨주고 그 고민을 풀어볼 것을 제시한다. 마이크를 넘겨받은 이 프로그램의 주인공이 선정한 인터뷰의 대상은 바로 강남의 학원가 또래 아이들과, 강남 학원가의 스타강사, 그리고 부모님이다. 그는 강남의 학원가 아이들에게 학원은 몇 개를 다니는지, 몇 시간 정도를 공부하는지를 구체적으로 묻고, 또 스타강사에게는 자신을 강남 학원가 아이들과 비교하면 몇 등 정도가 될지를 묻는다. 부모님에게는 국립대가 아닌 다른 대학에 붙었을 경우에도 서울 유학을 지원해줄 수 있는지를 묻는다. 이와 같은 그의 인터뷰 과정을 통해 우리는 입시 스트레스라는 일반적인 상황 속에서 오늘의 고등학생들이 겪을 수 있는 예전의 우리들과는 또 다른 고민들, 예를 들면 사교육 소외에 대한 불안함, 경제문제에 대한 현실적인 고민 같은 것들을 엿볼 수 있게 된다.

<UCC다큐 이팔청춘 사용설명서>에서 제작진이 '사랑'이라는 주제와 카메라를 청소년들에게 건넸을 때 그들이 풀어내는 '사랑'에 대한 이야기 역시 색다르다. 그들은 단지 자신들에게도 사랑할 권리가 있음을, 그 사랑을

인정해달라는 식의 이야기를 하지 않는다. 그들은 자신들만의 사랑의 방식과 그 과정에서 겪는 여러 가지 진지한 고민들에 대해 이야기한다. <UCC다큐 이팔청춘 사용설명서>의 '사랑' 편에는 각각 200일 된 청소년 커플과 4년 된 청소년 커플 등 다양한 연애의 시기를 지나고 있는 커플들이 등장한다. 200일 된 커플은 러브장 만들기, 커플 폰 맞추기 등 요즘 청소년들의 아기자기한 사랑의 표현 방식들을 보여주며, 4년 된 커플은 그들의 사랑에 대한 좀 더 진지한 생각을 말한다. 왜 사랑은 시간이 지나면 처음의 설렘이 점점 줄어드는 것인지, 갈수록 남자가 되어가는 남자친구의 그 야릇한 시선을 어떻게 이해해야 할지에 대한 고민 같은 것 말이다. 이는 제작진이 카메라를 그들에게 넘겨줌으로써 가능했던 청소년의 사랑에 대한 일종의 새로운 서사의 발견이다. 다시 말해 <UCC다큐 이팔청춘 사용설명서>는 청소년들의 사랑을 '요즘 애들은 정말 빠르다'는 식의 어른의 시선을 자제하고 청소년들에게 발언권을 넘겨줌으로써 그들만의 이야기를 모든 시청자가 함께해볼 수 있는 기회를 제공한 것이다.

4. 유별나지 않은 프레임, 그 속에 담긴 다양한 청소년들의 모습

<UCC다큐 이팔청춘 사용설명서>와 <인터뷰 게임>의 또 다른 미덕은 바로 십 대들의 다양한 삶, 그 다양한 프리즘을 담아냈다는 것이다. 기존의 방송에서 등장하던 청소년들의 모습은 대개가 굉장히 특별한 문제를 가진 경우이거나, 아니면 눈에 띄는 재주를 가져 '눈길을 끄는 대상으로서의 청소년'이었다. 어른들의 혀를 쏙 빼게 만드는 뛰어난 학습능력을 가진 영재이거나, 예능 프로에 나와 가창력과 춤 솜씨를 뽐내는 연예인 지망생이거나, 시사 프로에서 사회적 관심의 촉구 대상으로 나오는 탈선 청소년들이

거나, 드라마의 경우엔 어른들에게 십 대 시절의 향수를 자극하는 풋풋한 소년 소녀의 상징으로서의 청소년이었던 것이다. 하지만 이들 프로그램에서의 청소년은 평범하지만 그들 각자의 개성을 가지고 있으며 또래들과 비슷한 고민을 하는 일반적인 오늘의 청소년들이다. 이들 프로그램은 이처럼 굳이 특별한 청소년을 다루려 하지 않고, 또 그들의 모습을 담아내는 데 유별난 프레임을 갖다 대려고 하지도 않는다.

<UCC다큐 이팔청춘 사용설명서>의 'Dream' 편에 등장하는 고3 수험생 정휘는 랩퍼가 꿈이다. 그는 랩퍼의 꿈을 위해 홍대에 나가 거리 공연도 하고, 또 가끔씩은 모의고사도 빼 먹는다. 자신이 하고 싶어 하는 공부가 따로 있기 때문이다. 그리고 그는 그 자신만의 공부, '랩' 공부에는 최선을 다한다. 하지만 <UCC다큐 이팔청춘 사용설명서>는 그의 모습을 담는 데 어떤 특이한 프레임을 적용하지 않는다. 랩에 소질이 있는 아이로 그 뛰어난 소질을 강조하지도 않고, 공부를 안 하는 아이로 그리며 걱정의 시선을 보내지도 않는다. 다만 자신만의 꿈을 꾸고 노력하는 십 대의 모습을 묵묵히 담아낸다. 프로그램 속에서 정휘는 이런 말을 한다. "어른들은 나보고 나쁜 애라고 말해. 단지 공부를 안 한다는 이유로. 내가 땀을 흘리는 일이 조금 다르다는 이유로. 하지만 내 꿈을 존중해주었으면 좋겠어. 내가 다른 사람들의 꿈을 존중하는 것처럼." 그의 말은 청소년에 대한 고정된 시각을 가지고 있었던 어른들에 대한 경종인 동시에, 항상 유별난 방식으로 청소년을 다뤄왔던 방송에 대한 경종이 아닐까? 그렇다면 <UCC다큐 이팔청춘 사용설명서>는 그의 바람, 그의 꿈을 존중해주었으면 좋겠다는 그 바람을 잘 실현한 셈이다.

5. 에필로그 : 청소년 프로그램에 대한 새로운 가능성의 발견

우리나라 10대들의 사망 원인 2위는 자살이며, 이들이 느끼는 주관적 행복감은 71.5점으로 OECD 20개 국가 중 최하위다. 이처럼 청소년들의 위기를 알리는 각종 지표들이 쏟아져 나오고 있는 요즘 들어 청소년들의 밝은 미래를 위해 방송도 어떤 역할을 해야 하지 않겠느냐는 목소리가 나오고 있지만, 정작 편성표에서 청소년 프로그램은 찾아보기 어려운 것이 현실이다. 나의 십 대 시절을 생각해봐도 초등학교 때까지 만화와 몇 개의 어린이 프로그램들을 본 후엔 바로 어른들의 프로그램으로 그 시선을 급격하게 조정해야 했다. 당시에도 청소년을 위한 프로그램은 없었으며, 때문에 경험해보지도 못한 프로그램 속 어른들의 세계를 보며 어른들의 세계에 대한 판타지를 키우거나, '어른들의 세계는 저런 것 인가보구나' 하며 잘못된 오해의 학습을 되풀이해야만 했다. 어디에도 청소년기 나의 고민과 삶을 포개보고 다른 시선으로 답을 찾아볼 수 있는 프로그램은 없었다. 또 가끔 청소년의 이야기가 다뤄졌던 프로그램에서는 쉽게 공감대를 찾을 수가 없었다. 상황은 요즘도 마찬가지다. 이 글을 통해 <UCC다큐 이팔청춘 사용설명서>와 <인터뷰 게임>을 눈여겨본 것은 이들 프로그램이 청소년용 프로그램에 대한 어떤 가능성을 보여주었기 때문이다. 방식에 대해 조금 만 더 고민해본다면 청소년들이 공감하는 그들을 위한, 우리 모두를 위한 괜찮은 청소년 프로그램이 만들어질 수 있지 않을까? 위의 두 프로그램 모두 정말 괜찮은 시도라고 생각했는데 <UCC다큐 이팔청춘 사용설명서>는 딱 한 회 방송되었던 특집물이었고, <인터뷰 게임>은 이미 폐지된 점이 너무 아쉽다. 두 방송이 보여주었던 청소년 프로그램에 대한 새로운 가능성이 다른 프로그램을 통해서라도 이어졌으면 하는 바람이다.

TV 속에 비친 그대, 독립운동가

허성호

1. 들어가며

"너희도 만일 피가 있고 뼈가 있다면 반드시 조선을 위해 용감한 투사가
되어라. 그리고 너희들은 아비 없음을 슬퍼하지 마라"
　　　　－윤봉길 의사가 거사 직전 두 아들에게 남긴 글 중에서
"독립운동을 하면 3대가 망한다"
　　　　－해방된 지 60여 년이 지난 대한민국에 떠돌고 있는 격언(?)

지난 1년 사이 우리는 독립운동사의 중요한 이정표들을 지나고 있다.
2008년 윤봉길 의사 탄신 제100주년, 2009년 안중근 의사 의거 제100주년,
3·1운동, 대한민국 임시정부 수립, 강우규 의사 의거 제90주년. 이러한
흐름에 발맞추어 독립 영웅들의 생애와 발자취를 담은 다양한 특집 프로그
램이 안방을 찾았다.

찬양일색일 것 같은 독립운동 관련 프로그램, 그러나 알고 보면 시류와

맞닿아 있다. 독립운동가에 대한 평가 역시 시기나 정치색에 따라 다른 양상을 보여왔다. 가령, 지난 노무현 정권 시절에는 친일 청산 문제나 좌익 인사들에 관한 재조명이 다큐멘터리의 단골 소재였고, 이는 한때 이념 논쟁으로 비화되기도 했다. 지난 1년 사이 이러한 소재는 주춤한 반면, 그 자리는 앞에서 언급한 각종 특집 프로그램들이 채우고 있는 추세다.

이 글에서는 지난 1년 사이 방송된 독립운동 관련 프로그램 3편을 대상으로 하여 시사점과 발전 방안을 논해보고자 한다. 해당 프로그램은 다음과 같다.

2008.6.15   SBS 스페셜
                <일본군의 처절한 복수 : 윤봉길은 이렇게 총살됐다>
2009.3.1   SBS 스페셜 3·1절 특집
                <우당 이회영 애국의 길을 묻다>
2009.4.13   SBS 대한민국임시정부수립 90주년 특집 팩션드라마
                <그 남자의 나라>

2. 프로그램 분석 및 발전 방안

독립운동사는 우리 민족 반만년 역사상 가장 힘들고, 슬프고, 부끄럽고도 빛나는 이야기다. 그 때문에 독립운동과 관련한 이야기는 항상 엄숙하고 무거운 느낌을 주는 데다 방영 시간대도 밤 11시 이후여서 여러모로 친숙해지기 어렵다. 각박한 세태에 잊혀가는 독립운동가들을 후손의 마음속에 모시기 위해서는 시대 흐름에 맞추어 장르도 내용도 엄숙과 경건의 포장을 벗겨내야 한다. 그러나 흥미성에만 매몰되어 본말을 전도시키지 않기 위해

서는 제작진의 심도 있는 사료 고찰과 역사 전승자로서의 사명감이 필요하다. 이러한 요소들이 상호 보완적으로 결합할 때 비로소 시너지 효과를 기대할 수 있다.

1) 장르의 다양화 : 〈그 남자의 나라〉

드라마 <그 남자의 나라>는 한때 풍족한 황국신민이 되길 원했던 조센징 노동자 기노시타 쇼조(木下昌藏)가 민족 차별에 분개해 대한의 이봉창 의사로 거듭난 이야기를 들려준다. 이 작품은 도입 부분에서 사실을 기초로 작가의 상상력에 의해 재구성된 팩션드라마(faction drama; fact+fiction)임을 밝혔으나, 이봉창 의사의 옥중 수기 「상신서(上申書)」, 김구 선생이 공개한 「동경작안(東京炸案)의 진상(眞狀)」 등 몇 안 남은 1차 사료들을 면밀히 고찰하여 매우 사실적으로 구현해낸 작품이다. 주인공 이봉창이 일제의 심문 과정 중 옛일을 회상하는 형식으로 이야기가 전개되었기에 일제 문서에 많이 의존할 수밖에 없었음에도 그들의 왜곡된 시각에 함몰되지 않았다는 점에서 제작진의 높은 역사의식 수준을 보여준다. 또한 이봉창 의거의 뒤를 이은 독립운동가들(윤봉길 등)의 영상을 흘리며 동경의거의 독립운동사적 의의를 잘 드러내고 있다.

기존 독립 영웅들이 엄숙의 장막에 싸여 있는 데 반해, 이봉창 의사는 보통 사람도 영웅이 될 수 있다는 점을 시사한다. 이봉창 역(役)을 연기한 연기자의 어수룩한 말투와 몸짓 연기, 음주가무와 여색을 좋아하던 인간 이봉창의 진솔한 모습은 시청자에게 '평범한 사람인 나도 독립 영웅이 될 수 있다'는 교훈을 안겨주기에 적절했다.

이 작품에서 가장 주목해야 할 점은 바로 '드라마'라는 장르다. 딱딱하기 그지없는 다큐멘터리에서 벗어나 드라마 주인공으로 다가온 이봉창의 모습은 시청자들의 마음속에 더욱 깊이 아로새겨진다. 지난 1992년 방영된 윤봉길 드라마 <님이여>(MBC, 주연 김상중), 2006년 방영된 박열(朴烈) 드라마 <가네코 후미코>(KBS, 주연 정지훈)에 이어 실로 오랜만에 등장한 수작(秀作)이며, 앞으로 더욱 자주 시도되어야 할 장르이다.

장르의 다양화는 매우 중요한 과제이다. 광복 이후 현재까지 독립운동 관련 TV 프로그램은 무미건조한 다큐멘터리라는 형식에 경도되어 있다. 주 시청자 층이 지극히 협애(狹隘)하여 일반적으로 시청률이 저조하다.

우리 사회의 미래인 어린이들이 쉽게 접할 수 있는 만화영화는 어떨까. 귀엽거나 친숙한 독립운동가 캐릭터를 만들어보는 것도 시도해봄 직하다. 신격화된 '민족의 성웅, 윤봉길 의사'보다 어려움에 빠진 친구들을 구해주는 어린이들의 해결사 '천하무적 봉길이'는 아이들 마음속에 어떻게 다가올까. 신성시되어 다가가기 힘든 그들이 우리의 일상 속에 들어오기 위해서는 이러한 발칙한 용기와 창의력이 필요하다.

중·고등학생은 물론 온 국민이 즐겨볼 수 있는 드라마는 어떨까. 이봉창 의사에 대해서는 사료가 많이 남아 있지 않아 단편 작품 외에는 제작이 쉽지 않지만 안중근, 윤봉길 의사같이 유년시절부터의 행적이 비교적 명확히 남아 있는 젊은 영웅들의 일대기는 극히 파란만장하고 로맨스도 적절히 섞여 있어 미니시리즈로도 충분히 제작이 가능하다. 김구 선생의 한평생은 그의 얼굴 주름처럼 굴곡이 많아 대하드라마로서 안성맞춤이다. 지난 2002년 방영되어 신드롬을 일으킨 김두한 드라마 <야인시대>(SBS, 주연 안재모) 같이 수준급의 각색을 가미하면 손에 땀을 쥐게 하는 흥행작으로 거듭나기에 충분하다. 이렇게 되면 거의 밤 11시 이후로 밀렸던 독립운동 관련작들이 비로소 온 가족이 시청할 수 있는 시간대로 안착(安着)할 수 있다. 불륜과 가정파탄으로 점철된 이른바 '막장 드라마'로 돈벌이에나 급급한 인상을 주는 각 방송사 드라마국이 이러한 노력을 해보았는지 한 번 되돌아볼 필요가 있다. '독립운동 프로그램은 딱딱하고 재미가 없다', '독립운동가는 돈이 안 된다'는 고정관념이야말로 독립운동가를 공장에서 찍어낸 듯 하나같이 엄숙한 조상님으로 형상화한 방송이 자초한 것이 아닌지.

2) 소재의 다양화 : 〈우당 이회영 애국의 길을 묻다〉

'존경'을 잃어버린 지 오래인 한국 사회. 해방 이후 도덕적 흠결 없이 꾸준히 존경받는 지도자를 좀처럼 찾기 힘들다. 장관을 하나 임명하려고 해도 부동산 투기, 논문 표절, 병역 비리 등 오만가지 도덕성 문제 때문에 선정에 어려움이 많다는 사실은 이제 흔해빠진 일상이 되었다.

아직 우리 사회엔 생소한 노블레스 오블리주(Noblesse oblige)의 상징적 인물을 SBS 스페셜 <우당 이회영 애국의 길을 묻다>에서 만나볼 수 있다. 앞서 살핀 이봉창 의사가 낮은 자의 대표라면 이회영 선생은 높으신 분의 대표 격이다. 이 다큐멘터리는 조선 최고 명문가의 6형제가 전 재산을 털어 독립운동에 헌신했던 삼한갑족(三韓甲族) 우당 이회영 선생 일가의 이야기다. 프로그램 도입부에 이 일가가 얼마나 높은 지위에 있었는지 가계도를 통해 보여주고, 그들의 재산을 현재 가치로 환산(최소 600억 원)해 조선 최고 수준의 부호임을 강조함으로써 투쟁이 얼마나 값진 것이었는지를 극명히 드러냈다. '구한말 명문가로서의 풍족한 삶 → 모든 것을 바친 일가의 독립운동(신흥무관학교 등 학교 20여 개 설립 및 전액 자비 운영하여 독립군 양성) → 노년의 극빈한 삶 → 시사점' 순의 전개로 주제인 '노블레스 오블리주'를 효과적이고 설득력 있게 그려냈다.

한편 우리가 '김구 선생', '이승만 박사' 하면 고개를 끄덕이지만, 그에 못지않게 훌륭한 인물(가문)은 왜 까맣게 모르고 지내왔을까. 이회영 선생이

대한민국 임시정부에 참여하지 않고 무정부주의자(anarchist)가 되었기 때문
이라는 분석에 이의를 제기할 사람은 없다. 주류에의 편입을 거부한 '원조
주류' 이회영 선생의 활약상은 반세기 이념의 각축 속에 아직 널리 알려지지
않았다. 요컨대 <우당 이회영 애국의 길을 묻다>는 '사회 지도층의 임무'
라는 신선한 충격과 함께, 이념과 정파를 초월하여 자유의 길을 모색한
선각자의 모습을 그려냈다는 측면에서 그 의의를 찾을 수 있다.

이는 독립운동 관련 프로그램의 소재가 지금보다 훨씬 다양해져야 함을
시사한다. 기존 프로그램들이 흥미와 유익함을 반감시켜온 주된 이유 중
하나가 이른바 주요(major) 독립운동가들에의 '편식'에 있다. 시청자들은
이미 알려질 대로 알려진 김구, 안중근, 윤봉길, 임시정부 일변도의 단편
다큐멘터리에 대해 '그 밥에 그 나물'로 여겨 식상해한다. 그렇다고 난이도
를 높여 주요 독립운동가들에 대해 생소한 학술적 연구를 소개하면 시청자
들은 흥미를 잃고 채널을 돌리게 된다. 주요 독립운동가 관련 다큐 소재는
이미 고갈을 향해 간 지 오래인지라 독립운동 관련 방송 횟수 자체가 줄어들
수밖에 없는 악순환 구조에 놓여 있다.

그렇다면 방법은 무엇인가? 주류이길 포기한 아나키스트도 그토록 훌륭
할 수 있음을 보인 다큐, <우당 이회영 애국의 길을 묻다>(SBS)가 그
해답을 일러준다. 후손 만대의 자유를 위해 헌신한 선조들의 얼은 이념과
정파를 떠나 숭고하다. 과(過) 없이 산 사람은 없다. 인물의 공과 과를
후세(後世)의 눈으로 바라볼 기회조차 박탈해서는 안 된다. 그 후세의 눈
역시 정확한 답이 없기에 세상 돌아가는 모양에 따라 변모를 거듭한다.
노선의 차이로 잊히는 수많은 영웅들을 다시 토론의 장으로 불러들여 잘된
점을 배우고, 잘못된 점을 반면교사로 삼아야 할 것이다. '역사 바로 세우기'
는 바로 이런 곳에서 시작되어야 한다. 또한 현실에 남겨진 독립운동 관련

현안에도 관심의 폭을 넓혀야 한다. 기업에 운영자금을 의존하며 근근이 연명하고 있는 각종 선열단체의 현주소 등에 대한 사회적 환기 역시 필요하다. 이렇듯 독립운동과 관련한 소재는 아직도 무궁무진하다. 이렇게 다양한 소재가 앞서 밝힌 다양한 장르와 접목될 경우 독립운동 관련작의 수준은 물론 우리 사회의 역사의식 수준까지 크게 향상될 것으로 기대한다.

3) 제작진의 높은 역사의식과 사명감 : 〈일본군의 처절한 복수 : 윤봉길은 이렇게 총살됐다〉

앞서 밝힌 장르와 소재의 다양화는 독립운동에 대한 시청자의 흥미도를 높이는 데 주력한다. 그 두 가지가 잘 이뤄져 시청자들의 관심도가 크게 제고된다면 또 다른 문제가 떠오를 수 있다. 바로 역사 왜곡, 맹목적 민족주의, 전체주의 등 바람직하지 않은 역사 인식의 창궐(猖獗)일 것이다. 그러한 문제에 대해 생각해보게 했던 프로그램이 바로 <윤봉길은 이렇게 총살됐다>이다.

역사는 끊임없는 추적의 결과물이다. 알려질 만한 것들은 이미 다 알려져 새로운 것을 추구하기 힘든 제작 환경 속에서 유에서 무를 창조하기란 보통의 집념으론 불가능하다. 흔하지 않은 이야기를 소재로 하기에 탐사 다큐멘터리는 '최초'라는 훈장이 잘 따르지만, 대개 대중적이지 않다. 그러나 이 작품은 '탐사 다큐멘터리는 재미없다'는 통념을 깰 만큼 흥미진진했다. 윤 의사의 호송 경로, 순국 추정 지점을 최초로 추적하고, 그와 관련한 몇 가지 의혹들을 제기하는 등 기존 다큐물과는 차별화된 창의적 구성을 보여주었다. 그러나 10년 전부터 뜨거운 논쟁거리였던 일본 ≪아사히신문(朝日新聞)≫ 연행 사진을 가짜로 단정 짓는 과정에서 커다란 오류를 드러내 오점을 남겼다.

우선 연행사진이 가짜임을 입증하기 위해 방송에서 내세운 주요 논리는 다음과 같다. ① 당시 의거를 보도한 세계 각 신문에 "범인은 양복을 입고 있었다"고 나와 있으나, 사진 속의 인물은 트렌치코트를 입고 있으므로 윤봉길이 아니다. ② ≪아사히신문≫ 본사를 찾아가 고위 관계자를 인터뷰하여 사진에 문제가 있음을 시인 받았다. ③ 당시 ≪아사히신문≫ 사진을 어느 기자가 찍었는지 확인할 수 없어 가짜다.

그러나 어느 정도의 상식이 있다면 이를 반박하기란 어렵지 않다. ① 제작진은 1932년 7월 일본 내무성 보안과 문서 「상하이에서의 윤봉길 폭탄사건 전말」에 윤 의사가 양복과 스프링코트(트렌치코트)를 입었다는 명백한 기록을 놓쳤다. 더구나 '양복'이라는 어휘가 트렌치코트라는 양식 복장을 포함하는 단어임을 감안할 때 제작진의 주장엔 설득력이 없다. ② ≪아사히신문≫ 고위 관계자는 인터뷰에서 "잘 모르겠고, 지속적으로 검증해나갈 예정이다"라고 했을 뿐, 문제가 있음을 시인한 적이 없다. ③ 지금처럼 모든 기사와 사진에 작성자의 이름을 기재하지 않은 1932년의 취재 관행을 두고 "작성자가 누군지 몰라 가짜"라고 주장하는 논리는 궁색하다. 우리나라에서도 기사마다 작성한 기자 이름을 기재한 것은 1990년대 전후의 일이다. 위의 논리대로라면 1990년대 이전까지 한국의 모든 신문기사 역시 누가 쓴지를 확인할 수 없어 가짜 아닌가.

연행사진의 진위 여부를 떠나, 반세기 이상 역사학계의 통설이자 유족들의 일관된 증언을 뒤엎고자 한 제작진의 선정적 호기(豪氣)에 비해 논거는 극히 초라했다. 진위 논란이 오랫동안 지속된 사안임에도 결론을 미리 한쪽으로 내려놓고, 사료 고찰과 논리성 충족을 소홀히 한 채 끼워 맞추기식으로 편집함으로써 역작(力作)의 가치를 스스로 상실한 점이 못내 아쉽다. 탐사 다큐멘터리가 특종이나 흥미, 민족주의에 집착할 경우 이러한 부작용도 생길 수 있음을 교훈으로 삼아야 한다. 덧붙여 방송이 나간 지 약 4개월 후 주무기관인 국가보훈처에서는 해당 사진이 윤봉길 의사가 확실함을 역사학자들의 고증을 통해 재차 확인했다.

흥미만 추구한 프로그램은 해악일 수 있기에 객관적이면서도 신중한 보도 태도는 제작의 전제가 되어야 한다. 좀처럼 드문 사례이나, 이 프로그램에서 범하고 있는 오류는 단순히 실수로 치부하기엔 파장이 너무 크다. 국민의 머리와 가슴속에 한 번 잘못 입력된 역사는 회복하기까지 많은 노력을 필요로 하며, 이에 촉발된 '음모론', '색깔론' 등 소모적인 논란에 의해 사회적 불신이 야기되어 독립운동가 관련 방송이 되레 사회 통합을 저해하는 기제로 전락할 수 있다. 독립운동가 관련작 제작진 일동은 스스로 '역사 전승자'라는 강한 사명감을 가지고 사료를 충분히 고증하여 진실을 향해 시청자들을 이끌어야 할 것이다.

3. 마치며

시청자들의 마음속에 저마다 "난 이봉창이 되겠어", "난 김원봉이 되겠어"라는 꿈이 피어나는 장면은 머나먼 공상일 뿐인가. 성공이라는 세속적 가치에 함몰되어 이타심(利他心)과 공동체의식을 잃어가는 세상 풍경 속에 독립운동가들이 가진 이상은 더욱 빛나 보인다.

"너희도 아비 없음을 슬퍼하지 말고 조국을 위해 독립투사가 되라!"고 말한 윤봉길 의사와 "독립운동을 하면 3대가 망한다"는 생각을 떨칠 수 없는 우리 후손들. 현존하는 가장 영향력 있는 매체로서 TV는 우리를 위해 살다간 영웅과 그들 덕에 오늘을 살고 있는 필부필부(匹夫匹婦)의 간극을 좁혀, 사람 냄새 잃어가는 우리 사회를 의롭고 참되게 이끌어야 할 막중한 사명을 안고 있다.

　내년이면 나라를 빼앗긴 지 정확히 한 세기가 된다. 역사는 미래의 거울이다. "이 사회를 위해 헌신하면 비록 3대는 망할지언정, 4대부터는 크게 흥할 것"이라는 한국 사회의 강력한 비전과 메시지를 시청자들에게 전달하여, 이 땅 깊숙이 착근(着根)시켜야 한다. 이 땅에 정의와 흥미, 사회통합과 인간미를 동시에 추구할 수 있는 종합선물세트가 방송국 안테나 위에 도착해 있다. 독립의 영웅들이 우리 사회에 주는 마지막 선물일지도 모른다.

<여성시대>를 듣노라면, 봉제공장의 미싱 소리와 어머니의 밥 짓는 소리, 그리고 리어카 두부장수의 종소리 같은 서민들의 질박한 삶의 소리가 폐부로 스며든다. 가슴이 훈훈해질 수밖에.
정영선 (MBC라디오 <여성시대>)

낭만도, 판타지도 없는 있는 그대로의 현실을 보여주는 <남자 이야기>. 민주시민으로서 우리가 나아가야 할 방향을 제시한다. 한 남자의 이야기이기 전에 우리 모두의 이야기가 아닐까.
유선주 (KBS드라마 <남자 이야기>)

<W>는 어떤 운동을 촉구하지는 않는다. 세계 곳곳에서 벌어지는 문제를 보고할 뿐이다. 그러나 이 보고는 우리의 시야를 틔워주고 운동성을 불어넣는다.
김윤영 (MBC시사교양 <W>)

무책임한 데다 심지어 외도까지 저지르는 남편을 용서하고 그런 남편의 성공을 위해 자존심과 꿈을 모두 버리며 아이와 함께 남편 응원가를 부르는 것, 이것이 내조라면 나는 사양하겠다.
박샘별 (MBC드라마 <내조의 여왕>)

<엄마가 뿔났다>는 엄마의 새로운 모습을 그린 역사적인 드라마다. 가족을 위해 무조건 헌신하지 않고 자기의 삶을 살아가는 엄마. 낯설지만 얼마나 멋진가.

이 시대 모든 엄마들을 위해!

정옥수 (KBS드라마 <엄마가 뿔났다>)

'아내도 여자'라는 제작의도는 공감합니다만, 그 과정 중에 아내가 아닌 다른
'여자'의 활약이 꼭 필요했을까요. 25년 동안 아내로 산 저는 불편했습니다.

최순자 (KBS드라마 <아내와 여자>)

미국에서 유명했던 <프로젝트 런웨이>의 한국판. 무엇보다 원작 진행자
하이디 클룸을 기계적으로 따라하는 이소라의 진행이 거슬렸다. 똑같이 할
거면 굳이 '한국판'이라 할 필요가 있나.

이규현 (온스타일 <프로젝트 런웨이 코리아>)

사랑에 장벽이 존재하지 않듯, 암이라는 장벽도 이 둘을 갈라놓을 수는 없을
것이다. 투병 중인 상태에서도 아이의 꿈을 이야기하는 모습에서 삶의 의미를
돌아볼 수 있었다.

심지선 (KBS시사교양 <인간극장 - 내 사랑 내 곁에>)

이 다큐멘터리는 평소에 접하기 힘든 심리학이라는 소재를 다루었다. 하지만
일상에서 흔히 경험할 수 있는 일들로 실험하고 설명했기 때문에 큰 공감대를
형성했고 내용을 쉽게 이해할 수 있었다.

손지성 (EBS교양 <인간의 두 얼굴>)

매년 5월이면 찾아와 이번으로 세 해째를 맞은 휴먼다큐 사랑. 유행가 가사로,
마케팅 문구로 쉴 새 없이 소비되는 '사랑'이라는 말을, 모처럼 제자리로 돌려놓
은 산뜻한 프로그램이었다.

정재원 (MBC특별기획 <휴먼 다큐멘터리 사랑>)

맛있는 국수에 고명이 빠졌다
2009 좋은 방송을 위한 시민의 비평상 수상집

ⓒ 방송문화진흥회, 2009

지은이 ｜ 방송문화진흥회
펴낸이 ｜ 김종수
펴낸곳 ｜ 도서출판 한울

편집책임 ｜ 김경아
편집 ｜ 배유진
표지디자인 ｜ 이혜진

초판 1쇄 인쇄 ｜ 2009년 7월 15일
초판 1쇄 발행 ｜ 2009년 7월 23일

주소 ｜ 413-832 파주시 교하읍 문발리 507-2(본사)
　　　 121-801 서울시 마포구 공덕동 105-90 서울빌딩 3층(서울사무소)
전화 ｜ 영업 02-326-0095, 편집 02-336-6183
팩스 ｜ 02-333-7543
홈페이지 ｜ www.hanulbooks.co.kr
등록 ｜ 1980년 3월 13일, 제406-2003-051호

Printed in Korea.
ISBN 978-89-460-4090-8 03070

* 책값은 겉표지에 표시되어 있습니다.